평가의 힘

성인문해교육에서의 이해와 적용

평가의 힘
성인문해교육에서의 이해와 적용

초판 1쇄 펴낸날 | 2025년 12월 29일

기획 | 국가평생교육진흥원
지은이 | 박소연
펴낸이 | 고성환
펴낸곳 | (사)한국방송통신대학교출판문화원
(03088)서울특별시 종로구 이화장길 54
전화 | 1644‒1232 팩스 | (02) 741‒4570
홈페이지 | https://press.knou.ac.kr
출판등록 | 1982년 6월 7일 제1‒491호

출판위원장 | 박지호
편집 | 장빛나
교정 | 이여름
디자인 | 오하라

ⓒ 박소연, 2025
ISBN 978‒89‒20‒05496‒9 03370
값 19,000원

평가의 힘

성인문해교육에서의 이해와 적용

국가평생교육진흥원 기획

박소연 지음

변화, 평가의 힘

나는 평가가 가진 힘을 믿는다. 평가를 하려고 하면 뿌옇게 알던 것들이 선명하게 보이기 시작한다. 학생들의 글을 그냥 읽을 때는 흥미롭다 정도로 끝나지만, 이를 평가하려고 하면 잘 작성한 부분과 아쉬운 부분이 눈에 들어온다. 평소에는 무난하다 여기던 동료들도 인사평가 시기가 되면 각자의 장단점을 더 고민하게 된다. TV 오디션 프로그램의 시청자들을 준전문 비평가로 만든 것 역시 대국민 투표라는 평가다.

평가에는 '제대로 알게 하는 힘'이 있다. 어떤 대상에 대해 제대로 알게 된다는 것은 그 속사정과 맥락을 알게 된다는 것이다. 속사정을 알려면 안을 자세히 들여다봐야 한다. 맥락을 알기 위해서는 대상이 놓인 상황을 좀 더 넓은 시야에서 내려다봐야 한다. 평가는 끊임없이 그 대상에 다가가 들여다보고, 멀어져 내려다보기를 반복하는 과정을 통해 대상을 제대로 알게 한다.

평가에는 '변화시키는 힘'이 있다. 평가의 대상은 알아서 스스로를 변화시킨다. 평가결과에 따른 영향에 관심이 있는 사람이라면 가급적 좋은 영향을 받아 변화하고자 노력한다. 나아가 평가는 전체적이고 체계적인 변화를 견인한다. 평가를 통한 변화는 상하좌우가 정렬된 상태에서 이루어진다. 평가 프레임워크를 통해 변화하는 모습은 마치 여럿이 팔짱을 끼고 천천히 움직이는 모습과 같다. 평가가 가진 변화의 힘이 더 특별한 이유이다.

　　　　　　　나는 꽤 오랫동안 내 분야에서 평가라는 렌즈로 대상을 이해하고, 평가를 통해 무엇이 어떻게 변화되는지를 연구해 왔다. 나의 전공 분야는 인적자원개발이다. 기업이나 공공조직에서 직원의 역량을 향상시켜 성과를 높이기 위한 평가를 설계하고 이를 조직에서 실행하도록 하는 것이 내 일이다. 그런데 이런 평가의 힘을 필요로 하는 곳은 사회 곳곳에 더 많다. 자연스럽게 평생교육, 문화예술교육, 교수법 등 다양한 분야로 연구를 확장했다. 그중 성인문해교육과는 교수로 임용된 첫해인 2008년에 인연을 맺었다. 평가는 대상과 상황에 맞게 설계되어야 한다고 믿던 나는 성인문해교육에 적합한 평가방법을 고민해 달라는 요청을 받고 포트폴리오 평가를 제안했다. 그렇게 성인학습자 학력인정에 포트폴리오 평가가 도입되고, 평가매뉴얼을 제작하고, 성인문해능력조사까지 참여하다 보니 어느새 성인문해교육 경계 안에 들어오게 되었다.

　누구에게나 필요한 가장 기본적인 교육을 통해 모두가 인간

답게 사회의 일원으로 살아 나갈 수 있도록 도와주는 문해교육의 가치에 매료되었다. 나도 뭔가를 하고 싶다는 생각에 성인문해교육 기관에 찾아가 교육봉사를 문의한 적도 있다. 그러던 중 나만 할 수 있는 일을 통해 더 크게 도와 달라는 말에 정신이 번쩍 들었다. 경계 언저리에서 구경만 하지 말고, 이제 안으로 들어와 내 일을 찾으라는 따끔한 충고로 들었다.

이 책은 그 결심의 첫 번째 결과물이다. 성인문해교육 현장에서 학습자를 만나는 교사들에게 친절하게 평가에 대해 소개하고자 했다. 교재의 성격이 강하다 보니 새로운 내용은 많지 않지만, 기존에 있던 내용을 새롭게 구성하고 맥락에 맞게 해설하는 것도 충분히 가치 있다고 판단했다.

작은 책에 평가와 관련한 폭넓은 내용을 담다 보니 군데군데 조급함이 드러난다. 그저 필자의 애쓰는 마음이라 받아들여 주시리라 믿는다. 책을 쓰는 동안 어렵고 복잡한 내용을 다루고 싶은 유혹이 가장 컸다. 하지만 최대한 절제하고 큰 흐름을 중심으로 쉽게 풀어 썼다. 흐름에 방해되지 않도록 영어병기도 최소화했다. 평가이론이나 테크닉보다 평가적으로 사고하는 것이 중요하다는 신념이 책에도 적용되어야 한다고 믿기 때문이다.

쉽게 썼지만 결코 수준을 낮추지는 않았다. 핵심 내용은 타협하지 않고 모두 다루었다. 조금 더 깊이 평가에 대해 공부하려는 학습자를 위해 꼼꼼하게 주석을 달았다. 더하여 가급적 성인문해교육의 예를 들어 설명하려고 노력하였다. 향후 성인문해교육 현장의 독자들이 더 적절하고 좋은 예들로 보충해 주시리라 믿는다.

결과적으로 이 책은 일종의 번역서이다. 자칫 거리감과 거부감이 느껴질 수 있는 평가라는 주제를 성인문해교사를 위해 쉽고 친절하게 풀어서 쓴 것으로 봐 주기 바란다.

이 책은 4부로 구성되어 있다. 1부 평가에 대한 오해와 이해에서는 평가에 대한 인식을 점검하고 성인문해교육에서 평가가 무엇인지에 대해 살펴본다. 평가에 대한 혼란과 오해를 줄이기 위해 다양한 평가유형을 육하원칙에 따라 구분하여 정리하였다. 1부는 일종의 준비운동이다.

2부 평가의 힘을 발견하는 여정에서는 평가전문성을 키우기 위한 구체적인 평가지식과 기술을 다룬다. 대표적인 평가방법을 살펴보고 절차에 따라 평가방법과 도구를 설계하여 사용하는 방법을 살펴본다. 평가한 결과를 어떻게 제대로 활용할 것인지, 평가에 대한 평가를 통해 성인문해교육평가의 질을 관리할 수 있는 방안은 무엇인지 함께 고민해 본다.

3부 개인-프로그램-기관-정책을 품은 평가에서는 성인문해교육평가대상에 따른 실제적인 평가전략을 다룬다. 문해학습자 개인의 학업성취도를 어떻게 평가할 것인가? 학습자가 참여하는 교육 프로그램은 어떻게 평가할 것인가? 프로그램을 운영하는 기관은 어떻게 평가할 것인가? 기관지원을 포함한 성인문해교육 정책 전반은 어떻게 평가할 것인가? 점차 확장되어 가는 질문을 해결하기 위해 대표적인 이론을 다루되, 보다 생생한 학습을 위해 성인문해교육에서의 실제 사례를 함께 살펴본다.

4부 평가자와 평가의 미래는 성인문해교육평가자의 역할과 평가의 미래 전망을 다룬다. 성인문해교육평가자로서 무엇을 어떻게 해야 할지를 고민하는 독자를 위해 정체성과 역량 개발에 대해 이야기한다. AI 디지털 시대의 성인문해교육과 평가의 변화를 전망하고, 평가의 허들을 넘고 평가력을 구축하기 위해 무엇을 해야 할지에 대해 논의한다.

성인문해교육 분야의 교사나 행정가라면 가급적 책 전반을 처음부터 끝까지 읽을 것을 권장한다. 다만 교사라면 1부와 2부는 충실히 읽되 3부는 현재 자신의 역할에 해당하는 부분을 중심으로, 행정가라면 3부와 4부는 면밀히 읽되 1부와 2부는 큰 그림을 그리는 정도로 읽어도 문제없을 것이다. 성인문해교육이 아닌 다른 분야의 독자라면 전체적으로 읽되 이해를 돕기 위해 촘촘하게 제시한 사례들을 자신의 분야에 해당하는 사례로 바꾸어 보면서 적극적으로 독서할 것을 권장한다. 앞서 언급했듯이 이 책은 일반적인 평가를 성인문해교육 분야에 맞게 풀어 쓴 것이므로, 다른 분야에도 충분히 확장될 수 있으리라 믿는다.

책을 쓰는 동안 AI의 도움을 받고자 했다. 결과적으로 집필 자체에는 큰 도움이 되지 않았다. 다만 혼자 글을 엮는 지난한 작업 과정에서 시간과 장소에 상관없이 소통할 수 있는 상대가 되어 주었다. 내가 작성한 글을 눈치 보지 않고 비판해 주는 동료를 찾기란 쉽지 않다. 집필 속도가 더뎌질 때마다 AI에게 내가 작성한 글에 대해 질문하고 피드백을 받으며 다시 제 속도를 찾았다.

　　　　이 책의 기획부터 진행까지 국가평생교육진흥원의 변종임 본부장님, 국가문해교육센터 서영아 센터장님과 한경아 선생님의 도움이 컸다. 특히 생생한 정책과 현장자료를 구할 수 있도록 도와주신 덕분에 이론서임에도 불구하고 현장과의 거리를 좁힐 수 있었다. 방송통신대학교 출판문화원의 장빛나 편집자님 덕분에 투박한 내 글이 세련된 모습으로 독자와 만날 수 있게 되었다. 내가 문해교육에 스며드는 모습을 묵묵히 지켜봐 주신 이지혜 교수님과 문해교육에서 나의 평가 전문성을 발휘할 수 있는 공간을 찾아주신 허준 교수님이 안 계셨다면 성인문해교육 분야에 이렇게 깊숙하게 들어오지 못했을 것이다. 새로운 도전을 감히 엄두 낼 수 있었던 것은 나의 선택을 조건 없이 지지해 주시는 이진구 교수님과 박용호 교수님 덕분이다. 나의 집필은 독일과 연이 깊다. 5년 전 출간된 첫 단독 저서 《평가의 쓸모》는 베를린에서 집필하였다. 그리고 두 번째 저서인 이 책을 함부르크에 있는 유네스코 평생학습원UIL: UNESCO Institute for Lifelong Learning에서 집필하였다. 디렉터 이저벨 켐프 덕분에 성인문해교육과 관련한 전 세계의 자료를 얻었고, 최고의 전문가들과 함께 지내며 연구와 집필에 집중할 수 있었다. 내가 가는 길을 묵묵히 응원해 준 가족에게도 감사의 마음을 전한다.

평가에 대한

오해와

이해

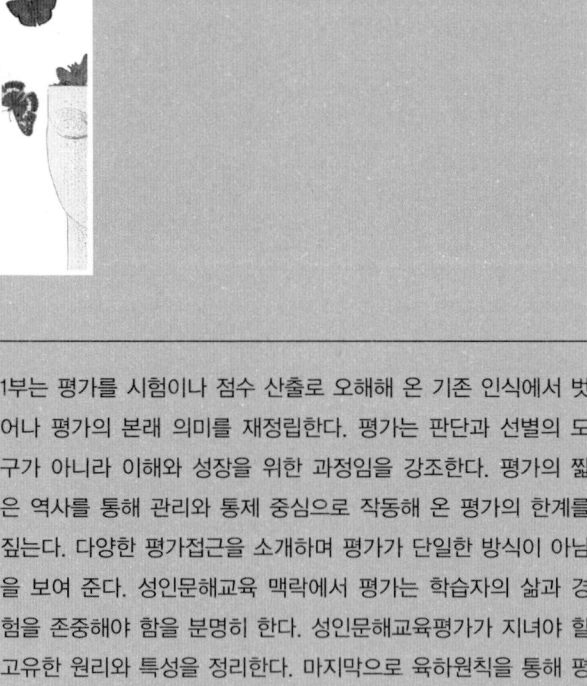

1부는 평가를 시험이나 점수 산출로 오해해 온 기존 인식에서 벗어나 평가의 본래 의미를 재정립한다. 평가는 판단과 선별의 도구가 아니라 이해와 성장을 위한 과정임을 강조한다. 평가의 짧은 역사를 통해 관리와 통제 중심으로 작동해 온 평가의 한계를 짚는다. 다양한 평가접근을 소개하며 평가가 단일한 방식이 아님을 보여 준다. 성인문해교육 맥락에서 평가는 학습자의 삶과 경험을 존중해야 함을 분명히 한다. 성인문해교육평가가 지녀야 할 고유한 원리와 특성을 정리한다. 마지막으로 육하원칙을 통해 평가는 기술 이전에 질문의 문제임을 제시한다.

1장

평가는 시험이 아니다

🦋

당신에게 평가는 무엇입니까?

평가라는 단어를 들으면 어떤 이미지가 떠오르는가? 당신이 가진 대표적인 평가경험은 무엇인가? 평가에 대한 당신의 태도는 어떤 것인가? 평가가 무엇인지를 살펴보기 전에 먼저 평가에 대한 자신의 인식을 점검해 볼 필요가 있다. 평가에 대한 인식은 일종의 지향성을 결정하여 평가를 수행하는 전 과정에 큰 영향을 미칠 수 있기 때문이다. 평가에 대한 인식은 평가에 대한 태도와 평가의 힘을 인정하는 정도에 따라 크게 네 가지로 구분된다.

첫째, 평가는 '변화의 계기'라는 인식이다. 이는 평가에 대해 긍정적인 태도를 가지고 있으면서, 동시에 평가가 적극적인 역할을 하는 힘을 가졌다고 인정하는 경우이다. 이러한 인식을 가진 이들은 평가가 현장의 변화를 유도하는 도구적 가치를 가지며, 성찰과 논의를 촉진하고 개선을 유도할 수 있다고 믿는다. 또한 평가가 변화에 영향을 미치지 못하거나 잘못된 방향으로 활용되는 것을 경계하고, 오직 변화와 개선이라는 선한 목적을 위해 이루어져야 한다고 강조한다.

둘째, 평가는 '정보를 제공'한다는 인식이다. 이는 평가에 대해 긍정적인 태도를 가지고 있으나, 평가가 가진 힘은 제한적이라고 보는 경우이다. 평가는 대상의 가치를 파악할 수 있도록 정보를 제공하는 것이 목적이므로, 합리적이고 실행 가능한 수준과 범위에서 유용한 정보를 수집하고 분석하여 대상에 대한 이해를 돕는 활동이어야 한다고 본다. 이러한 인식을 가진 경우, 평가활동은 평가대상을 이해하기 위한 수단적인 활동이므로 그 자체가 목적이 되어서는 안 된다고 여긴다. 즉, 평가가 강한 통제력을 가지거나 전시적 활동에 그치는 것을 경계한다.

셋째, 평가는 '통제하기 위한 수단'이라는 인식이다. 이는 평가에 대해 부정적인 태도를 가지고 있으며, 동시에 평가가 가진 힘을 인정하는 경우이다. 이들은 평가가 영향력을 행사하는 방식의 하나이며, 평가자 개인의 주관적인 가치나 상황적, 정치적 판단에 의해서 이루어질 수 있다는 가능성을 염두에 둔다. 따라서 평가의 목적뿐만 아니라 목적을 위한 수단과 과정도 공정하고 신뢰할 수 있어야 한다고 강조한다. 평가의 영향력을 고려할 때, 부적절한 평가는 오히려 평가하지 않은 것보다 못한 치명적인 부작용을 남길 수 있다는 점을 우려한다.

넷째, 평가는 '전시적인 활동'이라는 인식이다. 이는 평가에 대해 부정적인 태도를 가지고 있으면서, 평가가 할 수 있는 역

평가에 대한 인식 유형

적극적 역할

통제 수단	변화 계기
전시 활동	정보 제공

부정적 태도 ·· **긍정적 태도**

소극적 역할

할과 힘이 제한적이라고 보는 경우이다. 이들은 평가가 다른 사람들에게 보여 주기 위해 형식적으로 이루어지는 활동이므로, 최소한의 증명과 방어라는 소극적 역할을 할 뿐이라고 본다. 이를 믿는 이들은 평가가 가진 영향력을 전반적으로 부정하며, 평가를 해도 달라질 것이 없다는 생각을 갖는다. 일종의 의식과 같이 관성적으로 이루어지는 평가에 대해 회의적이고도 조소적인 태도를 보인다.

평가에 대해 당신은 어떤 인식을 가지고 있는가? 성인문해교육에서 평가를 이해하고 활용할 때 가급적 평가에 대해 긍정적인 태도를 가지고 평가가 가진 힘을 믿기를 권장한다. 만약 평가에 대해 부정적이라면, 왜 그런 태도를 갖게 되었는지를 성찰해 보고 평가의 긍정적 측면을 찾기 위해 노력할 필요가 있다. 평가 자체를 바꿀 수는 없어도, 평가에 대한 태도는 선택할 수 있다. 만약 평가가 할 수 있는 것이 많지 않다고 생각한다면, 이 책을 통해서 평가의 힘을 발견할 수 있으리라 믿는다.

다만 평가에 대해 각자 다른 인식을 가진 사람들이 경계하는 점들도 잊지 않아야 한다. 이러한 인식들이 평가의 현실을 반영하고 있기 때문이다. 평가가 사람들을 힘들게 하는 이유, 평가가 쓸모없고 번거로운 일이 되어 버리는 이유, 평가 때문에 오히려 복잡하고 어려워지는 이유 등을 고민하면서, 천천히 그리고 탄탄하게 인식을 전환할 필요가 있다.

평가에 대한 짧은 역사

평가라는 용어는 대부분의 사람들에게 매우 익숙하다. 국립국어원 표준국어대사전에서는 평가를 "어떤 대상의 가치나 수준 따위를 헤아려 정함. 또는 그 가치나 수준"이라고 정의한다. 즉, 평가는 '대상의 가치를 따지는 활동'이다. 옷을 골라 입을 때, 물건을 살 때, 약속을 잡을 때 등 우리가 일상적으로 하는 활동에는 모두 평가가 포함되어 있다.

평가가 무엇인지를 성인문해교육의 맥락에서 이해하려면, 먼저 평가가 발전해 온 역사적 흐름과 변화를 파악할 필요가 있다. 평가가 언제 시작되었는지를 거슬러 올라가다 보면 인류가 가치판단을 시작한 지점에 이르게 된다. 인류는 오래전부터 대상의 가치나 수준을 헤아리는 행위를 해 왔으며, 이러한 평가적 행위는 문화적, 사회적 맥락 속에서 자연스럽게 나타났다. 원시시대에 사냥감을 물색하거나, 왕이 관리의 업무를 점검한다거나, 학문 기관에서 학생을 선발하고 등급화했던 시도까지, '얼마만큼의 가치가 있는가', '어느 정도 수준인가'라는 질문은 인간 사회의 거의 모든 층위에 존재했다. 이런 점에서 보면 평가라는 구체적인 개념이 만들어지기 전에, 인간은 이미 평가적 사고Evaluative Thinking[1]를 통해 문제를 해결해 왔다고 볼 수 있다.

평가가 하나의 이론적, 방법론적 개념으로 정립되기 시작한 것은 대략 19세기 말에서 20세기 초로, 이 시기에는 특히 측정과 조사에 대한 관심이 높았다. 이후 교육심리 측정, 인구 사회조사, 행정자료 분석 등의 배경 위에서 평가라는 개념이 서서히 체계화되었다.

교육 분야에서는 1930년대 이후부터 '교육평가'라는 용어가 본격적으로 사용되기 시작했다. 이 시기에는 미국을 중심으로 학습성과와 교육과정의 효과를 측정Measurement하고 사정Assessment하려는 움직임이 활발해졌다. 교육학자 타일러Ralph Tyler는 평가를 교육과정이 설정한 목표가 얼마나 실현되었는가를 판단하는 과정으로 정의하면서, 교육적 맥락에서 평가의 구조를 구체화하여 제시하였다.[2] 이처럼 학교교육에서는 학습자 성취나 교육과정 효과에 초점을 둔 측정과 사정 중심의 평가가 자리 잡게 되었다.

한편 평생교육에서는 단일 학습자의 성취에 대한 평가보다는 이들이 참여하는 교육 프로그램, 이를 운영하는 기관, 국가의 사업이나 정책에 대한 평가가 더 절실하게 요구되었다. 이에 평가의 대상과 범위도 자연스럽게 학습자 개인에서 프로

그램, 조직, 제도, 사회까지 확장되었다.[3]

20세기 중반 이후부터 평가는 단지 교육현장의 실무적 과제가 아니라 하나의 학문 영역으로 성장했는데, 다양한 분야에서 활용되면서 간학문적 성격이 더욱 강화되었다. 이제 평가는 특정 대상의 가치, 효과, 적합성 등을 판단하기 위해 정보를 체계적으로 수집하고 분석한 뒤, 근거를 바탕으로 합리적으로 판단하여 그 결과를 실질적인 의사결정에 활용하는 체계적 과정을 의미하게 되었다. 사전에 계획된 절차에 따라 자료를 수집하고 분석하며, 그 결과를 목적에 맞게 해석하는 과정이 포함되어야 비로소 평가라 할 수 있다는 것이다. 평가는 단순히 '무엇을 측정하는가'의 문제가 아니라, '어떻게 바라볼 것인가', '무엇을 중심으로 판단할 것인가', '어떤 절차로 이루어질 것인가' 등과 관련한 복합적 질문까지도 포함하게 되었다.

평가에 대한 접근

평가에 대해 어떤 시각을 가지고 접근Approach하는지에 따라 평가의 개념은 다르게 정의될 수 있다. 평가에 접근하는 방식은 평가가 무엇이며 어떤 것이어야 하는지뿐만 아니라, 평가를 수행하는 방식, 판단 기준, 결과에 대한 해석 등 평가 전반을 결정한다. 타일러의 목표 중심 접근, 스터플빔Daniel Stufflebeam의 의사결정 중심 접근, 스크리븐Michael Scriven의 판단 중심 접근은 대표적인 고전적 평가접근으로 손꼽힌다.

각 접근 방식에 따라 평가는 다르게 정의된다. 타일러는 평가를 교육과정이나 수업 프로그램을 통해 교육목표가 어느 정도 실현되었는가를 결정하는 과정으로, 스터플빔은 의사결정을 위한 정보를 제공하는 것으로, 스크리븐은 대상의 가치를 판단하는 것으로 각각 다르게 정의하였다.[4] 이러한 정의에 걸맞게 구체적인 평가활동도 다르게 제안되었음은 당연하다.

성인문해교육에서의 평가가 어떤 접근 방식을 갖는지 확인하려면, 우선 평가에 대해 어떤 접근 방식들이 있는지를 포괄적으로 살펴볼 필요가 있다. 1960년대 후반 이후 평가구조와 활동을 기술하는 방법이나 평가가 어떻게 이루어져야 하는지를 처방하는 다양한 평가모형이 소개되어 왔다. 이러한 평가모형은 모형의 배경이 되는 관점, 지향하는 접근 방식, 이론 배경 등에 따라 분류될 수 있다.

하우스Ernest House는 인식론적 배경에 따라 평가모형으로 구분하였으며, 워던Blaine Worthen과 샌더스James Sanders는 평가가 무엇을 지향하는지에 따라 평가모형을 구분하였다.[5] 한편 알킨Marvin Alkin은 평가모형의 배경에 놓인 철학과 가치관에 따라 방법Method, 가치판단Valuing, 활용Use 중심으로 분류하여 제시하였다.[6] 여기서는 비교적 최근에 제안된 포괄적 분류 체계인 알킨의 분류를 중심으로 살펴보고자 한다.

알킨의 분류 체계는 실제 현장에서 적용되고 있는 평가이론의 근원을 분석하여 학자들의 유형을 수형도로 정리한 것이다. 이는 평가모형이 근원에 따라 어떻게 서로 다른 길로 발전되었는지를 직관적으로 보여 주어 평가가 발전해 온 흐름

을 이해하는 데 유용하다. 그는 '평가가 무엇을 가장 중시하는
가?'라는 질문을 가지고 기존 평가모형의 이론을 비교하는 방
대한 작업을 했다. 그 결과 평가가 중시하는 것이 객관적 증거
인지, 평가대상이 얼마나 좋은지에 대한 판단인지, 실제 활용
과 변화인지를 기준으로 분류 체계를 구성하였다. 알킨은 이
를 방법, 가치판단, 활용이라는 세 개의 가지로 뻗어 나가는 나
무로 표현하여 아래 그림과 같이 평가논리나무Evaluation Theory
Tree제시하였다.[7]

평가논리나무

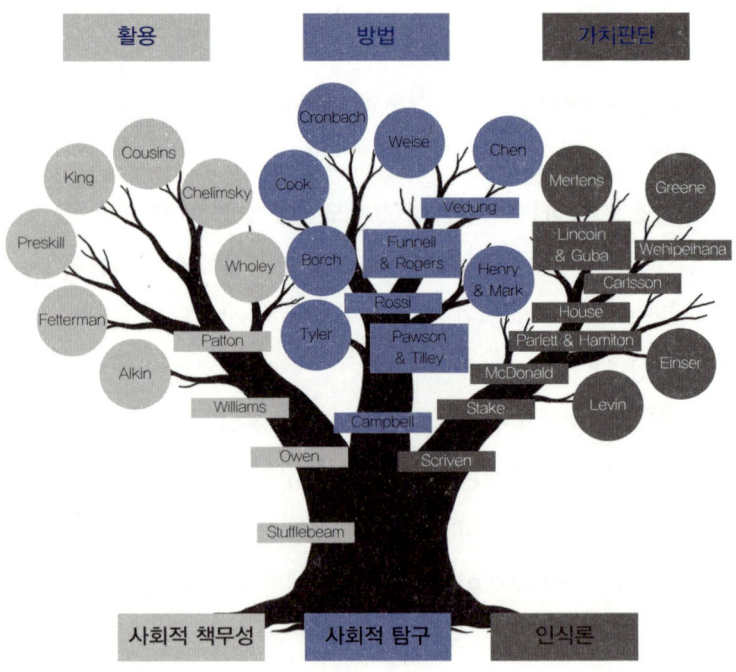

방법 가지는 평가란 '증거를 통해 학습이나 프로그램의 효과를 확인하는 일'이라는 관점을 가진다. 이를 지지한 대표적 학자인 타일러는 교육목표를 명확히 세우고, 평가를 통해 학생이 목표에 얼마나 도달했는지를 측정해야 한다고 보았다. 따라서 평가는 수업목표 달성도를 확인하는 목표 기반 형태를 띤다.

크론바흐Lee Cronbach 역시 실험과 검증을 통해 교육 프로그램이 실제로 효과가 있는지 파악해야 한다고 주장했다. 그는 특히 다양한 변인과 맥락이 교육효과에 어떻게 영향을 미치는지 분석하며, 평가를 통해 근거에 기반해 의사결정할 수 있도록 지원해야 한다고 보았다. 즉, 방법 가지는 평가를 과학적 탐구와 증거의 축적으로 이해한다. 체계적인 연구 설계, 객관적 자료, 검증 절차를 중시하는 학자들이 여기에 위치한다.

가치판단 가지는 평가는 결과적으로 '무엇이 좋은가를 판단하는 과정'이라는 관점을 가진다. 예를 들어 스크리븐은 교육프로그램 내부에서 스스로 정한 목표만 볼 것이 아니라, 실제 결과가 사회적으로 가치가 있는지 직접 판단해야 한다고 주장하며 목표 자유 평가를 제안했다. 스테이크Robert Stake는 숫자보다 현장의 경험과 의미에 귀를 기울여야 한다고 주장하며 반응적 평가를 제시했다. 이해관계자가 실제로 무엇을 겪고 중요하게 생각하는지를 통해 가치판단을 해야 한다는 것이다.

한편 아이스너Elliot Eisner는 예술평가에서 차용하여, 교육도 풍부한 기술과 전문가의 교육적 감식안으로 해석해야 한다고 강조했다. 즉, 가치판단 가지는 평가가 본질적으로 좋고 나쁨을 판단하는 과정이라고 본다. 무엇이 가치 있는가를 평가의 중심에 두는 학자들이 여기에 위치한다.

활용 가지는 평가가 '실제로 쓰이고 변화에 기여할 때 의미가 있다'는 관점을 가진다. 예를 들어 스터플빔은 CIPP 모형을 통해 평가는 단순히 결과를 확인하는 것이 아니라 의사결정을 돕는 과정이라고 했다. 이에 평가를 위해서는 맥락, 투입 과정 산출 정보가 모두 필요하다고 보았다.[8] 알킨은 평가의 목적이 결국 실제 개선과 정책 결정을 지원하는 것이며, 평가설계 자체가 누가 어떻게 사용할 것인가를 중심으로 구성되어야 한다고 보았다.

패튼Michael Patton은 여기서 더 나아가 주요 이용자가 평가를 어떻게 쓸지를 기준으로 평가 전체를 설계해야 한다는 활용 중심 평가를 제시했다. 즉, 활용 가지는 좋은 평가란 사용되는 평가라고 본다. 실질적 변화와 의사결정을 이끄는 평가가 좋은 평가라고 믿는 학자들이 여기에 위치한다.

평가에 대한 접근과 구체적인 모형에 따라 평가는 다르게 정의될 수 있다. 다만 이 책에서는 평가에 대한 일반적인 개념을 파악하고자 한다. 이에 대표적인 접근들을 고려하여 평가를 '평가대상에 대한 자료를 수집 및 분석하고, 가치, 장점, 효과, 영향 등을 기술 및 판단하여, 의사결정에 기여하는 합리적이고 체계적인 활동'으로 포괄적으로 정의한다.

평가의 틀

일반적으로 평가는 기획 및 설계, 자료수집 및 분석, 활용 및 피드백의 절차에 따라 이루어진다. 기획 및 설계 단계에서는 평가대상을 이해하고 평가요구를 분석하여 평가를 어떻게 할 것인지 그림을 그린다. 자료수집 및 분석 단계에서는 평가전략에 따라 자료를 수집하고 결과를 분석한다. 활용 및 피드백 단계에서는 평가결과를 이해관계자와 공유하고 발전을 위한 피드백을 제시한다. 첫 단추를 어떻게 끼우는가가 중요하듯이, 평가에서도 평가대상을 어떻게 이해하고 출발할 것인가가 매우 중요하다. 평가대상에 대한 합의된 이해를 체계화한 것이 바로 평가의 틀Framework이 된다.

사람들은 각자의 틀로 대상을 보고 이해한다. 평가를 할 때에도 마찬가지이다. 각자 자신이 가진 틀에 맞추어 평가대상을 인식하고 해석하여 판단한다. 혼자 개인적으로 하는 평가라면 대상을 어떻게 인식하든, 해석하든, 판단하든 큰 문제가 되지 않는다. 그러나 우리가 성인문해교육에서 접하는 평가 대부분은 개인의 경계를 넘어선다. 평가하는 개인 외에도 평가의 과정이나 결과에 직접적 혹은 간접적으로 참여하고 영향을 받는 이해관계자가 생긴다. 이때 평가는 공식적인 것이 될 수밖에 없다.

평가를 하려면 우선 평가대상을 바라보는 공식적인 틀이 필요하다. 평가대상이 무엇이고, 무엇으로 구성되어 있는지 혹은 어떤 특성이 있는지에 대해 합의하고 이해관계자에게 공개해야 한다. 성인 개인의 문해능력을 평가한다고 생각해 보자. 문해능력을 바라보는 다양한 틀이 있다. 문해능력을 언어 활용에 초점을 맞추어 '글을 읽고 쓰는 능력'이라고 보기도 한다. 전통적으로 평생교육에서는 '읽고 쓰는 능력뿐만 아니라 기본적인 수리 능력'을 포함하여 문해능력이라 한다. 우리나라에서는 보다 구체적으로 '일상생활에서 읽기, 쓰기, 셈하기를 기능적으로 활용하는 능력'을 문해능력이라고 한다. 최근에는 이러한 기본적인 문해능력에 더하여 미디어 리터러시, 정보 리터러시, 디지털 리터러시뿐 아니라 최근에는 AI 리터러시까지 문해능력에 포함시키기도 한다. 성인의 문해능력을 평가하려면 우선 이러한 다양한 틀 중에서 무엇을 채택할지 정해야 한다.

간혹 동일한 대상을 평가하는데 평가자 간에 전혀 다른 평가가 이루어지는 경우가 있다. 또 평가가 정확하게 이루어졌음에도 불구하고 결과가 전혀 다르게 피드백되는 경우도 있다. 평가자는 문해능력을 읽고 쓰는 능력으로 정의하여 평가자료를 수집하고 분석하였는데, 평가결과 활용자는 문해능력을 디지털 기술 활용 능력까지 포함하여 해석하고 의사결정에 반영하는 경우가 바로 그런 예이다. 이와 같은 문제는 대개 평가의 틀이 제대로 만들어지지 않았거나 혹은 제대로 기능하지 못해서 생긴다.

평가의 틀에는 정해진 답이 없다. 일반적으로는 선행연구 및 문헌자료를 참고하여 기존의 권위 있는 개념을 차용하거나 평가상황에 적합하게 조작적 정의를 내려 사용하게 된다.

완벽하고 정확한 틀을 만들기보다 이해관계자가 합의한 틀을 만드는 것이 중요하다.

평가의 틀은 평가 이해관계자가 가장 기본적으로 합의한 사고 모형이므로 신중하게 설계되고 적극적으로 공유되어야 한다.[9] 이해관계자 모두가 알고 동의하는 틀은 평가의 모든 단계에서 튼튼한 지지대의 역할을 한다.

성인문해교육 X 평가

그렇다면 성인문해교육은 어떤 틀로 바라볼 수 있을까? 「평생교육법」 제2조에 따르면 문해교육은 "일상생활을 영위하는 데 필요한 문자해득 능력을 포함한 사회적·문화적으로 요청되는 기초생활 능력 등을 갖출 수 있도록 하는 조직화된 교육 프로그램"을 말한다. 다만 일반적으로 성인문해교육이 법적으로 정의된 것처럼 프로그램 자체만을 의미하지는 않는다. 프로그램뿐 아니라 프로그램에 참여하는 학습자와 향후 참여할 잠재 학습자, 프로그램을 운영하는 기관과 교사, 운영을 지원하는 사업과 정책, 프로그램의 기반이 되는 시스템과 인프라가 모두 성인문해교육의 틀에 포함된다.

이러한 성인문해교육의 틀과 앞서 살펴본 평가의 개념을 활용하여 성인문해교육평가를 정의해 보자. 먼저 평가에 대한 사전적 정의를 적용하여, 성인문해교육평가를 '성인문해교육의 가치를 따져 보는 활동'으로 정의할 수 있다. 평생교육에서 활용되는 평가의 정의를 적용하여 '성인문해교육 프로그램 또는 제도의 제반 정보를 수집·분석하여 목표 달성 여부를 확인하고, 의사결정을 위한 정보를 제공하며, 학습과 관련된 대상의 가치를 판단하는 총체적 과정'으로 정의할 수도 있다. 마지막으로 평가에 대한 포괄한 정의를 적용하여 '성인문해교육에 대한 자료를 수집 및 분석하고, 성인문해교육의 가치, 장점, 효과, 영향 등을 기술 및 판단하여, 성인문해교육과 관련한 의사결정에 기여하는 합리적이고 체계적인 활동'으로 정의하는 것도 가능하다.

이러한 정의는 모두 성인문해교육평가가 무엇인지 파악하는 데에는 도움이 되지만, 여전히 우리가 어떤 관점을 가져야 할지는 명확하게 보여 주지 않는다. 이들 모두 기존의 정의에서 평가대상에 성인문해교육을 기계적으로 대입한 것에 지나지 않기 때문이다.

성인문해교육평가가 무엇인지를 이해하기 위해서는 성인문해교육과 평가 각각의 개념뿐만 아니라 이 둘이 관계 짓는 방식을 파악해야 한다. 성인문해교육평가는 평가를 성취의 판정으로 보는가, 학습을 돕는 과정으로 보는가, 학습자의 성찰과 변화 자체로 보는가에 따라 성인문해교육 결과에 '대한' 평가가 될 수도, 성인문해교육을 '위한' 평가가 될 수도, 성인문해교육 '으로서의' 평가가 될 수도 있다.[10]

성인문해교육의 결과에 대한 평가Evaluation of Adult Literacy Education 관점에서는 성인문해교육의 결과를 확인하는 데 초점을 둔다. 이 관점에서는 성인학습자의 문해력을 정해진 성취기준과 비교하여 확인하며, 이는 학습자 배치, 단계 인증, 기관성과 보고, 국가 문해수준 진단에도 활용된다. 교수학습 측면에서는 최종 과제나 포트폴리오 평가를 통해 성취를 확인하고, 교육과정에서는 문해 단계별 성취 기준을 검증하며, 정책에서는 국가 문해조사나 성취도자료를 활용해 목표 달성 여부를 판단하고 향후 정책 방향의 근거로 삼는다.

결국 이 관점은 성인문해교육에서 무엇이 달성되었는가를 명확히 보여 주는 성과 중심 평가이다. 이러한 관점에서 성인문해교육평가는 '성인학습자가 문해교육을 통해 어느 수준의 역량에 도달했는지 확인하기 위해 학습결과를 성취 기준이나 문해 수준과 비교하여 판단하는 절차'로 정의될 수 있다. 이 정의에 따르면 성인문해교육의 산출물과 성과를 공식적으로 확인하고 판정하는 평가를 지향하게 된다.

성인문해교육을 위한 평가Evaluation for Adult Literacy Education는 평가가 학습을 돕기 위한 도구가 된다는 관점이다. 여기서 평가는 학습자의 이해 수준을 파악해 교수학습을 조정하는 역할뿐 아니라 교육과정과 정책이 학습을 더 잘 지원하도록 안내하는 기능까지 수행한다. 교수학습에서는 학습자 과제, 읽기 및 쓰기 활동, 상호 피드백 등을 활용해 학습의 방향을 세밀하게 조정하며, 교육과정에서는 평가결과를 근거로 교육내용의 난이도, 구조, 자료를 개선하고 다음 단계의 학습경로를 재설계한다. 정책에서는 지역 및 국가 단위의 문해조사나 요구 분석 등을 통해 취약집단의 문해 요구를 파악하고, 기관 지원 체계나 예산 배분, 교원연수 정책을 조정함으로써 학습자의 실제 성장을 촉진하는 방향으로 정책을 발전시킨다.

결국 평가는 성인문해교육의 모든 층위에서 교육이 더 잘 이루어지도록 돕는 공통의 목적을 가지며, 교수학습, 교육과정, 정책 모두를 학습자 중심으로 재정렬하는 중요한 메커니즘이 된다. 이러한 관점에서 성인문해교육평가는 '학습자, 프로그램, 교육과정, 정책이 더 효과적으로 작동하도록 필요한 정보를 지속적으로 생산 및 제공하여 문해교육의 질을 향상시키는 과정'으로 정의될 수 있다. 이 정의에 따르면 성인문해교육이 더 잘 이루어지도록 지원하기 위해 수행되는 실천적 평가를 지향하게 된다.

성인문해교육으로서의 평가Evaluation as Adult Literacy Education는 평가를 별도의 절차가 아니라 교수학습, 프로그램, 정책을 움직이는 내적 메커니즘으로 보는 관점이다. 문해교육 수업에서 학습자가 학습일지나 성찰 저널에 읽기와 쓰기 경험의 변화를 기록하거나, 실제 생활 문제를 해결한 사례를 스스로 점검하거나, 개인별 학습 전략 체크리스트를 작성하는 활동을 하게 된다. 이는 모두 평가가 학습의 과정이 되는 방식이라 할 수 있다.

이러한 관점을 사업이나 정책에 적용하면, 평가 자체가 사업이나 정책이 된다. 즉, 평가는 단순히 결과를 판단하는 절차가 아니라, 성인문해교육의 수업, 프로그램, 정책이 존재하고 작동하는 방식 그 자체가 되는 것이다. 이러한 관점에서 성인문해교육평가는 '학습, 프로그램 운영, 정책 실행과 분리되지 않고 그 자체로 교육, 운영, 정책을 구성하는 실질적 과정'으로 정의될 수 있다. 이 정의에 따르면 평가행위가 곧 문해교육의 실천이며, 교육, 프로그램, 정책이 평가를 통해 형성되고 구현되는 통합적 활동을 지향하게 된다.

성인문해교육평가 원리

성인문해교육평가는 성인문해교육의 질 관리를 목적으로 교육의 다양한 맥락과 학습자의 특성을 반영하여 설계된다. 이에 성인문해교육평가는 질 관리의 원리, 맥락 반영의 원리, 학습자 적합성의 원리에 따라 이루어질 필요가 있다. 이 원리는 평가의 전 과정에서 기억하고 지켜야 한다.

첫째, '질 관리의 원리'는 성인문해교육평가가 성인문해교육의 질을 체계적으로 관리 및 보장해야 한다는 것이다. 성인문해교육평가는 개별 학습자의 성취 확인에 그치지 않고, 프로그램, 교육과정, 정책 전반의 품질을 유지하고 내실화하는 핵심 기제로 이해되어야 한다.

2018년 교육부에서 고시한 '초등·중학 문해교육 교육과정'[11]에는 교육과정 편성 및 운영과 관련하여 교육과정의 평가 및 질적 관리를 위한 지침이 제시되어 있다. 구체적으로 "국가 수준에서 이루어지고 있는 지원의 정도, 적절성, 타당성, 효과성을 주기적으로 평가하여 교육과정 운영의 내실을 도모한다"는 내용을 명시하여 평가가 질 관리를 위한 필수 요소임을 강조하고 있다.

이러한 국가적 질 관리 체계는 성인문해교육 기관이 수행하는 평가활동의 기준을 마련함으로써 교육의 일관성을 확보하고, 문해교육 체제가 지역 및 기관에 따라 편차 없이 안정적으로 운영되도록 돕는다. 질 관리를 위한 평가는 결국 문해교육이 의도한 목표에 도달하고 있는지를 확인함과 동시에, 문해교육을 공공적 책무성을 지닌 교육정책으로 운영하기 위한 근거를 제공한다.

또한 교육부 고시에서는 문해교육 기관에서도 진단평가, 형성평가, 총괄평가를 실시하여 학습자의 성취 수준을 다면적으로 파악해야 하며, 평가결과는 수업의 질 개선을 위한 자료로 활용하도록 규정하고 있다. 성인문해교육평가가 학습자의 성취를 단순히 확인하는 것이 아니라, 프로그램의 질을 점검하고 교육과정 운영을 조정하는 자료로 기능해야 한다는 점을 분명히 한 것이다.

특히 성인문해교육은 국가 수준의 교육체계 및 정책과 직접 연결되어 있으므로, 평가는 현장의 실제를 파악하고 교육과정 및 지원 정책을 개선하는 순환적 구조를 형성한다. 이러한 점에서 성인문해교육평가는 현장의 변화를 유도하고, 교육의 내실화를 위한 도구적 가치를 지닌 활동이라 할 수 있다.

둘째, ‘맥락 반영의 원리’는 성인문해교육평가가 성인문해가 이루어지는 다양한 맥락을 고려해야 한다는 것이다. 성인의 문해는 생활, 노동, 가정, 지역사회, 디지털 환경 등 다층적 맥락에서 발현되므로 평가는 이러한 실제적 맥락을 충실하게 반영해야 한다. 앞서 살펴본 교육부 고시 교육과정에도 문해교육 기관이 학습의 결과뿐만 아니라 과정을 평가해야 한다는 점이 강조되어 있는데, 이는 성인의 문해 활동이 단순한 기술 습득을 넘어 삶 속에서 문해가 어떻게 사용되는지를 반영해야 한다는 취지와 맞닿아 있다.

성인문해교육평가는 학습자의 생활 맥락을 파악하고 요구를 구체적으로 기록함으로써, 프로그램 운영과 정책 수립이 보다 근거에 기반하여 이루어지도록 돕는다. 이는 평가가 의사결정에 필요한 정보 수집 및 분석의 역할을 수행해야 한다는 점과도 일치하며, 성인문해교육이 단순 학습 지원이 아니라 사회적 참여와 생활 향상을 위한 제도라는 점을 분명히 한다.

또한 성인문해교육평가는 다양한 맥락을 반영하는 만큼 다원적 자료 수집과 해석이 요구된다. 제시된 지침처럼 평가방법 및 절차, 평가도구 등 다양한 방안을 개발하여 단위 기관에 제공하는 것은 지역, 세대, 학습집단에 따라 다른 문해 요구를 수렴하기 위한 국가 차원의 지원 체계로 해석할 수 있다. 예컨대 농산어촌 지역의 고령 학습자가 겪는 디지털 문해의 어려움, 이주민 학습자의 언어 사용 맥락, 취약계층의 생활 및 학습 참여 패턴 등은 통일된 평가방식만으로는 포착하기 어렵다.

따라서 평가는 실생활 기반 과제, 수행평가, 포트폴리오, 면담 등 다양한 방식으로 이루어져야 하고, 이를 통해 유용한 정보 확보라는 핵심 기능을 수행한다. 결국 성인문해교육평가는 문해의 생활적, 사회적 맥락을 정확히 이해하고 반영하는 평가이어야 한다.

셋째, '학습자 적합성의 원리'는 성인문해교육평가가 학습자의 특성과 경험을 반영하여 설계되어야 한다는 것이다. 성인학습자는 연령, 학업 단절 기간, 직업 경험, 건강 상태, 부양가족, 학습동기 등에서 매우 다양한 특성을 지니므로 평가는 학습자의 삶과 경험을 중심에 두고 설계되어야 한다. 교육부 고시에서도 성인학습자의 특성을 고려하여 자기평가와 자기진단을 통하여 학습자가 스스로의 성취를 확인하도록 해야 한다고 명시해, 성인의 자기주도성과 경험 기반 학습특성이 평가설계의 핵심 요소임을 강조하고 있다. 이는 성인문해학습자에게 평가는 성찰의 기회가 되어야 한다는 지침과도 일치한다.

자기평가, 자기진단, 학습자 기록부는 성인의 학습 변화, 문해 사용 습관, 삶 속 실행력을 반영하는 중요한 자료이며, 성인의 학습목적이 상급학교 진학이 아니라 삶을 위한 학습에 있다는 점에서 평가가 학습에 대한 부담이 아니라 학습의 연속 과정으로 경험되어야 한다.

아울러 성인문해학습자의 다양성과 민감성을 고려할 때 평가는 유연하고 공정하며 부담을 최소화하는 방식으로 이루어져야 한다. 성인학습에서 평가 스트레스는 학습을 지속하지 못하게 하는 주요 요인이 될 수 있으므로, 평가방식은 엄격한 시험 중심이 아니라 다양한 수행 방식과 개인의 변화 과정을 확인하는 방식이어야 한다.

동시에 평가는 공정성을 확보해야 한다. 평가자의 주관이나 기관의 이해관계가 개입되지 않도록 최대한 공정하고 공식적으로 이루어져야 한다. 성인문해교육평가는 공적 책임성을 지니는 교육정책의 일부이기 때문이다. 결국 성인문해교육평가는 학습자의 경험을 존중하고, 안전한 참여를 보장하며, 다양한 수행 방식을 인정하는 방향으로 설계될 때 비로소 성인의 성장과 문해 실천을 정확하게 포착할 수 있다.

2장

평가의 얼굴들

Who_누가 평가하는가

우리는 평가를 경험할 때 단순한 평가가 아니라 구체화된 수준에서 접하게 된다. 평가를 준비하다 보면 기관평가, 진단평가, 자체평가 등 수많은 유형의 평가를 접한다. 분명 모두 평가인데 각각 다른 얼굴을 가지고 있다. 이 장에서는 평가의 얼굴들을 '누가 평가하는가', '무엇을 평가하는가', '왜 평가하는가', '언제 평가하는가', '평가자는 어디 있는가', '어떤 방식으로 평가하는가'에 따라 유형화해서 살펴본다. 이러한 기준에 따라 평가를 구분하고 각각의 특징을 비교하다 보면 성인문해교육에서 이루어지는 다양한 평가의 위치와 속성을 파악하는 데 도움이 될 것이다.

누가 평가하는지, 즉 평가의 주체가 누구인지에 따라 평가의 방향이 결정된다. 대부분의 경우 평가주체는 구체적이고 현실적인 요구를 가지고 있으며, 평가가 실제로 어느 정도까지 이루어질 것인지를 결정하는 권한을 가지고 있다. 평가주

평가 유형화

구분	기준	유형
Who	누가 평가하는가	개인, 조직, 국가 및 지자체 등
What	무엇을 평가하는가	사람, 프로그램, 기관, 사회 등
Why	왜 평가하는가	진단평가, 형성평가, 총괄평가
When	언제 평가하는가	사전평가, 중간평가, 사후평가
Where	평가자는 어디 있는가	내부평가, 외부평가
How	어떤 방식으로 평가하는가	인가, 검증, 자격 부여, 인정, 자격화

체는 개인일 수도, 조직일 수도, 국가나 지자체일 수도 있다.

＊개인이 하는 평가

일반 개인이 평가주체가 되어 개인적으로 실시하는 평가는 비형식적이고 비공식적이다. 물건을 구매하기 위해서 상품을 비교하거나, 주말에 볼 영화를 선택하기 위해 후기를 살펴보는 것 등은 모두 개인적인 평가이다. 개인의 평가는 자신이 필요해서 하는 것으로, 평가의 전 과정과 의사결정 방식이 개인에 내재되어 있다. 예를 들어 성인이 성인문해교육 프로그램에 참여하기 전에 성인문해교육 기관들을 둘러보며 자신에게 맞는 기관을 선택하는 것은 개인적 평가이다. 왜 특정 기관을 선택하였는지는 자신만 알고 있으며, 이유가 무엇이든 문제될 것이 없다.

개인이 평가주체가 되더라도 관심이나 영향의 범위가 자신을 넘어서는 경우도 있다. 예를 들어 성인문해교사가 수업 준비를 위해 학습자를 평가하는 경우가 그렇다. 교육과정에 포함된 평가가 아니라 교사가 개인적인 필요에 의해 자발적으로 하는 평가라 하더라도, 이는 개인적인 평가가 아닌 공식적인 평가가 된다. 교사의 관심이 자기 자신이 아닌 학습자에게 있고, 평가결과에 따라 준비된 수업에 영향을 미칠 수 있기 때문이다. 경우에 따라서는 학습자에게 간접적 피드백이 전달될 수도 있다. 개인의 평가이므로 여전히 평가의 전 과정과 의사결정 방식은 드러나지 않을 수 있다. 다만 이와 같이 개인적인 평가를 넘어서는 경우라면 그 과정이 적절했는지에 대한 검증이 요구될 수 있다는 점을 고려해야 한다.

＊조직 차원에서 실시하는 평가

평가주체가 조직이 되면 평가는 보다 제대로 된 형식을 갖추고 공식적으로 이루어진다. 예를 들어 성인문해교육 프로그램을 운영하는 기관에서는 프로그램의 질을 개선하기 위해 학습자의 만족도와 학업성취도를 평가한다. 평가가 이루어질 때 성인문해교사 개인이 평가주체인 것처럼 보일 수 있다. 하지만 프로그램을 운영하는 조직 안에서 교사가 평가자의 역할을 수행하는 것이므로 이는 조직의 평가로 보는 것이 적절하다.

성인문해교육 교육과정에 따르면, 운영기관은 학습자가 스스로 성취를 평가할 수 있도록 지원할 뿐만 아니라, 기관 차원에서 학습자를 평가하여 교수·학습의 질을 개선하도록 하고 있다.[1] 즉, 성인문해교육 기관은 조직 수준에서 평가의 주체가 되어 학습자의 성취를 평가하고 수업과 교육과정을 개선한다.

＊사회적 수준에서 이루어지는 평가

국가나 지자체 등 사회가 평가주체가 되면 평가의 목적은 공공성을 가지며, 절차와 방법도 보다 정교해진다. 예를 들어 성인문해교육 교육과정에 따르면 국가는 국가 수준에서의 정책과 지원사업을 주기적으로 평가하고 단위 기관에서의 평가 방안을 제시해야 한다. 또한 교육청은 교육과정 운영의 질을 관리하기 위하여 평가지도 및 학습자평가를 실시하기도 한다.[2] 성인문해교육의 질을 향상시키기 위하여 국가가 직접 평가를 시행하는 것이다.

국가와 지자체 수준에서는 특히 성인문해교육의 전반적인 현황과 정책을 평가한다. 예를 들어 국가평생교육진흥원에서 실시하는 성인문해능력조사는 국가 수준에서의 평가를 위한 자료수집 활동이다. 우리나라 성인의 문해능력을 주기적으로 확인하여 정책의 효과를 평가하는 동시에 현장에서 새로 요구되는 정책을 발굴하는 것이다. 국가와 지자체에서는 예산을 지원하는 교육기관이나 프로그램의 질을 관리하고자 평가를 실시하기도 한다. 예산을 보다 효율적으로 사용하기 위하여 평가를 통해 지원 기관을 선정하고 지원 규모를 결정한다.

한편 국가와 지자체가 학습자 개인의 학습결과를 평가하여 공식적으로 인정해 주기도 한다. 예를 들면 우리나라에서는 「평생교육법」 제40조에 따라 성인학습자가 문해교육 프로그램을 이수하면 의무교육에 해당하는 초등학교와 중학교 학력을 인정받을 수 있도록 하고 있다. 문해교육 프로그램을 이수한 성인학습자가 학력인정을 요청하면 교육감이 학력인정 기준에 맞는지를 평가하여 교육부령으로 학력인정서를 내준다.

What_무엇을 평가하는가

평가를 설계하거나 실시할 때 가장 많이 혼동하는 것은 평가대상이 무엇인가이다. 교육 프로그램의 질을 평가하고자 참여자의 성적을 사전과 사후에 각각 조사하여 분석하는 중에 참여자에게 성적이 좋지 않다고 질책하는 경우가 대표적인 예다. 평가대상이 프로그램에서 참여자로 바뀐 것이다. 만약 기대한 평가결과가 나오지 않는다면 그것은 누구의 문제일까? 프로그램 기획이나 운영이 잘못된 것일까, 아니면 참여자가 열심히 하지 않았기 때문일까? 평가가 산으로 가지 않도록 하기 위해서는 무엇을 평가하려고 하는지를 명확히 하고, 평가의 전 과정에서 의도한 대상을 평가하고 있는지를 수시로 점검해야 한다.

그렇다면 무엇이 평가의 대상이 될 수 있을까? 허무한 답이 될 수 있겠으나 평가대상은 모든 것이 될 수 있다. 아침에 눈을 뜨면서부터 잠자리에 들기까지, 보고 만질 수 있는 것에서부터 개념적인 사고까지, 작은 옷핀에서부터 거대한 잠수함까지 그리고 나 자신에서부터 나를 둘러싼 거대한 환경까지, 모든 것이 우리가 원하든 원하지 않든 평가의 대상이 될 수 있다. 즉, 사람, 상품과 서비스, 조직 등을 포함한 다양한 피평가물을 포괄적으로 평가대상이라 할 수 있다.

*사람, 가장 어려운 평가대상

평가대상이 사람인 경우에는 피평가자Evaluee라는 용어를 별도로 사용하기도 한다. 그만큼 사람은 가장 일반적인 평가대상이다. 평가대상은 나 자신일 때도 있으며 다른 사람일 때도 있어서, 평가를 통해 자기반성을 하거나 타인과의 관계를 설정하기도 한다. 사람을 평가하는 것은 복잡하고 민감하다. 여기에는 여러 이유가 있겠으나 우선 평가대상을 사람으로 정했다고 해도 한 단계 더 들어가서 '사람의 무엇을 평가할 것인지'를 다시 고민해야 하는 어려움이 있다. 사람의 외모를 평가할 것인가, 건강을 평가할 것인가, 역량을 평가할 것인가, 성공을 평가할 것인가? 사람을 평가할 때는 평가의 초점에 따라 이후 이루어지는 평가활동이 결정된다.

성인문해교육에서 평가대상으로서의 사람은 주로 성인문해교육 참여자이다. 교육이라는 맥락에서 이루어지는 평가이므로 참여자가 학습자로서 가진 능력, 태도, 성취 등이 평가의 초점이 된다. 즉, 성인문해교육에서 사람을 대상으로 한 평가는 참여자가 필요한 학습능력을 갖추고 있는가, 참여자의 학습태도가 바람직한가, 참여자가 기대한 학업성취를 거두었는가에 대한 질문을 던지고 이를 해결하기 위해서 평가활동을 수행한다.

*프로그램, 익숙한 듯 낯선 평가대상

평가대상으로서의 프로그램은 사람보다는 덜 민감하고 복잡하다. 성인문해교육에서 프로그램을 대상으로 하는 평가는 가장 일반적이고 많이 이루어지는 평가유형이기도 하다. 성인문해교육 프로그램이라고 하면 성인문해교육 기관에서 운영하는 전형적인 프로그램을 떠올리게 된다. 하지만 평가대상으로서 프로그램은 그 안에서 운영되는 하나의 수업이 될 수도 있고, 프로그램을 포괄하는 교육과정이나 사업 혹은 정책이 될 수도 있다. 프로그램을 평가할 때 어떤 수준에서 평가할 것인지를 다시 한번 명확히 해야 하는 것도 바로 이런 이유 때문이다.

프로그램을 평가대상으로 할 때는 프로그램의 범위도 점검해야 한다. 프로그램은 다른 평가대상에 비해 경계가 모호하다. 예를 들어 성인문해교육 기관에서 운영한 프로그램을 평가할 때 계획에 없이 진행되었던 비공식적 활동도 평가대상에 포함되어야 할까? 문해교사가 직접 다루지는 않았지만 학습자에게 추천한 콘텐츠도 프로그램의 일부라고 볼 수 있을까? 중간에 피치 못할 사정으로 그만둔 성인학습자가 있다면 그의 중간 성취는 프로그램의 결과에 포함되어야 할까? 이런 질문들에 대한 정답은 없다. 프로그램평가를 설계하는 과정에서 평가대상인 프로그램을 어디까지로 볼 것인지 미리 결정하고 그에 따라 평가를 진행하는 것이 최선이다.

*기관, 손에 잡히는 평가대상

평가대상으로서 기관은 다른 대상을 대할 때보다 심적 부담이 덜하다. 사람을 평가할 때는 자칫 그 사람의 존재성을 건드릴까 주춤하게 된다. 프로그램을 평가할 때에도 그 뒤에 있는 사람들이 함께 떠오르게 마련이다. 기관을 평가하는 경우 사람들의 감정과 관련한 직접적인 부담은 훨씬 적다. 다만 기관 또한 사람들로 구성되어 있는 만큼 평가 이해관계자의 수도 많아지는 것은 사실이다. 평가결과를 이해시키고 납득시켜야 하는 사람이 늘어나는 것이다. 경우에 따라 기관 내에서 이해관계가 엇갈려서 평가결과를 해석하고 피드백하는 과정에서 정치적인 균형을 잡기가 어려운 경우도 생긴다. 기관을 평가할 때는 기관의 특성과 이해관계를 파악하는 것이 중요하다.

성인문해교육에서 평가대상이 되는 대표적인 기관은 성인문해교육 기관이다. 기관평가는 기관의 활동이나 운영 차원에서 서비스를 파악하는 개념으로, 기관의 기능과 업무 전반에 대한 기관 단위의 다원적 종합평가를 의미한다. 예를 들어 성인문해교육 기관평가는 성인문해교육 서비스 측면에 초점을 두고 기관을 분석하고 판단하는 것을 말한다. 이때 기관의 교육여건을 포함하여 교육에 투입하는 자원, 교육을 실시하는 과정 그리고 교육을 통해 산출할 수 있는 성과까지 체계적으로 점검한다. 이를 통해 해당 기관이 성인문해교육을 제대로 실시할 수 있는지 혹은 제대로 실시하고 있는지에 대해 확인한다.

*사회, 경계와 초점이 필요한 평가대상

평가대상이 사회로까지 확대되면 이제까지 살펴본 평가대상이 모두 평가에 고려된다. 사회를 평가하기 위해서는 그 사회에 살고 있는 사람, 만들어지고 소비되는 상품과 서비스, 운영되는 기관을 모두 이해해야 하기 때문이다. 그러나 항상 모든 것을 이해하고 평가하기란 쉽지 않을 뿐만 아니라 현실적으로 거의 불가능하다. 따라서 사회의 어떤 측면을 평가할 것인가에 따라 필요한 데이터를 결정하고 해당 데이터를 수집하기 위해 다시 평가대상을 규정하게 된다. 예를 들어 어떤 나라가 안전한가를 평가하기 위해 사람들의 인식을 평가할 수도, 국가의 안전시설이나 정책을 평가할 수도, 담당 기관이 얼마나 제대로 일하고 있는지를 평가할 수도 있다. 사회를 평가할 때 특히 지표와 지수를 많이 활용하는 것도 이러한 복잡한 과정을 통해 결정된 평가적 관점을 보다 명료하게 정리하기 위해서이다.

성인문해교육에서 사회가 평가대상이 되는 대표적인 경우는 평생학습도시이다. 지자체가 평생학습을 촉진하고 지원하며 이를 통해 평생학습이 활성화되었는지를 평가하는 것이다. 국가 수준에서 성인의 문해율을 평가하는 것도 하나의 예가 될 수 있다. 성인 문해율을 정기적으로 모니터링하고 이를 국제 수준과 비교하는 것도 우리 사회를 평가하는 활동이다.

Why_왜 평가하는가

평가의 목적은 평가가 무엇을 할 수 있는지에 달려 있다. 평가는 기능에 따라 진단평가, 형성평가, 총괄평가로 구분할 수 있다.

*상태를 파악하기 위한 진단평가

진단평가Diagnostic Evaluation는 처치나 개입을 준비하고 점검하기 위한 목적으로 하는 평가다. 처치나 개입 전에 이에 투입되는 요인들을 파악하고 대상자의 상태를 정확하게 파악함으로써 보다 적합하게 처치 혹은 개입할 수 있다. 이는 마치 의사가 환자에 맞는 처방을 위하여 환자의 병력이나 증상을 파악하고 각종 검사 등을 하는 것과 같다.

성인문해교육에서는 진단평가를 통해 성인학습자의 현재 수준과 관련 상황들을 파악한다. 학습자의 현재 문해능력이 어느 수준인지를 평가하기 위하여 구술평가, 간단한 읽고 쓰기 능력 평가, 단계별 지필평가 등을 활용할 수 있다. 이를 통해 수집된 기초자료를 토대로 학습자별 등록 카드에 한글 읽기가 되는지, 쓰기 능력은 어느 정도인지, 숫자를 정확하게 이해하고 쓸 수 있는지, 자신의 생각을 글로 표현할 수 있는지 등 개별 학습자의 문해능력 정보를 작성한다. 특히 성인문해교육에서는 진단평가를 통해 학습동기 수준이나 학습여건도 함께 파악한다. 인지적 능력뿐만 아니라 심리적인 장벽이나 환경적 방해 요소도 학습을 지속하는 데에 큰 영향을 미치기 때문이다.

성인문해교육에서 진단평가의 결과는 학습자를 적합한 수준의 반에 배치하거나 학습자에 적합하게 교수 설계를 하는 데 활용된다. 학습자는 자신의 수준보다 높은 수준의 반에 배치될 경우 좌절감을 느끼게 된다. 반대로 낮은 수준의 반에 배치될 경우 학습에 흥미를 잃는다. 정확한 진단평가 결과에 따라 각 학습자를 자신의 수준에 맞는 반에 배치하여 최대한 각 반의 학습자 수준이 비슷하게 유지되도록 관리할 필요가 있다. 교사는 각 반 학습자의 진단평가 결과를 기초로 수업의 난이도를 조정하고, 학습자에게 적합한 방법을 활용하여 수업을 진행한다.

＊진행 상황 확인을 위한 형성평가

형성평가Formative Evaluation는 처치나 개입의 과정 중에 이를 질적으로 개선하고 진행 과정을 보다 바람직한 방향으로 개선하는 데 목적이 있다. 따라서 처치나 개입이 실행되는 동안 모니터링하거나 개선을 위한 피드백을 제공하고자 할 때 형성평가를 실시한다. 형성평가를 통해 처음 설정한 목표 달성이 가능할지, 달성하려면 처치와 개입을 어떻게 수정·보완해야 할지 파악할 수 있게 된다.

성인문해교육에서 형성평가의 가장 대표적인 방법은 받아쓰기이다. 문해교사가 자신이 가르친 내용 중에서 핵심적인 단어나 어절을 말로 불러 주고 성인학습자에게 이를 쓰게 하는 방법이다. 학습자가 수업을 어느 정도 따라오고 있는지를 비교적 쉽게 파악할 수 있으므로 현장에서 많이 활용된다. 그 외에도 수업활동 관찰, 학습일기, 독서 카드, 포트폴리오 평가 등이 형성평가에 활용될 수 있다.

다만 형성평가를 실시할 때에는 성인학습자가 이를 교육의 한 과정으로 느끼도록 하는 것이 중요하다. 학습자의 성적으로 학업성취 정도를 판단하는 것에서 그치지 않고, 목표에 대비하여 어느 정도를 달성하였는지, 교수학습 방법은 기대했던 만큼 효과적인지, 잘 따라오지 못한 성인학습자는 없는지, 학습에 어떤 어려움을 겪고 있는지 등의 질문을 던지고 더 나은 성인문해교육이 될 수 있도록 개선해야 한다.

*최종적인 판단을 위한 총괄평가

총괄평가Summative Evaluation는 처치나 개입 후의 효과나 그로 인한 영향을 파악하는 것을 목적으로 한다. 총괄평가를 통해 목표를 어느 정도 달성했는지 판단할 뿐만 아니라, 처치와 개입의 질과 성과에 대해 총체적으로 판단하게 된다. 따라서 수시로 진행될 수 있는 진단평가나 형성평가와는 달리, 총괄평가는 한 과정에 한 번만 시행하는 것이 일반적이다.

총괄평가의 결과는 학습자에게 학업성취 수준을 알려 주는 자료로 활용되며, 동시에 자격이나 인정을 위한 사정자료로도 활용될 수 있다. 예를 들어 성인문해교육에서 학습단원, 학기, 학년별 학생 성적을 종합적으로 평가하여 승급 여부를 판단하는 것은 총괄평가라 할 수 있다. 또한 소정의 교육을 이수하고 학력을 인정받기 위해 실시하는 평가 역시 총괄평가이다.

교육에서의 총괄평가는 학습자의 학업성취를 점검하기 위해 시험 등의 공식적, 객관적 도구를 활용하는 것이 일반적이다. 성인문해교육에서도 총괄평가에 지필시험을 가장 많이 활용한다. 다만 지필시험만으로 성인학습자의 성취를 충분히 평가하기 어렵다는 특성을 고려하여 학습결과물을 종합한 포트폴리오로 총괄평가를 실시하기도 한다. 또한 성인문해교육의 특성을 고려하여 총괄평가가 단순히 개별 학습자의 학업성취를 측정하는 것을 넘어서, 교육의 성과물을 다른 학습자들과 공유하고 스스로에게 보상을 줄 수 있도록 진행되기도 한다. 성인학습자의 학습성과물 전시나 공동문집 제작 등이 그 예가 될 수 있다. 이러한 평가는 과정 종료라는 상징적인 의미를 제공함과 동시에 학습자에게는 교육을 통해 성장한 자신의 모습을 확인하고 자기만족감과 자신감을 느낄 수 있는 계기를 제공하기도 한다는 점에서 교육적이다.

When_언제 평가하는가

대부분의 경우 진단은 사전에 이루어지고, 중간에 형성을 점검하며, 사후에 총괄하여 판단하기 때문에 시기와 기능에 따라 구분된 용어가 혼용되는 경향이 있다. 예를 들어 병원에 가면 의사는 처방을 내리기 전에 일단 진단을 하고, 치료 중에는 처치가 제대로 이루어지고 있는지 확인하며, 치료가 끝나면 완쾌되었다는 판정을 한다. 이 세 국면의 평가를 각각 개별적 평가로 보기보다는 하나의 평가로 보는 것이 좋다.

*진단적 기능을 하는 사전평가

사전평가는 평가대상과 관련한 처치나 개입 전에 이루어지는 평가다. 예를 들어 성인문해교육에 참여하기 전 학습자의 문해 수준을 평가하는 것은 사전평가에 해당한다. 대부분의 경우 이 시점에 평가를 하는 이유는 학습자의 현재 수준과 상황을 파악하기 위함이다. 따라서 사전평가는 일반적으로 진단적 기능을 한다.

성인문해교육에서 사전평가는 학습자 상담의 형식으로 진행되는 경우가 많다. 면접을 통해 교육경험과 문해교육에의 요구, 나아가 학습자의 문해 수준과 관련한 평가정보를 얻을 수 있다. 현재의 문해 수준을 정확하게 파악하기 위해 간단한 시험을 사용하는 경우가 많은데, 특히 성인학습자의 경우 시험이라는 형식에 위축될 위험이 있다. 따라서 처음에는 자연스럽게 학습자가 읽고 쓰는 것을 보여 줄 수 있는 상황을 만들어 대략의 수준을 평가하는 것이 좋다. 평가자와의 관계가 형성되고 학습자의 학습에 대한 의지가 확고해진 후에 보다 정확한 수준을 평가하기 위해 지필시험을 활용할 수 있다.

*형성적 기능을 하는 중간평가

중간평가는 평가대상과 관련한 처치나 개입 중간에 이루어지는 평가다. 예를 들어 성인문해교육이 진행되는 과정에 성인학습자의 태도나 성취를 평가하는 것이 중간평가에 해당한다. 이 시점에 평가를 하는 이유는 학습자가 잘 참여하고 있는지, 수업을 잘 따라오고 있는지 등을 파악하여 중간에 적절한 처치를 하기 위함이다. 따라서 중간평가는 일반적으로 형성적 기능을 한다.

성인문해교육에서 중간평가는 수업시간 중 행동 관찰이나 간단한 시험, 학습 중간산출 자료평가 등의 형식으로 진행될 수 있다. 수업시간의 행동 관찰은 주로 담당교사에 의해서 이루어진다. 관찰 대상에는 성인학습자의 인지적 학업성취뿐만이 아니라 학습동기와 태도까지 포함된다. 행동 관찰을 통한 중간평가는 평가결과를 즉각적으로 반영하여 수업활동을 개선할 수 있다는 장점이 있다. 성인학습자의 학업성취 수준을 평가하기 위해 퀴즈, 구술시험, 게임 등과 같은 간단한 시험을 활용할 수도 있다. 수업 중에 받아쓰기 시험을 보는 것이 가장 대표적인 형태이다. 학습활동 결과물이나 과제물과 같은 자료도 중간평가에 활용될 수 있다. 노트 필기나 일기 등과 같은 과제 수행 기록, 학습활동의 일환으로 작성한 글쓰기 등이 그 예가 될 수 있다.

중간평가는 아직 수업이 진행 중인 과정에서 이루어지는 평가이다. 따라서 중간평가의 결과는 학습자 개인의 학습 진척 상황을 확인함과 동시에 수업을 더 적절하게 개선하기 위해 피드백을 제공하는 방식으로 활용되는 것이 적절하다.

＊총괄적 기능을 하는 사후평가

사후평가는 평가대상과 관련한 처치나 개입이 종료된 후에 이루어지는 평가다. 예를 들어 성인문해교육에서 일정 교육과정을 마친 후 이에 참여했던 성인학습자의 학업성취를 평가하는 것은 사후평가에 해당한다. 이 시점에 평가를 하는 것은 학습자가 교육을 통해 얼마나 향상되었는가를 확인하여 향후 교육과 관련한 판단을 하기 위함이다. 따라서 사후평가는 일반적으로 총괄적 기능을 한다.

성인문해교육에서 사후평가는 주로 시험이나 자료평가 형식으로 진행된다. 시험은 가장 대표적인 사후평가 방법이다. 한 단원을 마친 후 받아쓰기 시험을 보거나, 중급 이상의 경우 문제지를 활용하여 시험을 보기도 한다. 사후평가를 위해 그동안의 학습자료를 활용하기도 하는데, 개별적인 중간 산출물을 활용하는 중간평가와는 달리 중간 산출물을 종합하거나 사후평가를 위해 별도로 제시된 과제에 대한 최종 결과물을 평가한다. 성인학습자의 포트폴리오가 가장 대표적인 예가 될 수 있다.

사후평가는 과정이 일단락된 후에 이루어지는 평가이다. 따라서 사후평가의 결과는 학습자가 소정의 학습목표를 달성하였는지 여부를 정확하게 판단하는 데 활용될 수 있다. 만약 학습목표를 달성하지 못했다면 동일한 수준의 교육과정을 다시 이수하도록 하고, 달성하였다면 보다 높은 수준으로 이동하거나 과정을 수료하도록 한다. 또한 사후평가결과는 해당 처치나 개입의 효과를 확인하기 위해 활용되기도 한다. 학습자의 사전 수준과 사후 수준을 비교하여 해당 교육을 통해 학습자가 얼마나 향상되었는지를 평가하여 효과를 확인할 수 있다.

Where_평가자가 어디 있는가

평가자는 말 그대로 평가를 하는 사람이다. 평가자는 평가요구를 파악하여 평가를 설계하고, 평가자료를 수집하여 분석하며, 결과에 대한 평가적 판단을 포함하여 보고한다. 평가자가 평가대상의 내부자인지 외부자인지에 따라 내부평가와 외부평가로 구분할 수 있다.

＊내부에서 하는 평가

내부평가Internal Evaluation는 평가자가 평가대상을 포함하여 평가상황과 여건을 정확히 파악할 수 있고, 내부 네트워크를 통해 평가자료를 보다 수월하게 수집할 수 있으며, 의사소통도 원활하게 할 수 있다는 장점이 있다. 하지만 이해관계에서 자유로울 수 없기에 객관적이고 공정한 평가가 어려울 수 있고, 상대적으로 평가자의 전문성이나 평가업무의 독립성을 인정받기가 힘들다는 단점이 있다.

성인문해교육 기관에서 문해교사가 성인문해교육 프로그램을 평가한다고 가정해 보자. 교사는 이미 프로그램의 취지, 참여자의 특성, 기관의 여건 등을 잘 알고 있기 때문에 평가자로서 평가대상을 이해하기 위한 별도의 노력을 기울이지 않아도 된다. 평가를 위해 설문조사나 시험이 필요하다면 자신이 직접 하거나 동료에게 부탁하면 되기 때문에 수월하게 진행할 수 있다. 하지만 평가결과에 따라 기관의 예산이 결정되거나, 자신과 동료의 근무 조건이 달라지게 된다면 자신도 모르게 좀 더 관대하게 평가를 할 가능성이 높다.

＊외부에서 하는 평가

외부평가External Evaluation는 객관적이고 공정하게 이루어질 가능성이 높고, 평가자가 새로운 평가전략을 적용하거나 독립적으로 평가를 수행할 수 있다는 장점이 있다. 하지만 외부 평가자가 평가대상과 상황을 제대로 이해하기 위해서는 많은 시간이 걸리고, 상대적으로 평가자료 수집이 어려우며, 평가 활동 진행을 위한 협조를 얻거나 결과를 전달하는 등의 평가 커뮤니케이션을 위한 자원이 많이 소요된다는 단점이 있다.

외부의 평가전문가가 성인문해교육 기관의 프로그램을 평가하게 된다면 어떨까? 기관과의 이해관계가 없기 때문에 프로그램을 진행하는 기관이나 구성원의 기대와 상관없이 엄정하게 평가를 진행할 수 있을 것이다. 하지만 성인문해교육 프로그램의 특성을 이해하고 이를 둘러싼 상황과 여건을 고려하여 평가하기는 쉽지 않을 것이다.

내부평가와 외부평가의 장점을 동시에 갖기는 어렵다. 따라서 평가의 목적이 무엇인지를 확인하고 둘 중 어느 평가를 실시할 것인지 선택해야 한다. 평가대상 및 상황이 특수하여 외부 사람은 이해하기 어렵거나, 평가결과가 개선을 위해 활용될 예정이라면 내부평가를 진행하는 것이 적절하다.

하지만 평가결과에 대한 민감도가 높은 상황이라면 평가의 공정성을 확보하기 위해 외부평가를 활용하는 것이 더 낫다. 만약 평가를 위해 충분한 자원이 마련되어 있다면, 내부평가와 외부평가를 모두 실시하여 평가결과의 신뢰도를 높일 수도 있다.

How_어떤 방식으로 평가하는가

평가에는 다양한 형태가 있다. 평가라는 속성은 공유하되 무엇에 초점을 두는가에 따라 평가는 전혀 다른 이름으로 진행된다. 성인문해교육에서는 인가를 통해 기관과 프로그램의 신뢰를 보장하고, 검증을 통해 개별 학습성과의 동등성을 확인하며, 그 결과로 자격을 부여하여 증명을 발급하고, 인정을 통해 증명된 문서에 제도적 효력을 부여하며, 자격화를 통해 이 모든 인증물을 관리한다.

＊공식적인 승인, 인가

인가Accreditation는 기관이나 프로그램이 외부의 독립된 품질 기준을 충족함을 공식적으로 승인하는 절차이다. 핵심은 기관이 교육과정 설계, 강사의 역량, 평가체계, 행정 관리, 학습자 보호 등 운영 전반에서 일정한 최소 품질 수준을 지속적으로 유지할 능력이 있음을 외부전문가가 검증하는 데 있다. 예를 들어 성인문해교육 기관이 초등학력 인정 과정을 운영하려면 교육청에서 해당 프로그램의 적합성을 인가받아야 한다. 인가를 통해 해당 기관은 공적 재정지원 대상이 될 수 있다. 또한 그 기관에서 시행한 평가결과를 교육청과 같은 상위 기관이 신뢰하고 수용할 수 있게 된다.

*맞다는 확인, 검증

검증Validation은 개인이 비형식·비공식 학습이나 교육과정에서 획득한 학습성과가 공식적으로 정해진 기준인 성취 기준, 역량 단위 등과 일치하는지를 확인하는 체계적 절차다. 즉, 학습성과의 동등성Equivalence을 판단하는 과정이다. 일반적으로 식별, 문서화, 평가, 증명의 단계로 이루어지는데, 각 단계에서 표준화된 평가, 관찰, 실기, 면접, 포트폴리오 등의 다양한 증거가 활용될 수 있다. 예를 들어 성인문해교육 기관에서 초등학력 인정 문해 프로그램을 수료한 학습자의 포트폴리오를 교육청에 제출하면 검증 절차를 통해 그 성취가 초등학교 성취 기준의 특정 수준과 동등한지 판단한다. 이러한 일련의 절차가 검증이다. 검증은 다양한 경험을 표준화된 기준과 연결하여 불필요한 중복학습을 줄이고 공식적 경로로 전환시키는 역할을 한다.

*능력의 공식화, 자격 부여

자격 부여Certification란 법률적으로 자격을 인정할 수 있는 권한을 가진 주체가 특정 평가나 검증을 통해 개인이 일정 수준 이상의 학습성취나 역량 등을 충족했는지 확인하여 공식 문서로 확인·발급하는 행위이다. 자격은 법적·제도적 효력을 갖는 경우가 많고, 노동시장이나 교육 경로에서 증빙자료로 사용된다. 전통적 의미의 자격증 외에도 수료증, 합격증, 성적표, 디지털 배지 등이 모두 자격의 범주에 포함된다. 예를 들어 문해교원이 되기 위해 일정한 연수 과정을 이수하고, 교육

당국이 정한 역량 기준을 충족하면 문해교원 자격증이 발급된다. 이는 해당 교원이 성인문해교육을 담당할 수 있는 능력과 자격을 갖추었음을 제도적으로 확인하는 증거이다. 교원은 개인적으로 쌓은 학습과 훈련의 성과를 자격 부여라는 사회적으로 통용되는 형태로 공인받아 교육현장에서 신뢰성과 전문성을 인정받을 수 있게 된다.

*효력을 결정하는 인정

인정Recognition은 검증이나 자격 부여를 통해 확보된 학습성과나 자격을 제도적으로 수용하여 학력인정, 학점 이수, 채용 우대, 진급 요건 등 특정 권리, 지위, 혜택의 근거로 인정하는 과정이다. 인정은 단순 문서 발급을 넘어서 그 문서가 실제로 어떤 효력을 갖는가를 규정하는 정책적이고 행정적인 결정이다. 예를 들어 선행학습인정PPL: Recognition of Prior Learning은 비공식·비형식 학습을 정규 학력, 자격 체계 내에서 효력이 발생하도록 인정하는 절차로, 성인학습자의 교육 및 직업 이동성을 확대하는 핵심 수단이다. 인정은 학습의 사회적 가치와 효력을 실체화하는 마지막 단계로서, 성인문해교육의 목적을 실현하게 하는 결정적 과정이다.

*제도화된 수준의 자격화

자격화Credentialing는 개별 자격 부여 행위를 넘어 어떤 형태의 증명을 어떤 규칙으로 발행, 관리, 검증할 것인지를 설계하고 운영하는 체계적인 과정이다. 자격이 증서 한 장이라면, 자격화는 그 증서가 시스템적으로 의미 있게 작동하게 하는 규칙, 기술, 행정을 통칭한다. 성인문해교육에서 자격화는 성인 학습자의 학습성과를 공식적인 자격 체계 안에서 제도적으로 부여하고 관리하는 과정으로, 단순히 문해교육 수료증을 받는 차원을 넘어 학습자가 획득한 성과가 제도적 자격으로 편입되는 과정을 의미한다. 예를 들어 학점은행제를 통해 학교 밖에서 이수한 교과목, 직업훈련, 자격증, 독학사 시험 결과를 모아 학점으로 인정받고, 이를 기반으로 정규대학 학위를 취득할 수 있다. 이 경우 학습자의 다양한 경험은 개별적으로 인정되는 데 그치지 않고, 국가가 관리하는 공식 학위 체계 속에서 자격화되는 것이다.

평가의 힘을
발견하는
여정

2부는 평가를 실제로 어떻게 설계하고 실행할 것인가에 대한 방법론을 다룬다. 검사, 조사, 관찰, 면접, 현존자료 분석 등 다양한 평가방법의 특성과 활용 가능성을 설명한다. 평가목적과 맥락에 따른 평가방법 선정의 중요성을 강조한다. 평가절차와 프레임워크를 중심으로 체계적인 평가설계 과정을 제시한다. 평가도구의 타당도, 신뢰도, 객관도 등 평가의 질을 좌우하는 핵심 요소를 다룬다. 평가결과의 도구적·개념적·상징적 활용과 평가의 정치적 속성을 함께 살펴본다. 마지막으로 메타평가를 통해 좋은 평가의 조건과 평가를 성찰하는 관점을 제시한다.

3장

어떻게 평가할 것인가

🦋

검사

평가를 하려고 하면 '어떻게 평가할 것인가' 하는 고민이 가장 먼저 떠오른다. 평가전문가가 아니라면, 평가과정에서 가장 먼저 맞닥뜨리는 허들이 바로 평가방법이다. 적절한 평가방법을 선정하여 활용하는 것은 평가 전체의 질을 좌우한다고 해도 과언이 아닐 정도로 중요하다. 평가방법은 평가를 기획 및 설계하고 자료를 수집 및 분석하며 평가적 판단을 내리는 평가의 전 과정에 사용되는 방법을 총칭한다. 그러나 일반적으로는 평가를 위한 자료를 수집하는 방법을 지칭하는 경우가 많다. 실제로 우리가 보는 평가활동의 실체는 대부분 평가방법이 구현되는 것들이기도 하다. 자료수집에 널리 활용되는 방법으로는 검사, 관찰, 조사, 면접, 현존자료 분석 등이 있다.

검사Tests, Exams는 평가대상이 특정 자극이나 과제에 보이는 반응과 성과를 분석하는 활동이다. 즉, 의도적으로 자극을 제공하고 이에 대한 반응을 확인함으로써 평가에 필요한 정보를 수집하는 과정을 검사라 한다. 예를 들어, 의학 진단에서 혈액을 채취해 분석하거나, 화학적 성질을 확인하기 위해 지시약을 사용하는 경우, 제품 출고 전 불량 여부를 확인하는 절차 등 다양한 분야에서 활용된다. 교육 분야에서는 지식 등의 성취 수준을 확인하기 위해 주로 시험의 형태로 활용된다. 예컨대 성인문해교육에서는 학습자의 기초 문해능력을 평가하기 위해 받아쓰기를 널리 활용하는데, 이는 시험의 대표적인 형태이다.

평가방법으로서 검사는 결과를 수치화하므로 동료 학습자 혹은 자신의 이전 성과와 비교가 가능하며, 여러 명을 동시에 평가할 수 있고, 실행과 관리의 절차가 비교적 표준화되어 있다는 장점이 있다. 다만 학습자가 시험 상황에서 긴장하거나 부정적 감정을 느낄 수 있고, 시험이 읽기 이해도, 맞춤법, 문법 등 지식 중심으로 치우쳐 일상생활에서의 문해능력을 반영하지 못할 가능성이 있다는 한계가 있다. 검사의 방식이 다양해지고 있으나, 여전히 지필시험이 학업성취도를 평가하는 가장 대표적 방법으로 자리하고 있다. 지필시험은 시험 설계, 문항개발, 시험지 제작, 시험 시행과 채점이라는 일련의 과정을 통해 체계적으로 이루어진다.

＊지필시험 설계

지필시험을 통해 평가목적에 부합하는 정보를 얻기 위해서는 가장 먼저 시험의 목적을 명확히 해야 한다. 학습수준을 진단할 것인지, 성취도를 종합적으로 평가할 것인지, 혹은 단순

참고자료로 활용할 것인지에 따라 시험의 성격과 활용 방식이 달라진다. 또한 시험 결과가 공식적으로 성적에 반영되는지 여부 역시 초기 단계에서 고려해야 한다. 시험 목적이 규정되면 시험의 범위, 시험 시간과 같은 구체적 조건을 설정하고, 이를 반영하여 시험문항의 규모와 유형을 결정한다.

시험문항의 수는 평가목적과 학습자의 상황 및 시험 환경을 반영하여 결정한다. 문항 수가 많을수록 결과의 신뢰도가 높아지고 학습기회로서의 기능도 커진다. 하지만 동시에 시간이 많이 소요되고 응시자의 부담이 증가한다. 시험 자체뿐만 아니라 학습자까지 종합적으로 고려하여 시험이 적정 규모에서 이루어질 수 있도록 해야 한다.

지필시험에 활용되는 문항의 형식으로는 진위형, 배합형, 선다형, 단답형, 완성형, 논술형 등이 있는데,[1] 이는 크게 두 가지 기준에 따라 구분할 수 있다. 첫째, 수험자의 반응 형태에 따라 제한된 답을 선택하는 선택형과 답을 직접 구성하는 서답형으로 구분된다. 선택형에는 진위형, 배합형, 선다형이 포함되고, 서답형에는 단답형, 완성형, 논술형이 포함된다. 둘째, 채점 과정에서 채점자의 주관이 개입되는 정도에 따라 객관형과 주관형으로 나뉜다. 일반적으로 진위형, 배합형, 선다형은 객관형으로 분류되며, 논술형은 주관형에 해당한다. 단답형이나 완성형은 문항 특성에 따라 객관형 또는 주관형으로 출제될 수 있다. 일반적으로 다양한 형식의 문항을 조합하여 활용하는 것이 바람직하지만, 교육적·평가적 목적에 가장 적합한 형식을 선택하는 것이 중요하다.

지필시험의 핵심은 문항이다. 따라서 지필시험을 잘 설계하려면 시험문항을 제대로 구성해야 한다. 설계 단계에서부터 문항의 타당성, 변별도, 정확도가 확보되었는지를 확인할 필요가 있다. 타당성은 문항이 평가하고자 하는 것을 제대로 측정하였는지와 관련된다. 학습성과를 평가한다면서 수업에서 다루지 않은 내용을 출제하거나, 중요하지 않은 세부 지식만을 묻는 경우 그 문항은 타당하지 않다. 변별도는 문항이 응시자의 수준을 구분할 수 있는지를 의미하는데, 이는 주로 문항의 난이도와 관련된다. 시험이 어렵거나 쉬우면 변별력이 떨어지므로, 다양한 난이도의 문항을 적절히 배치하여야 한다. 정확도는 문항이 오류 없이 명확하게 제시되었는가를 의미한다. 불필요하게 장황한 문항, 애매한 표현이나 잘못된 논리를 담은 문항은 응시자의 성취를 올바르게 측정하지 못한다. 설계 단계에서 이러한 요소들을 충분히 고려해야만 시험이 교육적 의도와 평가적 기능을 충실히 수행할 수 있다.

* 시험문항 개발

문항 개발은 평가목적을 구체화하는 핵심 단계로, 문항을 작성하고 검토하는 것을 의미한다. 좋은 문항은 학습자가 해당 내용을 이해했는지 여부를 명확히 드러낼 수 있어야 한다. 알면 풀 수 있고 모르면 풀 수 없는 것이 이상적이다. 따라서 수업 범위를 벗어난 생소한 용어나 지나치게 복잡한 표현을 피하고, 단순 추측으로 정답을 맞힐 수 있는 구조도 배제하는 것이 좋다. 문항을 개발할 시 고려해야 할 기본 원칙은 다음과 같다. 첫째, 수업목표와 성취 기준을 반영하여 핵심 학습성과를 측정할 수 있도록 한다. 둘째, 문항은 간결하면서도 답안 작성의 조건과 근거를 명확히 제시해야 한다. 셋째, 모호하거나 의미가 불분명한 용어, 과도한 일반화나 절대적 표현은 피해야 한다. 넷째, 답안의 단서를 문항 내부나 다른 문항에 포함시키지 않도록 해야 한다. 다섯째, 되도록 긍정문 형태로 제시하되, 불가피한 경우 부정문임을 명확히 표시해야 한다. 여섯째, 응답 요령, 채점 기준, 배점을 반드시 명시해야 한다.

문항 유형에 따라 특히 고려해야 할 사항이 있다. 선택형 문항의 경우 각 문항의 성취기준, 배점, 난이도, 소요시간, 채점 유의 사항을 미리 정리해 두는 것이 좋다. 각 문항에 해당하는 성취 기준을 명확히 하고, 평가요소의 중요도에 따라 차등 배점한다. 예비검사 등을 통해 문항별 정답률과 평균 소요시간을 확인한 후, 각 문항의 정답률에 따라 난이도를 상, 중, 하로 분류하고 문항을 해결하는 데 소요되는 시간을 예측한다. 특히 선택형 문항의 경우 오답과 정답이 포함된 선택지들에서 정답을 골라내는 방식이므로, 오답은 충분히 그럴 듯해야 하며, 정답은 단일하고 명확한 것이 좋다.

서답형 문항의 경우 문항을 작성하면서 채점기준인 루브릭 rubrics[2]을 함께 정리해 두는 것이 좋다. 논술형, 서술형 등의 서답형 문항은 높은 수준의 인지적 능력을 평가할 수 있음에도 불구하고 상대적으로 문항 작성의 부담은 적어 출제자에게 매력적으로 느껴질 수 있다. 그러나 선택형 문항에서 양질의 선택지 마련이나 좋은 선택지 개발에 상당한 노력이 필요한 만큼 서답형 문항에서는 좋은 루브릭 설계에 힘써야 한다. 선택형 문항과 마찬가지로 서답형 문항 역시 각 문항이 어떤 수업목표와 성취 기준에 해당하는지 명확히 할 필요가 있는데, 시험문항만으로는 이를 구체적으로 확인하기 어렵다. 루브릭에 포함되는 평가준거와 기준을 참고하면서 문항이 시험문항에 포함되는 것이 적절한지 검토하고, 나아가 해당 평가준거와 기준에 비추어서 문항이 제대로 작성되었는지 확인하는 것이 좋다. 서답형 문항에는 어떻게 작성하면 되는지 안내하는 채점기준 혹은 작성지침을 포함하는 것이 바람직한데, 루브릭의 핵심 내용을 활용하여 정리하면 된다. 시험문항을 개발하는 단계에서 모범답안까지 함께 작성해 두면 평가결과를 교육적으로 피드백할 때 유용하게 활용할 수 있다.

좋은 문항을 작성하려면 충분한 시간을 들여야 한다. 시험 직전에 문항을 서둘러 작성하면 문항의 질이 떨어질 뿐만 아니라, 오류를 발견해도 수정할 여유가 없다. 문항은 실제 필요한 수보다 1.5~2배 정도 작성한 뒤, 그중에서 양호한 문항을 선별하여 사용하는 것이 이상적이다. 이렇게 하면 시험지 전체의 균형을 조정할 여지가 생기고, 오류가 발견된 경우에도 예비 문항으로 대체할 수 있다.

문항을 모두 작성하면 문항을 전반적으로 검토하고 문항의 질을 평가한다. 먼저 문항이 수업목표와 부합하는지, 학습내용을 적절히 반영하는지, 윤리적 문제가 없는지 질적으로 검토한다. 지시문이나 응답 지침이 불명확하지 않은지, 문항 간 단서가 존재하지 않는지도 함께 확인한다. 이어서 구체적인 문항 분석을 통해 난이도, 변별도, 신뢰도 등을 점검하고, 불완전하거나 불량한 문항은 수정하거나 삭제하여 최종적으로 활용할 문항을 결정한다.

시험문항이 확정되면 시험지 형태로 구성하고 편집한 후 인쇄하여 시험지를 준비한다. 문항은 학습자가 응답하기 용이하고 추후 채점하기 쉽도록 배열하는 것이 좋다. 일반적으로 쉬운 문항과 단순한 학습성과를 측정하는 문항을 앞에, 어렵고 복잡한 문항과 복합적 사고를 요구하는 문항을 뒤에 배치한다. 문항을 유형별로 분류하고, 응답 요령과 채점 기준 등 지시 사항을 시험지에 포함하거나 필요 시 시험 진행 중에 구두로 안내하도록 준비한다. 편집 과정에서는 시험지에 문항이 적절히 배치되었는지와 가독성을 점검한다. 문항을 개발할 때뿐만 아니라 시험지를 준비하는 동안 보안 유지에도 각별히 신경을 써야 한다.

*시험 시행과 채점

시험 시행 단계는 시험 설계와 문항 개발에서 이루어진 모든 노력이 실제 성과로 이어지도록 하는 핵심 과정이다. 환경 조성, 지시 사항 안내, 채점 및 성적 산출의 각 단계에서 철저한 관리와 분석이 이루어질 때, 시험은 신뢰성 있는 학습평가 도구로 기능할 수 있다. 지필시험을 진행하는 장소는 응시자가 집중할 수 있도록 정비되어야 한다. 특히 부정행위를 방지하기 위해 사전에 좌석 배치, 필기구 외 물품 관리 등의 조치를 하는 것이 좋다. 시험지와 지시 사항을 준비하고 응시자가 시험에 참여할 준비가 완료되었는지를 확인한 후 시험을 시작한다. 시험이 시작되면 시험지를 배포하고 지시 사항을 안내하며, 시험 목적, 범위, 시간, 응답 요령, 채점 기준 등이 명확히 전달되도록 한다. 응시자가 시험 중 질문할 수 있는 상황을 명확히 하고 시험 종료 시간을 안내하여 시험이 원활하게 진행될 수 있도록 감독한다. 시험을 종료할 때는 퇴실 시점을 조정하여 다른 응시자의 답안 작성에 방해가 되지 않도록 한다. 또한 지각 응시자가 추가 입실하지 못하도록 관리하여 공정성과 질서를 유지하도록 한다.

시험이 끝나면 채점이 시작된다. 채점이란 학습자의 문항별 응답에 점수를 부여하고, 이를 종합하여 학습자별 총점을 산출하는 과정을 의미한다. 채점은 학습자 단위가 아닌 문항 단위로 진행하는 것이 효율적이다. 문항 단위 채점은 이전 문항의 결과나 학습자에 대한 선입견이 평가에 영향을 미치는 것을 방지하고, 채점자의 일관성을 높이는 데 도움이 된다. 또한 문항 단위로 채점하면 채점 속도도 향상되며, 채점 과정에서 문항별 난이도를 파악하기에도 용이하다.

채점은 공정하게 이루어져야 하며, 성적 산출은 정확하게 이루어져야 한다. 채점 과정에서 공정성과 정확성을 확보하기 위해 주의할 사항이 있다. 첫째, 오류를 방지하기 위해 일차 채점 후 검토 과정을 거치는 것이 좋다. 둘째, 학습자에 대한 후광효과나 선입견이 채점에 영향을 주지 않도록, 가능하면 학습자의 신원을 알 수 없도록 하고 채점한다. 셋째, 여러 명이 채점할 경우, 채점자 간 일관성과 객관성을 확보하기 위해 사전에 채점 기준을 합의하며, 예비 채점을 실시하고, 필요 시 이견을 조정하는 절차를 둔다. 이러한 원칙은 특히 논술형, 서술형 문항 등 서답형 문항에 매우 중요하다. 답안의 다양성을 고려하여 문항개발 과정에서 루브릭을 세밀하게 작성해 두는 등, 채점자의 주관이 개입되지 않고 최대한 객관적으로 채점이 이루어질 수 있도록 해야 한다.

필요할 경우 가채점 과정에서 부분 점수 기준과 예외 사항 등을 보완하여 사용한다. 학습자의 답안이 완전히 맞거나 틀린 경우뿐 아니라, 일부 요소를 충족했을 때에도 점수를 부여해야 평가의 세밀성이 높아진다. 이를 위해 루브릭에 각 답안의 평가요소별 배점과 기준을 명확히 기재한다. 문항을 개발하는 과정에서 구체적으로 개발하기에는 한계가 있으므로, 오히려 가채점을 하면서 부분 점수를 부여할 수 있는 사항을 발견하고 이를 반영할 것인지를 의사결정하는 것이 실용적이다. 가채점을 통해 채점기준을 보완하는 절차는 번거롭게 여겨질 수도 있으나, 이를 통해 학습자의 성취를 보다 정밀하게 평가하여 시험 결과의 신뢰성과 타당성을 확보할 수 있다.

채점 후에는 학습자별 총점을 산출하고, 다양한 방식으로 성적을 정리한다. 원점수뿐만 아니라 백분위수, Z점수, T점수 등의 표준점수를 활용하면 개별 학습자의 상대적 위치와 성취 수준을 명확히 파악할 수 있다. 성적은 미리 정해 놓은 기준에 따라 절대평가로 산출하거나 다른 학습자와 비교하여 상대평가로 산출할 수 있다.[3] 시험 목적과 평가상황에 따라 둘 중 적절한 평가방식을 선택한다.

성적은 진급, 학점 인정, 수업 개선 등 다양한 목적으로 활용될 수 있다. 단순히 채점한 점수를 종합적으로 산출하는 것을 넘어 학습자 피드백과 교수학습 개선에 적극적으로 활용할 필요가 있다. 학습자에게 성적을 적시에 제공함으로써 학습촉진 효과를 높일 수 있으며, 교사는 개별 학습자의 학습 진단과 수업 개선에 활용할 수 있다. 또한 시험 결과를 분석하여 문항 난이도, 변별력, 시험 신뢰도 등을 검토하면 이후 시험 설계와 문항 개발 과정에 필요한 개선점을 도출할 수 있다.

채점과 성적 산출 과정에서 모든 자료와 과정은 철저히 비밀이 유지되어야 한다. 학습자의 개인정보 보호와 평가신뢰성을 확보하는 것은 평가자의 기본 책무이다. 채점 단계는 시험의 마지막 절차이자 평가과정에서 학습자 성취와 교육 개선을 연결하는 핵심 과정으로, 정확성과 공정성, 신뢰성과 타당성을 동시에 확보하는 것이 무엇보다 중요하다.

조사

조사Survey는 질문지, 척도 등을 통해 학습자 또는 이해관계자로부터 정보를 수집하는 방법이다. 조사는 학습자 요구 분석Needs Assessment, 프로그램에 대한 학습자의 반응 파악에 효과적이다. 성인문해교육에서 학습자의 학습동기, 읽기 습관, 학습시간, 학습 장애요인과 같은 사항을 조사하기 위해 사용할 수 있다. 많은 사람에게 비교적 짧은 시간 내에 동일한 질문을 제시할 수 있어서 자료수집이 빠르고 분석이 용이하며 학습자의 인식이나 자기보고 데이터를 얻을 수 있다는 장점이 있다. 반면 응답의 진실성, 설문 문항 설계의 오류 가능성, 문해 수준이 낮은 학습자는 설문을 이해하는 데 어려움을 겪을 수 있는 점 등의 한계가 있다.

*조사법과 설문지

조사법은 응답자의 태도, 의견, 행동, 생활환경 등을 측정하고 평가하는 데 활용된다. 각 문항에 대한 응답을 통해 자료를 수집하므로, 구조화된 정보를 얻고자 할 때 유용하다. 평가자는 조사법에 활용할 설문지를 새로 개발하기 전에 기존의 표준화된 설문지가 있는지를 먼저 검토하는 것이 좋다. 일반화된 개념을 측정할 때 기존의 표준화된 도구를 활용하면 개발 시간을 단축하고, 타당도와 신뢰도를 확보할 수 있다. 반면 특정 프로그램이나 집단의 특성을 반영해야 하는 경우에는 새롭게 설문지를 개발하는 것이 바람직하다. 이때는 평가를 통해 해결하고자 하는 질문을 먼저 정리하고, 각 질문에 필요한 정보를 수집할 수 있는 문항을 구성한다. 이어서 문항별로 응답 대상과 분석 방법을 정리한 후, 응답 주체별 문항을 취합해 설문지를 완성하면 평가목적과 무관한 질문이 포함되는 것을 방지할 수 있다.

문항을 구성할 때에는 질문이 명확히 진술되었는지, 응답자가 이해하기 쉬운지, 실제로 답변할 수 있는 내용인지를 점검해야 한다. 또한 문항의 순서가 논리적이고 응답의 흐름에 맞게 배열되었는지, 특정한 반응을 유도하지 않는지, 문항의 형태가 설문 목적에 적합한지를 확인해야 한다. 일반적으로 5점 척도가 활용되는데, '매우 그렇다'에서 '전혀 그렇지 않다' 사이의 중간점인 '보통이다'를 포함하여 다섯 단계로 응답을 구분한다.

조사법에서는 응답자의 반응을 왜곡 없이 정확하게 포착하는 것이 핵심이다. 따라서 설문 응답 방법, 익명성 보장 등에 대해 명확하게 안내해야 한다. 또한 신뢰할 수 있는 자료를 수집할 수 있도록 응답자와 관계를 형성하는 것 중요하다. 특히 온라인 조사나 개방형 문항을 포함한 경우처럼 응답자의 적극적 참여가 요구될 때에는 참여를 유도하기 위한 보상이나 동기 부여 방안을 함께 고려할 필요가 있다.

관찰

관찰Observation은 거의 모든 평가에서 필수적으로 활용되는 기본적 자료수집 방법이다. 관찰은 평가자가 실제 상황에서 직접 보는 것으로, 성인문해교육에서 학습자가 교실에서 책을 읽는 태도, 질문, 그룹 활동 중 동료와의 상호작용과 같은 행동 등을 보는 것이 관찰에 포함된다. 관찰은 단순히 외부에서 현상을 바라보는 행위가 아니라, 평가대상의 실제 행위와 상호작용 그리고 그 맥락을 직접 파악할 수 있는 강력한 방법이다. 평가자는 관찰을 통해 현장에서 강사와 학습자 간의 상호작용, 수업운영 방식, 참여자의 반응 등을 실시간으로 파악할 수 있다. 이를 통해 다른 방법만으로는 포착하기 어려운 미묘

한 상황적 요인까지 파악할 수 있다. 특히 이 과정에서 학습자 등 관찰 대상의 거부감과 인위성을 줄일 수 있다는 장점이 있다. 관찰이 제대로 이루어지기 위해서는 미리 무엇을 관찰할지 계획하고 관찰 기준을 마련하는 것이 바람직하며, 평가자는 일관된 관찰을 하기 위해 시간과 노력을 들여 훈련할 필요가 있다. 관찰은 평가자료 수집을 위해 단독으로도 활용될 수 있지만, 검사나 조사로 수집한 정보에 맥락과 의미를 더하기 위하여 추가적으로 활용될 수도 있다.

관찰은 강사평가에 특히 적절한 방법으로, 강의의 실제 질을 가장 직접적으로 파악할 수 있는 수단이 된다. 문서 자료나 설문이 주로 강사의 '의도'나 '자기평가'를 반영한다면, 관찰은 강의 현장에서 나타나는 '행동'과 '성과'를 실증적으로 보여준다. 전문 평가자는 물론 학습자 역시 유효한 관찰자가 될 수 있다. 학습자 관찰은 수업의 수용자 관점에서 강사의 교수행동을 평가함으로써, 평가의 다면성과 공정성을 높인다. 또한 동료강사 간 상호관찰을 통해 상호학습과 교수역량 개발의 기회로도 활용할 수 있다. 따라서 강사평가에서 관찰은 단순한 감시나 통제의 수단이 아니라, 수업의 질을 향상시키고 교수자와 학습자 모두에게 성찰의 기회를 제공하는 발전적 평가방법이라 할 수 있다.

*관찰의 구조화
관찰은 절차가 얼마나 구조화되어 있는지에 따라 비구조화된 관찰과 구조화된 관찰로 구분된다. 비구조화된 관찰은 사

전에 구체적 틀이나 항목을 정하지 않고 평가자가 현장을 폭넓게 살피며 평가대상과 관련된 특징과 맥락을 자유롭게 탐색하는 방식으로, 특히 평가 초기 단계에서 유용하게 활용된다. 예를 들어 강사평가의 경우, 비구조화된 관찰은 강의 분위기, 학습자의 반응, 강사의 즉흥적 대처 등 정량적 도구로는 포착하기 어려운 측면을 이해하는 데 효과적이다. 평가자는 강사와 학습자 간의 상호작용, 질문과 피드백의 질, 학습자의 참여 수준 등에서 의미 있는 패턴을 찾아내고 이를 서술하여 기록한다. 이러한 초기 관찰은 이후 구조화된 평가항목을 설정하거나, 보다 구체적인 평가준거를 도출하는 데 중요한 기초 자료로 활용된다.

한편, 구조화된 관찰은 특정 행동이나 특성을 중심으로 계획적으로 이루어지는 관찰 방식이다. 평가자가 미리 설정한 항목이나 기준에 따라 관찰을 실시하므로, 체계적이고 일관된 비교가 가능하다는 장점이 있다. 예를 들어, 강사평가에서는 교수내용의 명확성, 수업진행의 체계성, 학습자 참여 촉진, 피드백의 구체성 등과 같은 세부 항목이 관찰 대상이 된다. 이러한 구조화된 관찰은 여러 평가자가 동일한 기준으로 관찰할 수 있도록 하여 평가의 객관성과 신뢰성을 높인다. 다만 관찰 대상의 자연스러운 행동이 제한되거나 평가자의 시야가 항목에 갇힐 수 있으므로, 평가목적에 맞게 비구조화된 방식과 병행하는 것이 바람직하다.

평가의 힘

*관찰로 자료수집하기

관찰을 통한 자료수집은 일화기록법, 체크리스트, 평정척도법 등 다양한 방법으로 이루어진다. 일화기록법은 강사의 수업 장면이나 상호작용을 구체적이고 생생하게 기술하여 맥락을 풍부하게 담는 데 유리하다. 체크리스트는 미리 정해진 항목을 중심으로 관찰하여 해당 여부를 단순히 체크하는 방식으로, 빠르고 효율적인 자료정리에 적합하다. 평정척도법은 각 항목에 대한 수준을 단계별로 평가함으로써 강사의 행동을 양적으로 비교할 수 있게 한다. 관찰자는 언제나 객관성을 유지하며, 관찰 시점과 내용, 맥락을 빠짐없이 기록해야 한다. 이러한 기록을 주제별로 체계화하면 평가결과 해석의 근거로 활용할 수 있다.

관찰 방법의 특별한 범주로서 현장방문을 들 수 있는데, 이는 전문가 지향 평가접근에 기초하고 있다. 예를 들어 교육훈련 기관 인증을 위한 평가에 현장방문이 활용될 수 있다. 현장방문은 주로 총괄적인 평가 혹은 재정적 감사를 위해 활용되지만, 개선을 위한 형성적 평가에도 유용하게 활용될 수 있다. 현장방문에서 가장 중요하고 민감한 도구는 관찰자이다. 따라서 관찰자가 선입견이나 편견 없이 공정하고 윤리적으로 관찰할 수 있도록 현장방문을 기획하고 사전 훈련을 제공할 필요가 있다.

면접

면접Interview은 일정한 목적하에 이루어지는 사람 간의 대화 또는 면접자와 피면접자가 대면하여 의사소통하는 과정이다.[4] 평가방법으로서 면접은 주로 평가자와 학습자 또는 이해관계자가 직접 대화하고 질문과 답변을 주고받는 방식으로 이루어진다. 성인문해교육에서는 학습자의 배경, 읽기와 쓰기에서 느끼는 어려움, 학습목표, 학습방식 선호도 등을 파악하기 위해 면접을 활용할 수 있다. 특히 프로그램 초기에 학습자를 배치할 때, 중간에 학습경로 조정이 필요할 때 또는 학습자 개별 피드백 및 맞춤 지원 계획을 수립할 때 특히 유용하게 활용될 수 있다.

면접은 자료수집 과정에서의 탐험과 발견을 허락한다. 따라서 수집되어야 하는 정보가 모호하거나, 설문이나 검사 등을 통해 수집될 수 있는 것보다 심도 있는 정보가 필요할 때 면접이 유용하게 활용될 수 있다. 면접은 학습자의 생각과 감정을 보다 깊이 있게 탐구할 수 있으며, 응답자가 자신의 말로 설명하므로 풍부한 자료를 얻을 수 있고 평가자가 유연하게 새로운 질문을 던질 수 있다는 장점이 있다. 다만, 시간이 많이 소요되고, 면접자의 질문 설계 능력, 경청 능력, 해석 능력 등이 결과의 질에 큰 영향을 미치며, 학습자에게 부담을 줄 수 있다는 점 등의 한계가 있다. 즉, 면접은 조사에 비해 더 많은 시간과 비용이 소요되지만, 그만큼 풍부한 정보를 얻을 수 있는 자료수집 방법이다.

*면접을 위한 기술

면접을 잘하기 위해서는 일종의 기술이 필요하다. 면접자는 응답자가 자신의 이야기를 말하도록 격려하면서, 평가질문과 관련한 정보에 대해 더 많은 논의나 대화가 이루어지도록 이끌어야 한다. 면접자가 가장 많이 하는 실수는 자신이 말을 너무 많이 하는 것이다. 일단 라포가 형성되고 나면, 면접자는 가능한 한 경청을 하면서 응답자가 많은 이야기를 할 수 있도록 격려해야 한다. 응답자는 간혹 대답하기 어려운 질문을 받거나 민감한 이야기를 시작하기 전에 잠깐씩 말을 멈추기도 한다. 이때 면접자가 침묵을 깨려고 먼저 말을 건네면, 응답자에게서 얻을 수 있는 소중한 정보를 잃게 된다. 조금 어색하더라도 응답자가 준비된 상태에서 편안하게 이야기를 시작할 수 있도록 기다려 주는 것이 좋다.

한편 응답자의 이야기가 막히거나 피상적으로 흘러간다면 면접자가 개입해서 논의를 촉진할 필요가 있다. 면접에서 논의될 내용을 구조화하는 데 참고가 될 만한 자료나 심도 있는 응답을 얻기 위한 기초자료를 준비한다면 응답자가 심리적으로 편안하게 면접에 임할 수 있을 것이다. 면접 중간에 "그것에 대해서 좀 더 말해 줄 수 있나요?", "흥미로운 일이군요", "맞아요", "아~" 등의 반응을 통해 당신이 경청하고 있다는 것을 보여 주는 동시에 응답자가 응답을 지속할 수 있도록 격려할 수 있다. 중요한 주제에 대한 응답자의 대답이 마무리되면 답변을 간단하게 요약하여 바로 확인하는 것도 좋은 방법이다. 단, 응답의 내용에 대해 면접자가 자신의 견해를 덧붙이지 않도록 주의해야 한다.

면접 내용은 주로 녹음으로 기록한다. 면접 중간에 응답자의 답변을 자세히 받아 적으려고 하면 면접을 제대로 진행하기 어려워질 뿐만 아니라 응답자가 불편함을 느낄 수 있다. 면접 중에는 키워드를 중심으로 기록하되, 면접 종료 직후에 중요한 정보를 보충하여 기록하는 것이 좋다. 녹음은 면접 내용을 상세하게 기록할 수 있는 가장 효과적인 방법이다. 물론 녹음의 경우에도 응답자가 불편해할 수는 있으나, 미리 충분한 설명을 하고 양해를 구한다면 대체로 어렵지 않게 허락을 받을 수 있다. 녹음된 파일은 음성을 텍스트로 전환해 주는 AI 서비스를 활용해서 전체 내용을 문서화하되, 면접 진행 시 특히 중요하다고 느낀 부분이나 글자로 정리된 내용과는 다른 어감으로 표현되었던 부분은 따로 표시해 두는 것이 좋다. 평가 자료로 사용하기 전에 면접 내용이 정확하게 정리되었는지, 민감한 부분이 포함되지는 않았는지 응답자의 검토를 받아 확인할 것을 권장한다.

＊질문지 개발과 활용

면접법은 면접자의 주관성이 개입될 수 있다는 한계를 가지고 있으나, 사전에 작성된 면접지를 활용하여 구조화된 면접을 진행한다면 이러한 한계를 극복하면서 동시에 심층적인 내용을 파악할 수 있다. 면접을 위한 질문지를 개발할 때는 설문지를 제작할 때와 마찬가지로 평가질문을 우선적으로 고려해야 한다. 평가질문에 답하기 위해 어떤 정보가 필요한가, 면접 대상자가 어떤 경험이나 견해를 기술했으면 하는가, 면접은 탐색을 위함인가 혹은 사실 확인을 위함인가 등을 고려하면서 질문지를 개발한다.

면접지를 개발할 때에는 응답자가 '말을 쉽게 꺼낼 수 있는' 단순하고 가벼운 질문으로 시작하는 것이 좋다. 질문이 모호해지지 않도록 하기 위해 긴 질문은 피하고, 각 질문을 통해 알고 싶은 것이 사실인지, 견해인지, 광범위한 시각인지를 명확히 해야 한다. 응답자가 1차 정보를 가지고 있으며 이에 근거하여 진실만을 이야기할 것이라 가정하는 것은 위험하다. 특히 민감한 질문에 대해서는 응답하는 직접적인 내용뿐만 아니라 잠재된 태도나 분위기에도 주의를 기울일 필요가 있다. 이에 질문지를 개발할 때 맥락적으로 가능한 응답 방향을 고려하여 대응할 수 있는 추가 질문을 미리 고민하는 것이 좋다.

질문에는 응답자의 수준을 고려하여 적절한 언어를 사용해야 한다. 주요 질문은 발췌하여 사전에 응답자에게 공유하는 것이 일반적이다. 지나치게 어려운 언어를 사용할 경우 응답자가 위축되어 면접에 소극적으로 임하게 된다. 지나치게 쉬운 언어를 사용할 경우 응답자가 중요한 제보자로서 존중받지 못한다는 느낌을 받을 수 있다. 특히 면접을 통해 결정적이거나 부정적인 정보를 얻기를 원하는 경우라면, 응답자가 긍정적인 느낌을 먼저 표현할 기회를 만들어 주는 질문을 던져서 이후 부정적인 내용을 편안하게 말할 수 있도록 해 주는 것이 좋다.

*집단 프로세스를 활용하는 초점집단면접

초점집단면접FGI: Focus Group Interview은 집단에서 질적인 정보를 얻을 수 있는 유용한 면접 방법이다. 초점집단 방법은 마케팅 분야에서 시작되었는데, 새로운 제품에 대한 잠재적 고객의 반응을 가늠하고, 고객의 요구와 욕구를 이해하기 위해 활용된다. 초점집단면접을 활용하면 현재의 사안에 대한 단순한 반응을 얻을 뿐만 아니라 이를 둘러싼 맥락을 이해하고 나아가 새로운 방법에 대한 아이디어를 얻을 수도 있기 때문에, 최근 가장 대표적인 집단면접 방법으로 활용되고 있다.

초점집단면접은 집단 프로세스상에서 이루어진다는 점이 특징이다. 일반적인 면접과 마찬가지로 초점집단면접에서도 면접자와 응답자 사이에 상호작용을 한다. 하지만 초점집단면접에서의 논의는 면접자와 각 응답자 간에만 이루어지는 것이 아니다. 면접자는 초점집단면접 참여자들에게 반응을 얻기 위해 다른 관계자들이 제기한 아이디어나 사안을 적극 활용하며, 경우에 따라 초점집단 참여자들 간의 대화로 면접이 지속되기도 한다.

일반적으로 초점집단은 8~12명으로 구성된다. 하지만 복잡하고 민감한 주제를 다루는 경우라면 6명 내외의 작은 집단으로 구성해도 무방하다. 초점집단은 비교적 동질의 집단이지만 서로를 잘 모르는 개인으로 구성하는 것이 좋다. 어느 정도의 동질성이 있어야 집단 내의 상호작용이 촉진될 수 있기 때문이다. 만약 이질적인 응답자의 투입이 필요하다면, 초점집단을 분리하여 각각 차별된 집단으로 구성하는 것이 바람직하다.

초점집단면접은 초점집단 참여자들이 잘 모르는 사람이 진행하는 것이 좋다. 진행자의 배경과 지위가 논의에 바람직하지 않은 영향을 줄 수 있기 때문이다. 하지만 동시에 진행자와 초점집단의 특성을 가급적 맞추는 것이 좋다. 진행자가 참가자의 말을 잘 이해하고, 해석하고, 상호작용을 효과적으로 촉진하려면, 최소한 참여자의 문화나 삶의 방식에 대해 알고 있어야 하기 때문이다. 현실적으로 동일한 집단적 특성을 가지고 있지만 사람들은 잘 모르는, 진행에 능숙한 전문가를 찾기는 쉽지 않다. 따라서 진행자가 결정되면 초점집단 참여자들과 거리를 두면서 집단적 특성은 사전에 숙지하도록 노력하여 현실적인 한계를 극복하는 것이 좋다.

초점집단면접의 진행자는 주요한 질문을 던지고, 말이 많은 응답자는 자제시키고 조용한 응답자는 말하도록 격려하며 논의를 촉진하는 역할을 한다. 진행 과정에서 모호한 것을 명료화하거나 새로운 반응을 촉진하기 위해 추가 질문을 던지기도 한다. 많은 사람들이 집단 논의에 참여하는 것을 부담스러워하며, 어떤 사람들은 겁을 내기도 한다. 이에 민감한 주제에 적극적으로 답하기보다는 다수의 의견에 소극적으로 동의하는 경향이 있다. 간혹 진행자가 순서대로 답변할 것으로 강요하거나 손을 들어서 선택적으로 응답하도록 하는 실수를 저지르기도 한다. 하지만 그 결과 초점집단면접이 의도했던 참여자 간의 상호작용, 개방성, 탐색의 특성을 모두 잃게 된다. 자연스럽게 논의가 이어질 수 있도록 편안한 분위기를 조성하는 것이 중요하다.

현존자료 분석

현존자료Existing Archival Data는 이미 존재하는 기록, 문서, 학습자 이력 등 평가 시점 이전에 만들어진 자료다. 예컨대 성인문해교육 기관의 출석 기록, 과제 제출 이력, 성인학습자가 이전에 학교에 다녔던 이력, 각종 검사 결과, 생활기록부 등이 평가에 활용될 수 있는 현존자료에 포함된다.

평가를 위한 자료를 수집할 때는 가장 먼저 현존하는 관련 문서와 기록을 검토하는 것이 좋다. 이미 충분한 자료가 있음에도 불구하고 이를 사전에 확인하지 않아서 유사한 자료를 수집하느라 자원을 허비하는 경우가 많다. 현존자료 분석은 이미 있는 자료를 활용하기 때문에 새롭게 자료를 수집할 필요가 없어 비용이 들지 않고, 시간 절약이 가능해 경제적이다. 또한 학습자에게 추가 부담을 주지 않고, 이해관계에 의해 자료가 오염되거나 편향될 가능성이 적다는 점도 장점이 된다.

다만 해당 평가를 위해 최적화된 설계로 수집된 자료가 아니므로 평가목적과 정확히 맞지 않을 수 있고, 자료의 정확성이나 완전성 등 품질이 보장되지 않으며, 어떤 문서가 중요한지 분별하는 안목이 필요하다는 점은 한계라 할 수 있다. 그러나 자료수집에 추가 비용이 거의 들지 않는 방법이라는 점을 고려하면, 대부분의 평가에서 첫 단계로 검토할 만하다.

* 문서와 기록

현존자료에는 기존에 이미 만들어진 자료인 문서Document 와 평가를 위해 별도로 준비된 공식적인 자료인 기록Record이 있다. 예를 들어 기관평가를 위해 해당 기관의 임원진 회의록, 사업 기획안 및 결과 보고서, 회계감사자료, 인사자료를 활용한다면 이는 현존자료 중 문서에 해당한다. 문서는 원자료에 가깝기 때문에 평가대상을 있는 그대로 이해하는 데 큰 도움이 된다. 한편 평가를 위해 별도로 작성된 자체평가 보고서를 활용하거나 주요한 정량 지표에 대한 수치를 정리한 자료를 활용한다면 이는 현존자료 중 기록에 해당한다. 평가자가 평가대상에 익숙치 않은 상황이라 평가에 유용한 문서를 선별하기 어렵거나, 제한된 시간 내에 검토해야 할 문서가 지나치게 많다면 보다 효율적으로 검토를 진행하기 위하여 기록을 활용하는 것이 좋다.

최근 교육 영역에서는 학습자의 수행을 평가하기 위해 포트폴리오를 활용하는 경우가 많다. 포트폴리오 유형 중 작업 포트폴리오는 정기적으로 수집된 학습결과물 대부분을 포함하며, 작성 유형이나 작업 순서에 따라 배열된다. 현존자료의 관점에서 이는 문서에 해당한다. 한편, 제출 포트폴리오는 공식적이고 명확한 초점을 가지고 작업 포트폴리오 중에서 일부 내용을 선택하여 제작된다. 예를 들어 성인학습자가 학력인정을 받기 위해 제작하는 포트폴리오는 제출 포트폴리오에 해당한다. 현존자료 관점에서 이는 기록이라 할 수 있다.[5]

현존자료를 활용할 때에는 그것이 기록이건 문서이건, 어떤 자료가 필요한지 정확하게 확인하는 것이 중요하다. 이를 위해 현존자료를 선별하고 요청하는 과정에서 각 자료가 어떤 평가질문에 답을 줄 수 있을지를 지속적으로 확인하는 것이 바람직하다.

평가방법 선정

평가방법의 선정은 평가목표와 평가질문에서 시작해야 한다. 누가, 언제 평가결과를 원하는가? 어떤 자원(예산, 인력 등)을 동원할 수 있는가? 어떤 제약 조건(검사 대상자의 개인정보 제한, 인터뷰 대상자의 휴가 기간 등)이 있는가? 평가결과를 어떤 형태(요약 보고서, 상세 보고서, 프레젠테이션 등)로 보고해야 하는가? 평가보고 시 참석자는 누구이며 그들이 원하는 정보는 무엇인가? 이러한 질문을 전반적으로 점검하여 각 질문에 대한 답을 얻기 위해 필요한 정보를 어디에서 혹은 누구에게서 얻을지 생각해 본다.

　만약 이미 만들어진 문서에서 정보를 얻을 수 있을 때는 현존자료를 활용한다. 질문에 대한 답을 사람이 가지고 있다면 이들에게서 정보를 얻을 수 있는 검사, 관찰, 조사, 면접 등을 활용한다. 검사와 조사가 주로 양적 자료를 얻는 데 유용하다면, 관찰과 면접은 질적 자료를 얻는 데 적합하다. 따라서 어느 정도 심증은 있으나 물증이 없어 확인이 필요한 경우에는 검사나 조사를 활용하고, 탐색을 통해 새로운 사실을 발견하고자 할 때에는 관찰과 면접을 활용하는 것이 좋다. 관찰과 검

평가방법의 유형

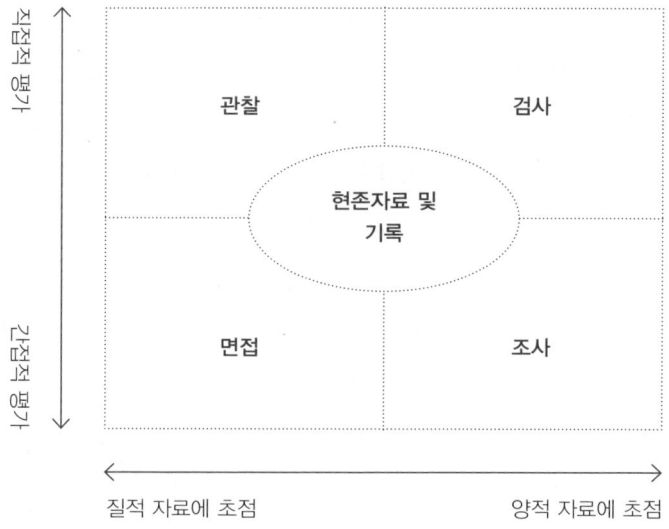

사가 평가대상에 대한 직접적인 정보를 수집한다면, 면접과 조사는 제보자나 응답자를 통한 간접적인 정보를 수집한다. 따라서 관찰과 검사는 사실 그대로의 자료가 필요할 때 활용하고, 면접과 조사는 사실 그 자체보다 사람들의 인식이 더 중요한 의미가 있을 때 활용하는 것이 좋다. 단, 이 방법들은 평가질문을 해결하기 위한 자료원 혹은 자료수집 방법이라는 것을 잊지 말아야 한다.

동일한 평가방법이라도 다양한 유형으로 이루어질 수 있다. 예를 들어 검사는 기존 문제은행을 활용할 것인지, 새로 개발한 문항을 활용할 것인지 혹은 시험 이외의 도구를 활용할 것인지 등을 고려할 수 있다. 관찰은 현장방문인지, 토론이나 역

2부 평가의 힘을 발견하는 여정

할연기와 같은 일종의 가상 상황을 조성한 후 진행되는 관찰인지 등을 고려할 수 있다. 조사는 대면으로 진행할 것인지, 온라인으로 진행할 것인지, 전화로 진행할 것인지 등을 고려할 수 있다. 면접은 일대일로 진행할 것인지 집단으로 진행할 것인지, 일반집단일지 초점집단일지, 구조화된 질문을 활용할지 등을 고려할 수 있다. 현존자료는 있는 자료 그대로의 문서로 수집할 것인지, 평가목적에 맞게 정리된 보고서 기록을 추가로 활용할 것인지, 일부분을 골라 해당하는 세부자료를 확인할 것인지 등을 고려할 수 있다.

일단 평가방법을 통해 자료가 수집되고 나면 평가결과는 그 자료의 분석 범위를 벗어날 수 없다. 아무리 많은 사람을 대상으로 조사를 실시했다 하더라도 활용된 설문문항이 적합하지 않았다면 조사를 통해 수집된 자료는 분석에 활용할 가치가 없다. 사전검사가 이루어지지 않은 상태에서 사후검사만 실시한다면 처치나 개입을 통한 변화결과를 산출해 내기 어렵다. 면접을 통해 의미 있는 결과를 도출했으나 원자료라 할 수 있는 녹음파일 혹은 전사자료가 남겨져 있지 않다면 그 결과는 평가자 개인의 견해로 치부될 수밖에 없다. 현장에서의 본격적인 자료수집이 시작되면 돌이킬 수 없다는 점을 기억하고, 반드시 사전에 평가방법을 수행하기 위한 치밀한 계획을 수립해야 한다.

4장

평가를 위한 도구

🦋

평가방법에 따른 평가도구

평가를 위한 자료수집을 할 때는 각 방법에 적합한 도구가 필요하다. 일반적으로 이를 평가도구라 하는데, 평가도구는 그 기능에 따라 자료수집의 상황 조성을 위한 도구 그리고 수집된 자료를 기록하거나 종합 혹은 분석하기 위한 도구로 구분될 수 있다. 검사, 관찰, 조사, 면접은 모두 사람을 대상으로 자료를 수집하는 방법이므로, 자료수집 상황을 조성하기 위해 사람에게 자극을 줄 수 있는 도구 개발이 매우 중요하다.

예를 들어 검사를 위해 시험지와 그 결과를 판정하기 위한 채점 기준 및 점수 집계표가 필요한데, 특히 시험지 개발에 가장 많은 노력을 기울이게 된다. 관찰을 위해서는 관찰 상황에 대한 설정, 관찰 내용을 상세하게 기록할 노트 그리고 이를 점검 혹은 평가할 수 있는 도구가 필요하다. 이 중 특히 평가를 위해 최적화된 관찰 상황을 발견 혹은 조성하는 데 매우 신중해야 한다. 조사를 위해서는 설문지와 그 결과를 집계할 수 있

평가도구의 유형

평가방법	평가도구	
	환경 조성	기록
검사	시험지	채점 기준
관찰	상황	점검(혹은 평가)표
조사	설문지	집계표
면접	질문지	면접 기록지
현존자료	요청자료 목록	점검(혹은 평가)표

는 도구가 필요하고 면접을 위해서는 질문지와 제보 내용을 기록할 수 있는 노트가 필요한데, 각각 설문지와 질문지 개발이 중요하다. 현존자료 수집을 위해서는 평가에 필요한 자료 목록과 이를 점검 혹은 평가할 수 있는 도구가 필요하다.

평가도구의 양호도

평가도구를 활용할 때에는 도구의 양호도가 확보되었는지를 점검해야 한다. 평가도구의 양호도는 대표적으로 타당도, 신뢰도, 객관도에 의해 결정된다.

*타당도 – 재려던 것을 쟀는가

타당도Validity란 평가도구가 측정하고자 하는 것을 충실하게 측정한 정도를 의미한다. 몸무게를 재기 위해서는 저울이 필요하고 길이를 재기 위해서는 자가 필요하다. 몸무게를 재기 위해 자를 사용한다면 타당한 측정을 할 수 없다. 타당도에는 검사 내용에 기초한 내용타당도, 내적 구조에 기초한 구인타당도, 평가준거와 관련한 준거타당도 등이 널리 활용된다.

내용타당도Content Validity는 평가도구의 문항이 측정하고자 하는 영역을 충분히 대표하는지를 의미한다. 내용타당도 검증을 위해서는 검사 문항이 해당 영역의 지식, 기술, 태도 등을 체계적이고 균형 있게 포함하고 있는지를 전문가의 판단을 통해 확인한다. 예를 들어 수학 성취도를 평가하기 위한 시험이라면, 시험문항이 수학 교육과정의 목표 및 내용 요소를 고르게 반영하고 있어야 한다. 따라서 내용타당도는 주로 문항 개발 단계에서 전문가 검토나 내용 분석을 통해 확보된다.

구인타당도Construct Validity는 평가도구가 이론적으로 정의된 심리적 특성이나 개념인 구인을 정확히 측정하는지를 의미한다. 구인타당도를 검증하는 것은 자기효능감, 비판적 사고력, 리더십 역량 등과 같은 관찰할 수 없는 잠재적 특성을 문항이나 지표가 적절히 반영하는지 여부를 확인하는 과정이다. 구인타당도는 주로 요인분석과 같은 통계적 기법을 활용하거나, 해당 구인과 관련된 선행연구 및 이론적 틀에 비추어 문항의 구조와 반응 패턴을 검증함으로써 확보된다. 구인타당도의 하위 유형 중 하나인 공인타당도Convergent Validity는 동일하거나 유사한 구인을 측정하는 다른 도구와의 높은 상관을 통해 구인타당도를 보강하는 방식이다. 예컨대 새롭게 개발한 자기효능감 검사 점수가 기존의 신뢰할 수 있는 자기효능감 척도와 높은 상관을 보인다면 공인타당도가 확보된 것이다. 구인타당도의 또 다른 하위 유형인 판별타당도Discriminant Validity는 서로 다른 구인을 측정하는 도구 간의 낮은 상관을 통해 검증된다.

준거타당도Criterion-related Validity는 평가도구의 점수가 외부 준거와 어느 정도의 관련성을 가지는지를 검증하는 타당도이다. 이는 실제 행동, 성과, 혹은 이미 타당성이 입증된 다른 검사 결과와 비교하여 평가도구의 예측력이나 관련성을 확인하는 과정이다. 준거타당도는 두 가지로 나눌 수 있다. 예언타당도Predictive Validity는 준거타당도의 하위 유형 중 하나로, 평가 점수가 미래의 성취나 행동을 얼마나 잘 예측하는지를 검증하는 것이다.[1] 예를 들어 입학시험 점수가 대학 학업성취도를 예측할 수 있다면 예언타당도가 높다고 할 수 있다. 준거타당도의 또 다른 하위 유형 중 하나인 동시타당도Concurrent Validity는 평가점수가 현재 시점에서의 외부 준거와 얼마나 일치하는지를 검증하는 것이다.[2] 예컨대 새로운 직무적성검사가 현재 직원의 성과평가와 높은 상관을 보인다면 동시타당도가 높다고 볼 수 있다.

＊신뢰도 – 일관되게 쟀는가

신뢰도Reliability란 평가도구가 일관되게 측정하고 있는 정도를 의미한다. 즉, 동일한 대상을 반복해서 측정했을 때 결과가 얼마나 오차 없이 안정적이고 일관되게 나타나는지를 보여준다. 예를 들어 몸무게를 측정할 때 실제 몸의 변화와는 관계 없이 수치가 다르게 측정된다면 이는 신뢰 가능한 도구라 할 수 없다. 신뢰도가 높은 평가도구는 측정 결과가 정확하며, 다른 상황에서 같은 평가가 이루어진다고 해도 점수가 변하지 않는 것을 의미한다. 신뢰도를 확보하는 것은 평가도구의 타당도를 검증하기 위한 전제 조건이기도 하다.

신뢰도는 산출 방식과 검증 관점에 따라 여러 유형으로 구분되는데, 대표적으로 재검사 신뢰도, 동형검사 신뢰도, 반분 신뢰도, 문항내적 합치도 등이 있다.

재검사 신뢰도Test-retest Reliability는 동일한 검사를 동일한 집단에게 일정한 시간 간격을 두고 두 번 실시한 후, 각각의 검사 점수 간 상관계수를 산출하여 얻는 신뢰도이다. 검사 결과가 시간이 지나도 안정적으로 유지되는지를 확인하는 방식이다. 예를 들어 한 달 간격으로 같은 학습태도 검사를 실시했을 때 두 검사 점수의 상관이 높다면, 그 검사는 재검사 신뢰도가 높다고 할 수 있다. 다만 검사와 재검사의 간격이 지나치게 짧으면 학습효과나 기억효과가 개입될 수 있고, 간격이 너무 길면 피험자의 실제 특성이 변할 수 있다는 한계가 있다.

동형검사 신뢰도Equivalent-form Reliability는 동일한 구인을 측정할 수 있도록 사전에 제작된 두 개의 동형검사를 동일한 집단에 실시하고, 점수 간 상관계수를 산출하는 방식으로 확보된다. 이는 문항의 내용이나 난이도는 다르지만 측정하고자 하는 능력이나 특성이 동일하게 설계된 검사들 사이의 일치성을 의미한다. 예를 들어 동일한 난이도와 영역 구성을 가진 영어 어휘 검사 A형과 B형을 같은 피험자에게 실시했을 때 점수가 유사하다면 동형검사 신뢰도가 높다고 할 수 있다. 이 방식은 학습효과나 기억효과가 개입되는 문제를 줄일 수 있지만,

문항 구성을 달리하면서도 동질적인 두 검사를 제작하는 데 높은 비용과 노력이 필요하다는 단점이 있다.

반분 신뢰도Split-half Reliability는 하나의 검사 도구를 동일한 집단에 실시한 후, 문항을 두 부분으로 적절히 나누어(홀수, 짝수 문항 등) 각각의 점수를 산출해 두 점수 간 상관을 계산하여 얻는 신뢰도이다. 검사 도구 자체의 일관성을 검증하는 방법으로, 검사 전체에 대한 신뢰도를 추정하는 데 활용된다. 반분 신뢰도의 장점은 별도의 검사를 추가로 시행할 필요가 없다는 것이지만, 문항을 나누는 방식에 따라 신뢰도 계수가 달라질 수 있다는 한계가 있다.

문항내적 합치도Internal Consistency Reliability는 검사의 각 문항을 하나의 독립적인 검사 단위로 보고, 문항이 서로 얼마나 일관되게 응답되는지를 종합적으로 검증하는 방식이다. 즉, 평가도구를 구성하는 문항이 동일한 구인을 일관되게 측정하는지를 확인하는 것으로, 크론바흐 알파 계수Cronbach's α Coefficient가 가장 널리 활용된다. 예컨대 여러 문항으로 구성된 자기효능감 검사에서 응답자가 문항 전반에 걸쳐 비슷한 경향으로 응답한다면, 문항내적 합치도가 높다고 볼 수 있다. 이 방법은 한 번의 검사만으로도 신뢰도를 산출할 수 있어 효율적이지만, 문항이 반드시 단일 구인을 측정해야 한다는 전제가 충족되지 않으면 적절하지 않을 수 있다.

＊객관도 – 누가 측정해도 같은가

객관도는 평가과정과 결과에 평가자의 개인적인 주관, 취향, 편견, 선입견, 특이성 등이 작용되지 않는 정도를 의미한다. 즉, 평정 또는 채점 과정에서 평가자의 주관이 개입될 여지가 배제되어 어떤 평가자가 평가해도 동일한 평가등급 또는 점수가 나올 수 있는 정도가 객관도다. 신뢰도가 피험자의 특성을 일관되게 측정하는 정도라면, 객관도는 평가자 간의 일관성을 강조하는 개념이다.

객관도에는 채점자 간 신뢰도Inter-rater Reliability, 채점자 내 신뢰도Intra-rater Reliability가 있다. 채점자 간 신뢰도는 한 채점자의 평가가 다른 채점자와 유사한 정도이며, 채점자 내 신뢰도는 한 채점자가 많은 평가대상을 계속적으로 일관되게 평가하였는지를 측정한 정도이다.

평가척도

척도Scale는 자료를 수집하는 과정에서 평가대상의 속성에 숫자나 기호를 부여할 때 따라야 하는 일정한 규칙 체계다. 평가에서는 다양한 척도를 활용하여 학습자, 태도, 능력, 행동 등을 측정한다. 각 척도는 측정 목적과 자료의 성격에 맞게 특화된 방식으로 설계되며, 이를 유형별로 체계적으로 분류하면 평가 설계와 해석이 용이하다. 성인문해교육에서 활용되는 척도로는 평정형 척도, 누적 계층형 척도, 상대적 우선순위 척도, 전문가 가중형 척도, 행동 관찰빈도 척도가 있다.

*평정형 척도

평정형 척도Rating Scales는 학습자나 대상의 태도, 감정, 의견, 수행 정도를 등급이나 점수로 직접 평가하는 방식으로, 성인 문해교육에서는 학습자의 자기효능감이나 학습만족도를 평가할 때 주로 활용된다. 평정척도, 리커트척도, 어의분화척도, 스타펠척도가 대표적이며, 주관적 속성을 수치화하여 비교와 분석이 가능하다.

먼저 평정척도Rating Scale는 측정대상의 속성을 연속성을 전제로 일정한 등급 기준에 따라 구분하여 임의의 수치를 부여하고, 그 점수로 개별 속성을 평가하는 척도이다. 즉, 평가대상의 행동, 태도, 성과 등을 일정한 숫자나 서술형 범주 등의 척도로 직접 등급화하여 점수를 부여하는 폐쇄형 응답 형식이라 할 수 있다. 예를 들어 설문조사에 많이 활용되는 '①매우 그렇다, ②그렇다, ③보통이다, ④그렇지 않다, ⑤전혀 그렇지 않다'로 답하는 방식이 대표적인 평정척도이다. 간단하고 실무적이며 빠르게 자료를 수집할 수 있다는 장점이 있는 반면, 응답자와 평정자의 해석 차이가 있고 중앙응답 경향 등으로 인해 편향이 생기기 쉽다는 단점이 있다. 성인문해교육에서는 학습자의 읽기 수행 과제를 교사가 1~5점으로 평정하여 문장의 해독력이나 문해 과제 완성도를 기록하는 데 활용될 수 있다.

리커트척도Likert Scale는 특정 진술문에 대해 응답자가 동의 정도를 다단계로 표시하도록 구성된 평정형 척도이다. 측정 대상의 속성과 관련한 문항의 응답을 합산하여 그 속성을 측정하므로 총화평정척도 혹은 합산평정척도라고도 한다. 전형적으로 측정대상의 속성과 관련된 여러 개의 문항에 대해 '매우 동의한다'부터 '매우 동의하지 않는다'까지 5점 또는 7점 척도에 표시한 점수를 합산하여 해당 속성의 정도를 측정한다. 리커트척도는 문항의 정량화와 합계로 잠재적 태도 수준을 산출하기 쉬워 설문조사와 교육평가에서 널리 사용된다. 리커트척도는 하나의 개념을 측정하기 위해 여러 개의 항목을 이용하므로 문항 간의 일관성이 높아야 하며, 문항들이 반드시 단일 차원을 설명하는 하나의 개념이어야 한다. 따라서 리커트척도를 활용할 때에는 서로 다른 개념을 설명하는 문항들을 합하여 분석하는 것은 아닌지, 역산 문항이 포함된 것은 아닌지, 문항의 수가 적절한지, 중앙응답 경향은 없는지 등을 충분히 검토해야 한다.

어의분화척도Semantic Differential Scale는 한 개의 개념(단어, 대상, 상황)에 대해 서로 반의어인 양극형 형용사를 쌍으로 제시하고 각 쌍을 점수로 평정하여 그 개념의 의미 구조를 다차원적으로 측정하는 방법이다. 예를 들어 '유익한 - 유해한', '복잡한 - 단순한' 등의 반대되는 형용사를 척도의 양 끝에 두고 해당하는 위치를 표시하도록 하는 것이다. 이 척도는 대상에 대한 평가, 감정, 이미지의 구조 등을 탐색하는 데 강점이 있다. 성인문해교육에서는 문해교육 프로그램에 대해 '실용적 - 비실용적', '어렵다 - 쉽다', '자신감 증진 - 자신감 저하' 등의 양극 표지를 놓고 학습자 반응의 정서나 인지적 측면을 분석하는 데 활용할 수 있다.

한편 어의분화척도와 유사한 목적을 가지되 양극 단어 쌍을 만들기 어려울 때에는 스타펠척도Stapel Scale를 활용할 수 있다. 이는 단일 형용사 중심의 단극 평정척도로, 보통 중심에 형용사 하나를 놓고 그 위아래로 -5와 +5처럼 음, 양의 숫자를 배열하여 형용사가 대상에 얼마나 적절한지 수치로 표시하도록 한다. 스타펠척도는 문항 구성과 응답의 간결성이 장점이나, 숫자 표기와 중앙(0) 유무에 따라 응답 해석이 복잡해질 수 있다는 한계가 있다. 성인문해교육에서는 교재의 '실용성'과 같은 단일 속성을 빠르게 평정할 때 응답 부담을 줄이면서 감성적인 평가반응을 수집하는 도구로 활용할 수 있다.

*누적 계층형 척도

누적 계층형 척도Cumulative Hierarchical Scale는 문항을 난이도, 강도, 수용 수준 순으로 배열하여 응답이 누적 구조를 이루도록 설계된다. 누적 계층형 척도를 활용하여 학습자 또는 대상자가 어느 수준까지 도달했는지를 명확히 파악할 수 있다. 거트만척도는 인지적 혹은 기능적 능력 수준을, 보가더스척도는 사회적 태도와 거리감을 측정하는 데 적합하다.

먼저 거트만척도Guttman Scale는 동일한 단일 차원(구인)에 대한 문항을 난이도, 극단성 순으로 배열하여 응답 패턴이 누적 구조를 이루는 것을 전제로 하는 척도로, 누적척도라고도 불린다. 척도를 구성하는 여러 문항이 일정한 기준에 따라 서열을 이루며, 문항을 내용의 강도에 따라 일관성 있게 배열하여 측정하게 된다. 이상적인 거트만 구조에서는 어느 수준의 문항에 동의하면 '하위' 수준 문항에도 모두 동의하는 패턴이 나타난다. 거트만척도는 응답자의 서열 점수로 개별 문항에 대한 응답 전체를 재현하여 응답자가 어느 수준에 도달했는지를 한눈에 파악할 수 있다는 장점을 가진다. 그러나 실제 데이터에서 완전한 누적 구조를 확보하기 어렵고 문항 구성의 엄격성이 요구된다는 한계가 있다. 예를 들어 성인문해교육에서 디지털 문해능력을 측정할 때, '①휴대폰으로 문자 읽기 가능, ②휴대폰으로 문자 보내기 가능, ③스마트폰 앱 설치 가능, ④온라인 은행 거래 가능'과 같이 난이도순으로 배열된 문항에서 응답자가 ③에 '예'라고 답했다면 ①과 ②에도 '예'라고 답했을 가능성이 높다고 보는 것이다. 이를 통해 응답자가 어느 단계까지 도달했는지를 쉽게 확인할 수 있다.

보가더스척도Bogardus Social-distance Scale는 특정 집단이나 대상에 대해 응답자가 느끼는 사회적 거리감을 측정하는 척도이다. 응답자가 이민자, 노인, 특정 직업군 등 특정 집단이나 대상과 얼마나 가까운 수준의 사회적 관계를 허용하는지, 즉 그들을 내 삶의 어디까지 받아들일 수 있는지를 단계적으로 묻는 방식이다. 이 척도는 친밀한 관계에서부터 가장 먼 관계까지 단계적으로 진술문을 제시하고, 어디까지 수용할 수 있는지를 응답하게 하여 응답자가 허용하는 가장 가까운 단계로 점수를 산정한다. 보가더스척도는 사회적 배제 및 포용 연구에 유용하며 거트만적 누적 구조를 띤다는 점이 특징이다. 성인문해교육에서 이주민 학습자에 대한 지역 주민들의 태도를 조사하기 위해 보가더스 척도를 '①나의 가족 구성원으로 받아들일 수 있다, ②친구로 지낼 수 있다, ③같은 직장에서 동료로 일할 수 있다, ④같은 마을 주민으로 받아들일 수 있다, ⑤같은 나라 국민으로 존재하는 것은 괜찮다, ⑥우리 사회에 들어오는 것조차 반대한다'로 구성할 수 있다. 만약 응답자가 ③까지 수용 가능하다고 한다면, 이는 해당 집단을 동료 관계까지는 받아들이지만 가족이나 친구로는 선뜻 수용하지 않는다는 의미이다.

거트만척도와 보가더스척도 모두 누적 및 계층적인 특성이 있다. 그러나 거트만척도는 인지적·기능적 측면을 단계적으로 파악하는 척도이고, 보가더스척도는 사회적·정서적 측면의 거리감을 측정하는 척도라는 점에서 차이가 있다. 따라서 거트만척도는 주로 인지적 발달 수준이나 행동 수행의 단계성을 측정하는 데 활용되며, 보가더스척도는 사회적 태도나 수용 정도를 측정하는 데 활용된다.

*상대적 우선순위 척도

상대적 우선순위 척도Relative Comparison Scales는 항목 간의 중요도나 선호도를 비교하여 평가하는 방식으로, 성인문해교육에서는 학습활동이나 학습자원에 대한 선호도를 측정할 때 유용하다. 고정총합척도와 쌍대비교척도가 대표적이며, 점수의 상대적 크기를 통해 대상자의 선택 경향이나 우선순위를 파악할 수 있다.

먼저 고정총합척도Constant-sum Scale는 응답자에게 일정한 점수의 총합을 여러 항목에 점수를 분배하도록 하여 상대적 중요도와 자원 분배 시 우선순위를 계량화하는 방법이다. 이 방식은 단순한 순위보다 차이의 크기인 가중치를 얻을 수 있다는 장점이 있고, 의사결정과 우선순위 분석에 유용하다. 하지만 할당해야 할 총합을 이해시키는 설명이 필요하고, 응답자가 점수 분배에 익숙하지 않으면 자료 품질이 떨어질 수 있다는 단점도 있다. 성인문해교육에서는 성인의 자기주도 학습시간을 총 10으로 보고 문해기초훈련, 실용독해, 글쓰기, 디지털학습 등의 항목에 분배하게 하여 학습자 선호와 실제 시간 배분에서의 우선순위를 추정하는 데 활용할 수 있다.

쌍대비교척도Paired-comparison Scale는 두 개씩 짝지은 평가대상을 한 쌍씩 비교하게 하여 어느 쪽을 더 선호하거나 중요하다고 생각하는가를 반복적으로 묻는 방법이다. 비교 응답들을 통계적 모델에 적용하면 여러 항목의 상대적 위치를 순위나 점수로 확인할 수 있다. 직접 비교를 통해 미세한 선호 차이를 포착할 수 있다는 장점이 있지만, 항목 수가 늘어나면 비교 조합이 급증해 응답 부담이 커진다는 단점도 있다. 성인문해교육에서는 문법학습, 회화연습, 실용 문해, 디지털 문해 등 여러 학습활동을 두 개씩 짝지어 비교하게 하여 학습자 우선순위와 교육자원 배분의 우선순위를 결정하는 데 활용할 수 있다.

*전문가 가중형 척도

전문가 가중형 척도Expert-weighted Scale는 문항별로 전문가가 사전 배정한 점수를 활용하여 응답자의 태도나 의견을 정밀하게 수치화한다. 성인문해교육에서는 학습자의 태도나 정책에 대한 의견을 정량적으로 평가할 때 활용된다.

서스톤척도Thurstone Scale는 대표적인 전문가 가중형 척도이다. 다양한 진술문을 전문가가 각각 '찬성, 반대의 강도'를 평정하여 사전 배치한 뒤, 응답자에게 자신과 일치하는 진술문을 선택하게 하여 태도의 강도를 산출하는 방법이다. 문항마다 전문가 집단이 부여한 태도 강도값을 가중치로 활용하는데, 응답자가 선택한 진술을 고르면 선택된 진술의 평균 점수를 그 사람의 태도로 간주한다. 이는 문항마다 다른 점수값을 가지고 있다는 점에서 단순한 리커트척도와 다르다. 서스톤척도는 문항 하나하나의 상대적 위치를 전문가와 합의하여 정하기 때문에 동일 구인의 세분화된 등간적 평가가 가능하지만, 항목 제작과 판정자 표준화에 높은 비용이 든다는 한계가 있다.

예를 들어 성인문해교육에 대한 태도를 측정할 때, 전문가가 '①성인문해교육은 삶의 질을 높이는 데 꼭 필요하다'에 가중치 9점, '②성인문해교육은 해도 되고 안 해도 되는 선택 사항이다'에 가중치 4점, '③성인문해교육은 필요하지 않다'에 가중치 1점을 부여하였다고 가정해 보자. 이때 응답자가 ①에 동의하면 태도 점수가 높게, ③에 동의하면 낮게 평가된다. 서스톤척도는 이와 같이 전문가의 사전 판단을 기반으로 응답자의 태도를 정밀하게 수치화한다.

*행동관찰빈도척도

행동관찰빈도척도BOS: Behavioral Observation Scale는 실제 관찰

가능한 행동이나 수행 빈도를 기준으로 평가한다. 행동기준평정척도와 행동관찰빈도척도가 대표적이며, 평가자가 관찰한 행동을 점수화함으로써 수행 수준과 참여도를 객관적으로 측정할 수 있다. 성인문해교육에서는 수업참여, 과제 수행, 활동 빈도 등을 평가할 때 적합하다.

행동기준평정척도BARS: Behaviorally Anchored Rating Scale는 평가 점수마다 구체적 행동 예시, 즉 행동 기준을 연결한 척도이다. 1~5점 또는 1~7점의 각 등급에 대해 해당 수준에서 나타나는 구체적 행동을 명시함으로써 평가자 간 주관성과 편향을 최소화한다. 전통적인 평정척도는 '매우 우수 - 매우 미흡'과 같이 각 등급의 의미가 추상적이어서 평가자 간 차이가 크게 나타날 수 있고, 결과에 대한 해석도 모호하다는 한계가 있다. BARS는 점수마다 구체적 행동이 연결되어 있으므로 평가자 간 점수 일치도가 높아지고, 학습자에게도 무엇을 개선해야 하는지가 명확하게 전달된다. 예를 들어 성인문해교육에서 수업참여도를 평가할 때 '①과제 제출 없음, 수업에 거의 참여하지 않음, ②과제 일부만 제출, 수업참여 제한적, ③과제 대부분 제출, 소극적 참여, ④과제 완료, 적극적 참여, ⑤과제 완벽 수행, 수업활동 주도적'과 같은 BARS를 활용할 수 있다. BARS는 학습행동을 구체적으로 기준화하여 평가하기 때문에 학습자와 평가자가 명확한 지침을 가지고 학습참여와 수행을 향상시킬 수 있으며, 개인적 편향이나 평가 오류를 줄여 신뢰도와 타당도가 높다는 장점이 있다. 다만 각 학습 상황별 행동 기준을 정의하고 척도를 개발하는 데 시간과 비용이 많이 들며, 복잡성 때문에 소규모 수업이나 학습환경에서는 적용이 어려울 수 있다.

행동관찰빈도척도는 평가자의 특정 행동이 나타나는 빈도로 측정하는 척도이다. BARS가 등급별 행동 기준을 중심으로 평가하는 반면, BOS는 행동 발생 빈도를 기록하여 평가 점수를 산출한다는 점에서 차이가 있다. BOS는 행동 빈도를 계량화함으로써 점수의 신뢰성을 높이고, 일상적 수행이나 반복 행동의 패턴을 파악하는 데 강점이 있다. 따라서 특히 관찰 가능한 행동이 명확하고 반복적일 때, 시간 경과에 따른 변화 추적이 필요할 때 유용하다. 성인문해교육에서 학습자의 참여 행동을 BOS로 평가할 때 '질문에 답하거나 의견 제시: 한 학기 동안 10회 발생, 그룹 활동 참여: 한 학기 동안 8회 발생, 과제 제출: 한 학기 동안 12회 발생' 등과 같이 측정한 후, 행동 발생 빈도를 기준으로 점수를 계산하여 학습자의 참여 수준을 평가할 수 있다. BOS는 학습행동의 발생 빈도를 기준으로 평가하기 때문에, 특정 행동을 자세히 정의하기 어려운 경우에도 비교적 쉽게 평가할 수 있고, BARS보다 시간과 비용이 적게 든다는 장점이 있다. 다만 학습에 중요한 행동을 미리 정의하고 척도를 결정해야 하므로 개발이 어렵고, 행동 발생 빈도가 반드시 학습중요도를 정확히 반영한다고 보기 어렵다는 한계가 있다.

5장

평가의 쓸모

평가의 활용, 왜 중요한가

평가를 활용한다는 것은 평가, 특히 평가결과를 목적에 맞게 쓴다는 것이다. 너무도 당연해 보이지만 실제로 평가는 기대하는 것만큼 적극적으로 활용되지 못하고 있다. 평가는 의사결정에 직접적으로 영향을 미치는 방식으로 활용될 수도 있지만, 활용자의 인식을 변화시키거나 설득시키는 등 간접적인 방식으로도 활용될 수도 있다. 평가를 잘 활용하기 위해서는 평가 자체의 질을 높이고 평가를 둘러싼 상황을 개선하기 위한 노력이 필요하다.

평가는 개선 및 판단을 위한 유목적적 활동이다. 우리는 평가를 통해 목표가 어느 정도 실현되었는지 결정하기도 하고, 의사결정을 위한 제반의 정보를 얻기도 하며, 대상 그 자체의 가치를 판단하기도 한다. 이에 대부분의 체계적 활동에는 공식적 혹은 비공식적으로 평가활동이 수반되기 마련이다. 예를 들어 정부에서는 자율적으로 성과를 관리할 수 있는 추진 기반을 마련하기 위하여 2006년 4월 「정부업무평가기본법」을 제정하여 시행하고 있다. 이는 정책의 효율성과 책임성을 확보하기 위해 보다 체계적인 형태의 평가를 적극 도입한 것으로 볼 수 있다. 기업에서 역시 성과평가, 역량평가 등 다양한 평가활동을 통해 효과성 및 효율성 제고를 꾀하고 있다. 성인문해교육에서도 개인의 문해능력 평가, 성인문해교육 지원사업 평가, 성인문해교육 정책 효과성 평가 등 다양한 평가를 실시하고 있다. 이러한 평가는 모두 일정한 목적을 가지고 수행된다. 평가가 목적 달성을 위해 본질적인 기능을 수행하려면 평가를 잘 활용해야 한다.[1]

평가활용의 개념

평가의 과정과 결과를 통해 평가적 목적을 달성하는 것을 '평가활용'이라고 한다. 평가활용을 연구하는 알킨 교수는 "평가결과의 활용은 곧 유의미한 평가가 일어났음을 나타내는 것이다"[2]라며 평가활용을 강조하기도 했다. 일반적으로는 평가적 목적을 위해 평가결과를 활용하지만 평가과정 자체가 평가적 목적에 기여하기도 한다. 일반적으로는 눈으로 바로 확인할 수 있는 직접적인 활용에 관심을 두지만, 때로 평가활용은 간접적이고 은밀하지만 동시에 매우 강력하게 이루어지기도 한다.

평가활용에 대한 논의가 시작된 초반에는 평가활용의 개념을 평가결과가 가시적이고 직접적으로 의사결정에 영향을 미치는 것에 제한하였다. 용어도 '평가활용'보다는 '평가결과 활용'이 주로 사용되었다. 대표적인 예로 활용중심평가Utilization-Focused Evaluation를 주창한 패튼은 평가결과 활용을 "평가연구 발견물의 직접적인 결과로서 특정한 결정이나 프로그램 행위에 대한 즉각적이고, 구체적이며, 관찰 가능한 효과"[3]로 정의하며, 특히 평가결과 활용이 즉각 이루어져야 한다는 점을 강조하였다. 이 시기의 평가 관련 연구는 대부분 평가를 어떻게 기술적, 방법론적으로 정교화할 것인가에 초점을 두고 있었으므로, 평가를 통해 산출된 결과를 활용하는 것은 평가자보다는 오히려 의사결정자의 문제로 여겨졌다.

평가활용에 대한 다각적인 논의가 진행되면서 현장에서의 경험을 바탕으로 평가활용의 개념도 보다 포괄적으로 확장되었다. 평가활용은 평가결과가 의사결정에 직접적인 영향을 미치는 것이라는 기존의 관점에 더해 이해관계자에 대한 교육이라는 보다 간접적인 형태까지 활용의 범주에 포함하게 된 것이다.[4] 시간이 지나며 평가활용이 증가하는 것은 실제로 활용 자체가 늘어난 것일 수도 있으나 활용의 개념이 확장되었기 때문이기도 하다.

평가활용의 유형

평가활용의 개념이 확장되면서, 이를 보다 체계적으로 이해하기 위해 다양한 유형으로 구분하려는 노력이 이어졌다. 여러 연구자가 평가결과의 활용 방식을 구분하기 위해 각기 다른

평가결과 활용의 유형

유형	도구적 활용	개념적 활용	상징적 활용
목적	개선 및 판단	학습 및 효과 이해	정당화 및 요건 충족
특징	평가결과가 직접적인 행동이나 의사결정으로 이어짐	평가결과가 사고와 이해를 변화시키는 데 영향을 줌	평가결과가 정치적·설득적 목적으로 활용됨
행동 변화	즉각적, 구체적 행동 반영	직접적 행동 변화 없음	직접적 행동 변화 없음
사고 변화	제한적	장기적 영향, 사고·태도 확장	간접적 영향, 조직·정책 목적 달성
예시	학습자의 읽기 능력 평가 후, 수업내용을 보충 자료 중심으로 조정	학습자의 참여 패턴 평가결과를 통해 교사가 향후 교수전략 고민	평가결과를 재정 지원 확보나 프로그램 유지·홍보 자료로 사용

용어와 틀을 제시하였다. 여기서는 평가활용을 도구적, 개념적, 상징적 활용이라는 세 가지 유형으로 나누어 살펴본다.

＊눈에 보이는 변화로 이어지는 도구적 활용

도구적 활용Instrumental Use은 평가정보를 직접적이고 구체적이며 관찰 가능한 활용으로 여기고 이를 특정한 의사결정에 적용하는 것을 말한다. 단순히 평가결과를 기록하거나 참고하는 정도가 아니라, 프로그램을 개선하거나 학습활동을 조정하는 등 매우 구체적 행동으로 이어졌을 때 도구적 활용이 이루어졌다고 본다. 예를 들어 성인문해교육에서 학습자의 읽기

능력을 평가한 결과 특정 학습자 집단이 문장 이해에서 낮은 점수를 보였다면, 문해교사는 이를 바탕으로 수업 내용을 문장 이해 중심으로 조정하거나 보충자료를 제공하는 등 즉각적인 조치를 취할 수 있다. 이처럼 평가정보가 실제 행동과 직접 연결되는 경우를 도구적 활용이라 한다.

도구적 활용은 행동 지향적이기 때문에 활용 유무와 정도가 명확하게 드러나지만, 실제로 도구적 활용이 적용되는 경우는 많지 않다. 단일 평가결과가 곧바로 의사결정으로 이어지기 쉽지 않기 때문이다. 직접적인 변화를 일으키지는 않지만 평가결과를 통해 현재 방식이 적절하다고 확인하는 것도 일종의 도구적 활용에 해당한다. 성인문해교육에서 학습자의 수준과 참여 결과를 분석하여 현재 수업설계나 학습지원 방식에 특별히 개선할 사항이 없다고 결정하는 것이 이에 해당한다.

효과적으로 도구적 활용을 하기 위해서는 평가설계 단계에서부터 활용 가능성을 염두에 두는 것이 매우 중요하다. 즉, 평가정보가 실제 행동과 연결될 수 있도록 미리 계획할 때, 평가는 단순한 점수 기록을 넘어 학습현장과 정책 결정에 직접적인 영향을 주는 도구가 될 수 있다. 성인문해교육에서도 평가설계와 활용을 전략적으로 연결하면 학습자 맞춤형 지도와 프로그램 개선에 큰 도움이 될 수 있다.

*모르던 것을 알게 하는 개념적 활용

개념적 활용Conceptual Use은 평가결과가 직접적인 행동으로 이어지지 않더라도, 활용자의 사고와 이해를 변화시키는 것을 말한다. 평가정보가 사람들의 인식이나 태도, 프로그램에 대한 이해를 확장하고, 장기적으로 의사결정과 행동의 기초가 되었을 때 개념적 활용이 이루어진 것이다. 예를 들어 성인문해교육에서 성인학습자의 문해능력과 학습참여도에 대한 평가결과를 통해 문해교사가 성인학습자를 보다 깊게 이해하는 경우가 이에 해당한다.

개념적 활용은 평가와 관련한 소통을 통해 강화될 수 있다. 성인문해교육과 같은 교육의 맥락이라면 평가자, 운영자, 문해교사, 성인학습자 등 평가 이해관계자 간의 상호작용과 논의를 통해 개념적 활용을 높일 수 있다. 만약 운영자가 학습자 참여 관찰, 학습일지, 인터뷰 결과 검토 등을 통해 성인학습자의 특성을 이해하고, 이를 바탕으로 향후 기관 차원에서 교육전략을 고민하게 된다면, 즉각적으로 교수학습에 변화가 나타나지는 않지만 장기적으로는 운영자의 사고에 영향을 주었다고 볼 수 있다. 평가정보가 단순한 데이터가 아니라 교육적 판단과 프로그램 이해를 풍부하게 하는 지식으로 전환되어 활용된 것이다. 이와 관련하여 킹James King 교수는 평가가 의도된 목적 이상으로 활용되어 사람들의 사고와 인식을 변화시키는 데 기여할 수 있음을 강조하였다. 예를 들어, 평가결과가 학습자의 필요와 경험을 명확히 이해하게 하고, 향후 학습전략 개선이나 프로그램 설계에 영향을 주는 경우가 해당한다.

결과적으로 개념적 활용은 도구적 활용과 달리 특정 행동이나 결정의 즉각적 결과를 요구하지 않는다. 대신 평가를 통해 지식을 늘리고 불확실성을 줄이며, 참여자와 담당자 간 의사소통을 촉진하고 프로그램에 대한 전반적 이해를 높이는 역할을 한다. 성인문해교육에서 개념적 활용은 학습자와 교육자의 사고에 점진적 변화를 주어 장기적으로 프로그램 개선의 기반을 마련하는 데 핵심적인 역할을 한다.

*설득과 정치를 위한 상징적 활용

상징적 활용Symbolic Use은 평가결과가 직접적인 행동이나 프로그램 개선으로 이어지지 않고, 주로 정치적, 설득적, 혹은 의식적 목적으로 사용되는 경우를 말한다. 평가가 실제 내용을 변화시키기보다는 특정 입장이나 정책, 조직의 지위를 지지하거나 방어하는 수단으로 활용된다면 상징적 활용이 이루어진 것이다. 예를 들어 성인문해교육에서 평가결과를 활용해 학습 프로그램의 필요성을 강조하거나, 자금 지원 기관에 현재 교육방식이 적절함을 보여 주는 자료로 제시하는 경우가 이에 해당할 수 있다.

상징적 활용은 평가가 조직이나 정책적 목적을 달성하기 위해 일종의 설득을 위한 수단으로 쓰이기 때문에 설득 지향적 활용이라고도 한다. 이와 관련하여 패튼은 상징적 활용을 조직의 정책을 적극적으로 변호하거나 설득하기 위한 활용이라고 하였다. 성인문해교육 현장에서도 평가결과는 재정 지원, 기관의 명성, 프로그램 유지 등과 관련된 결정 과정에서 전략적으로 활용되고 있다. 이 경우 평가정보는 직접적 의사결정이나 이해보다는 설득과 지원 확보를 위한 자료로서 중요한 역할을 한다.

일반적으로 상징적 활용은 개념적 활용에 비해 발생 빈도가 낮지만, 특정 상황에서는 강력한 영향을 미칠 수 있다. 평가결과가 요구 사항을 충족했음을 보여 주거나 조직 내 의사결정을 지원하는 자료로 활용되는 등 평가의 실제 내용과는 관계없이 정치적 목적을 달성하는 데 사용되기도 한다. 재정 지원 확보를 위해 형식상 평가보고서를 제출한다거나, 평가결과를 정책을 지지하거나 반대하는 논거로 사용하는 것 또한 예로 들 수 있다. 평가결과가 조직이나 정책적 이해관계자에 영향을 미치는 수단으로 기능하는 것이다.

평가의 정치적 속성

평가는 정치적이다. 정치란 권력을 획득하고 유지하는 과정이다. 평가는 가치를 지향하고 이해관계자들 간의 긴장을 유지하며 배분을 결정해 나가는 과정이라는 측면에서 정치적이라 할 수 있다. 물론 인간사에 정치적이지 않은 활동은 거의 없을 것이다. 하지만 평가과정에서는 그 속성이 적나라하게 드러난다는 점이 흥미롭다. 적어도 평가에서만큼은 자신이 정치적이지 않다며 점잔 빼기가 쉽지 않다.

평가의 정치성에 대해 부정적인 시각을 가진 사람들은 정치성으로 인해 평가의 중립성을 잃을 것을 염려한다. 평가도 결국 사람이 하는 것이기에 평가자의 가치와 신념은 평가의 모든 단계에 영향을 미칠 수밖에 없다. 일반적으로 가장 단순한 형태의 평가는 기준을 세우고 실제 현상을 기준과 비교하여 최종적으로 판단을 내리는 방식을 취한다. 이때 대상에 대한 어떤 사례만을 결정하게 되는데, 실제 평가과정은 생각보다 훨씬 더 복잡하고 갈등의 소지가 있는 것이 사실이다. 의사결정을 위한 평가는 의사결정자에게 조언을 하기 위한 설득적 참고자료를 제작해 주는 성격을 띤다. 가치판단에 대한 몫은 의사결정자에게 있지만, 평가자는 이를 뒷받침할 수 있는 자료를 조직화함으로써 의사결정에 영향을 미칠 수 있다. 어떤 정보를 수집할 것인지, 어떤 방법으로 수집할 것인지, 어떤 분석이 최선인지, 어떻게 발표하는 것이 좋을지 등 평가와 관련한 모든 활동에서 평가자의 편향을 어느 정도 줄일 수 있을지는 몰라도 완전히 없애기는 어렵다.[5]

한편 평가의 정치성은 평가가 여러 사람과 얽혀서 역동적으로 살아 움직인다는 긍정적인 의미를 갖기도 한다. 정치는 개인이 통제할 수 있는 범위의 외부에서 조작되는 모든 것들의 총합이라 볼 수 있다. 평가는 특성상 이러한 관계를 포착하고 적절한 긴장감을 유지하는 것이 필수라는 면에서 정치적이다. 실제로 많은 평가 프로젝트의 성공 여부는 평가를 둘러싼 사람들에게 어떻게 지원을 이끌어 내는가와 그들의 압력에서 평가의 순수함을 어떻게 지켜 낼 것인가에 달려 있다. 따라서 평가의 기술도 중요하지만 이것이 제대로 발휘될 수 있도록 하는 인간관계 기술, 더 나아가서 흔들리지 않는 평가철학을 갖는 것이 무엇보다 중요하다. 평가철학이 윤리적으로 바람직하고, 평가 의뢰자와 공감대가 형성된 경우 평가의 정치적인 문제들은 의외로 수월하게 풀릴 수 있다.

평가 이해관계자

평가의 정치성을 이용할 것인가 혹은 정체성에 발목 잡힐 것인가는 결국 이해관계자들의 힘의 균형을 어떻게 유지하는가에 달려 있다. 평가는 문제를 해결하고 결정을 해 나가는 과정이기 때문에 다양한 이해관계자가 관련될 수밖에 없다. 평가 이해관계자stakeholder란 넓은 의미에서 평가와 관련한 모든 사람을 의미한다. 이들은 평가요구자이면서, 평가자료를 수집할 때 가장 중요한 자료원이며, 평가결과 활용의 주체이다. 따라서 평가의 전 과정에서 평가 이해관계자 간의 정치학을 이해하고 이들과 긴밀하면서도 적절한 관계를 유지할 필요가 있다. 너무 멀지도, 그렇다고 너무 가깝지도 않은 관계를 유지하는 것이 바로 평가에서 정치를 잘하는 방법이다.

평가 이해관계자는 평가대상이나 평가결과에 대해 이해관계를 가진 사람들을 모두 포함한다. 평가의뢰인, 평가후원자, 평가참여자, 평가수혜자뿐만 아니라, 평가에 관심을 가지고 그로 인한 결과의 영향을 받는 개인, 단체, 기관 등이 모두 포함되는데, 이들은 각자의 입장에 따라 각각의 특징을 가지고 있다. 평가 이해관계자가 누구인지를 확인하기 위해서는 누가 평가에 관심을 가지고 있는지, 누가 평가결과에 영향을 받는지, 누가 평가대상에 영향을 미치는지, 누가 평가대상에 관한 견해를 표명하는지, 누가 평가대상을 관리하고 있는지, 누가 평가대상에 대한 책임을 가지고 있는지 등을 확인해 볼 필요가 있다.

평가를 '잘' 활용하기

평가활용을 촉진하기 위해서는 먼저 평가를 잘 활용하는 것이 무슨 말인지 이해해야 한다. 평가를 잘 활용한다는 것은 결국 '제대로' 그리고 '적절하게' 활용한다는 것이다. '제대로' 활용한다는 것에는 평가활용의 방향이 옳다는 의미가 담겨 있다. 실제 평가결과와 다르게 해석하여 활용하거나, 원래의 목적이 아닌 곳에 억지로 활용하는 등 평가를 오용Misuse해서는 안 된다. 예를 들어 성인문해교육에서 성인학습자의 자기주도학습을 촉진하기 위해 학습자가 스스로 자신의 학습을 관리하고 평가하도록 하는 경우가 있다. 그런데 만약 그 평가결과를 그대로 학력인정이나 승급을 위한 평가에 활용한다면 이는 평가를 제대로 활용하지 않은 것이 된다. 이럴 경우 성인학습자는 자신의 학습에 대해 진지하게 성찰하기보다는 오히려 원하는 평가결과를 얻기 위해 얼마나 솔직하게 스스로를 평가할 것인가를 고민하게 될 것이다. 즉, 자기주도학습을 촉진한다는 목적도 달성하지 못하고 오히려 평가에 대한 불신과 스트레스만 높아질 우려가 있다. 평가의 오용을 막기 위해서는 평가의 목적을 잊지 않는 것이 가장 중요하다. 원하는 방향으로 유도하기 위해 자신도 모르게 혹은 의도적으로 평가를 오용하지 않도록 각별히 주의해야 한다.

평가를 '적절하게' 활용한다는 것에는 그 정도가 과하지도 부족하지도 않아야 한다는 의미가 담겨 있다. 평가의 활용도 과해지면 남용Overuse이 된다. 현실적으로 완벽한 평가를 하기는 어렵다. 평가를 위한 자원이 충분히 제공된다 하더라도 평가를 잘 해내기가 쉽지 않은데, 자원이 풍부한 경우조차도 많지 않기 때문이다. 따라서 대부분의 경우 제한된 자원을 최대한 활용할 수 있도록 효율적인 평가를 설계하여 결과를 얻게 마련이다. 이렇게 얻은 결과의 정확성, 신뢰성 등 평가의 질을 종합적으로 고려하여 합당한 규모로 평가를 활용하는 것이 좋다. 예를 들어 성인문해교육에서 형성평가를 위해 수업시간 전후에 간단한 받아쓰기 시험을 보는 경우가 있다. A반에서는 약 20점이 올랐는데, B반에서는 50점이 올랐다고 가정해 보자. 이런 차이가 나타났다면 'A반과 B반 학생들이 어떻게 다른가', 'A반과 B반의 수업에서 무엇이 다른가', '이를 토대로 어떻게 수업을 개선할 것인가' 정도를 고민하면 된다. 이 평가결과만으로 교원을 교체하거나, 성인학습자의 승급을 결정하거나, 성취 우수 사례로 소개하는 것은 과하다. 표준화된 시험에서 엄정하게 학업성취 평가를 실시한 것도 아니고, 그저 수업에서 간단하게 진행한 한두 번의 받아쓰기 결과만으로 이런 중대한 결정을 내린다면 누구나 과하다고 느낄 것이다.

평가활용이 과해도 문제이지만 더 심각한 것은 아예 활용하지 않는 것, 즉 미활용Unuse하는 것이다. 평가를 시작할 때에는 대부분 그럴듯한 목적을 내세운다. 다양한 평가도구를 활용하여 자료를 수집하지만 정작 그 결과는 어디에서도 찾기 어려운 경우가 허다하다. 평가의 속성상 평가 관련 정보는 평가의 핵심 이해관계자들에게 집중되게 마련이다. 평가결과가 이들의 마음에 드는 경우보다는 그렇지 않은 경우가 많을 것이다.

평가결과를 활용하여 피드백하는 과정은 누구에게나 귀찮고 심지어 고통스럽다. 만약 이런 이유로 이들이 평가결과를 무시하고 의사결정을 내리거나, 평가 정보를 공개하지 않고 덮어 버리거나 또는 너무 바빠서 잊어버린다면 아무리 훌륭한 평가라도 활용될 수 없을 것이다.

평가요인과 상황요인

그렇다면 어떻게 평가를 잘 활용하도록 할 수 있을까? 평가활용을 높이기 위한 전략을 마련하기 위해서는 우선 무엇이 평가활용에 영향을 미치는지를 파악해야 한다. 평가활용에 영향을 미치는 요인은 크게 평가요인과 상황요인으로 구분할 수 있다.[6] 먼저 평가요인은 평가 자체와 관련되어 있다. 여기에는 평가를 통해 수집된 자료, 평가정보가 보고된 방식, 평가자 등 평가의 제반 활동 요소와 관련한 변수가 모두 포함된다. 평가 결과의 내용이 무엇인지, 평가가 어떤 방식으로 이루어졌는지, 누가 평가를 했는지, 평가결과는 어떻게 보고되었는지 등 평가 자체의 질이 평가활용에 영향을 미칠 수 있다. 평가의 결과가 핵심 이해관계자가 원하지 않는 것이거나, 평가가 이루어진 방식이 신뢰하기 어렵다거나, 평가자의 전문성이 의심되거나, 평가결과 보고서가 어떤 의미인지 잘 전달되지 않는다면 평가활용이 잘 이루어지기 어렵다. 평가를 잘 활용하기 위해서는 무엇보다 평가의 질을 높이기 위해 노력해야 한다.

상황요인은 평가를 둘러싼 상황과 관련되어 있다. 여기에는 평가와 관련한 재정적 여건, 평가 수행 기간과 시기, 사회적 분위기, 정치적 풍토 등 평가가 수행된 환경과 관련한 변수가 모두 포함된다. 의사결정 방식, 의사소통의 질, 평가에 대한 관심, 활용자의 특성과 의지 같은 요건도 여기에 포함된다. 자원이 어떤 방식으로 배분되는지, 의사결정이 근거에 기반하여 이루어지는지, 구성원들 간에 자연스러운 의사소통과 피드백이 가능한지, 이해관계자가 전반적으로 평가에 대한 관심을 가지고 있는지, 활용자가 활용에 의지를 가지고 있는지 등 평가를 둘러싼 상황은 평가활용에 영향을 미칠 수 있다.

만약 평가와 상관없이 특정 영향력이 의사결정에 영향을 미친다면, 그 결정이 민주적인 절차로 이루어지거나 적어도 검증될 가능성이 없다면, 평가와 관련한 정보가 원활하게 전달되지 않는다면, 평가가 어떻게 되거나 결과가 어떻게 나오든 무관심하다면, 평가를 활용할 수 있는 사람이 평가를 활용할 의지가 없다면 평가활용이 잘 이루어지기 어렵다. 평가를 잘 활용하기 위해서는 평가를 둘러싼 환경에도 관심을 기울일 필요가 있다. 평가와 활용은 모두 상황 의존적이며 동시에 정치적 속성을 가지고 있기 때문이다.

그렇다면 어떻게 평가가 더 잘 활용되도록 할 수 있을까? 월든, 샌더스, 피츠패트릭은 평가활용 수준을 높이기 위해 평가자가 주요 평가사안을 구체화할 것, 의사결정자에게 정보를 우선적으로 제공할 것, 평가를 할 수 있는 환경을 조성할 것, 평가를 구상할 때 관련자들을 포함시킬 것, 평가가 일어나는 상황이나 이해관계자의 견해와 감정에 민감할 것, 정치적 풍토에 주의를 기울일 것, 자료수집과 분석에 다각적 방법을 활용하되 가급적 양적·질적 방법 둘 다를 활용할 것, 적시에 보고할 것 등을 제안하였다.[7] 셰디쉬, 쿡, 레비톤은 평가가 피드백보다 오히려 더 정치적 행위라고 보고, 평가활용 제고를 위해 평가내용의 선택, 활용자의 역할 규명, 결과 유포를 위한 의사소통 채널 선택에 신중해야 한다고 조언하였다.[8] 필립스는 평가결과를 보고하는 원리가 일반적인 의사소통의 원리와 같다고 보고, 적시에 이루어질 것, 특정한 청중을 대상으로 할 것, 미디어를 신중하게 선정할 것, 평가결과를 임의로 누락시키지 않고 일관되게 보고할 것, 명망 있는 사람들이 활용을 추천하도록 할 것, 사람들이 평가주체에 대해 긍정적인 태도를 갖도록 할 것을 제안하기도 하였다.[9]

결국 평가활용은 평가의 질을 높이고 충분히 지원받는 상황을 조성할 때 촉진될 수 있다. 다만 현실적으로는 '어떻게 지금보다 더 잘할 것인가'보다는 '지금 제대로 못하고 있는 것을 어떻게 바로잡을 것인가'를 먼저 고민해야 하는 경우가 많다. 따라서 평가활용에 영향을 미치는 요인을 잠재적 장애 요인으로 가정하고 꼼꼼하게 점검하여, 평가활용을 가로막고 있는 요소를 찾아 제거하는 일이 우선시되어야 할 것이다.

6장

평가에 대한 평가, 메타평가

메타평가란

우리가 어떤 대상에 대해 판단하기 위해 평가를 하듯이 평가에 대해서도 평가를 할 수 있다. 이를 메타평가Meta-evaluation라 한다. 메타평가는 평가활동의 품질을 보증하고 평가결과의 신뢰성과 타당성을 확보하기 위한 상위 평가활동이라 할 수 있다. 이는 이미 수행된 평가나 현재 진행 중인 평가가 얼마나 적절하게 설계되고 실행되었는지를 검토하는 과정이다. 이 개념은 1960년대 스크리븐, 스테이크, 스터플빔 등의 학자들에 의해 체계적으로 논의되기 시작했으며, 이후 평가의 질을 관리하고 개선하기 위한 핵심 장치로 발전하였다. 초기에는 평가결과의 객관성과 신뢰성을 검증하기 위한 수단으로 주로 활용되었으나, 점차 평가활동 전반을 개선하고 평가체계의 학습을 촉진하는 방향으로 확장되어 왔다.

메타평가의 핵심 목적은 평가의 품질을 확보하고 지속적으로 개선하는 데에 있다. 메타평가는 평가 전반의 과정과 체계가 합리적이고 신뢰도 있게 수행되었는지를 종합적으로 점검하는 활동으로, 평가활동이 타당한 절차와 기준에 따라 수행되었는지를 확인하고 그 결과가 실제 정책 개선이나 의사결정에 활용될 수 있도록 보장하는 기능을 수행한다. 즉, 메타평가는 단순히 평가의 결과를 검증하는 차원을 넘어, 평가문화를 성숙하게 만들고 평가시스템의 학습을 이끌어 내는 핵심 메커니즘으로 이해할 수 있다.

평가에도 좋은 평가가 있고, 그렇지 않은 평가가 있다. 평가의 질이란 단순히 평가결과나 보고서의 완성도를 뜻하지 않는다. 보다 넓은 의미에서 평가의 질은 평가의 기획, 설계, 자료수집 및 분석, 판단 기준의 설정 그리고 보고의 과정 전반에 걸친 전문성과 타당성을 포함한다. 즉, 평가결과의 신뢰성은 결과 자체보다 그것을 산출해 내는 과정의 질에 의해 좌우된다. 이런 점에서 메타평가는 평가활동 전반을 점검하여 평가의 품질을 보증하는 체계이자, 평가가 본래의 목적에 부합하도록 이끄는 장치라고 할 수 있다.

메타평가의 구분

메타평가는 범위에 따라 크게 세 가지 수준으로 구분할 수 있다. 첫째, 메타분석은 가장 좁은 의미의 메타평가로, 여러 평가의 결과를 종합하거나 비교하는 형태이다. 이는 다양한 평가의 결과를 통계적으로 분석하여 공통된 결론이나 패턴을 도출하고자 할 때 활용된다. 둘째, 상위평가는 평가의 설계, 절차, 결과의 타당성과 신뢰성을 검토하고 개별 평가를 다시 평가하는 수준의 메타평가로, 평가 그 자체가 평가의 대상이 된다. 셋째, 평가체제 전반을 대상으로 하는 메타평가는 가장 넓은 의미로, 특정 기관이나 국가의 평가시스템이 제대로 작동하고 있는지를 점검한다. 오늘날 교육과 공공정책 분야에서는 이러한 광의의 개념이 주로 사용되며, 국내에서도 메타평가를 '평가체제 전반에 대한 평가'로 이해하는 시각이 일반적이다. 성인문해교육 영역에서도 기관평가나 프로그램평가가 확대됨에 따라 이를 체계적으로 관리하고 점검하기 위한 메타평가의 필요성이 점차 커지고 있다.

메타평가는 형성적 기능과 총괄적 기능을 수행한다.[1] 형성적 메타평가는 평가가 진행되는 과정에서 평가설계나 절차를 개선하기 위한 피드백을 제공하며, 총괄적 메타평가는 평가 종료 후 평가의 전반적 질과 유용성을 판단한다. 메타평가의 방법은 평가의 성격, 목적, 대상, 시점에 따라 달라질 수 있지만, 평가활동의 품질 보증을 위해서는 형성적 관점과 총괄적 관점이 모두 필요하다.

메타평가는 내부 검토와 외부 검토의 두 축을 중심으로 이루어진다. 내부 검토는 기관 내의 평가위원회나 자문 집단이 수행하며, 평가계획과 절차, 진행 상황, 예산 사용 등을 점검하고 평가과정 전반에 대한 개선 의견을 제시한다. 내부 검토는 평가가 진행되는 중간에 이루어져 실질적인 피드백을 제공함으로써 평가의 질을 높이는 형성적 기능을 수행한다. 반면 외부 검토는 평가와 직접적인 이해관계가 없는 외부 전문가나 평가 전문기관이 수행한다. 외부 검토는 평가설계의 타당성, 결과의 신뢰성, 보고서의 적절성을 독립적으로 검증하며, 최종 결과에 대한 객관적 판단을 제공하는 총괄적 기능을 담당한다. 이상적인 메타평가 체계는 이 두 가지 검토가 상호 보완적으로 작동하여 평가의 투명성과 신뢰도를 함께 확보하는 것이다.

메타평가의 절차와 방법

메타평가의 구체적인 절차는 평가의 시점에 따라 다르다. 평가 초기에는 평가계획과 설계가 타당하게 수립되었는지를 검토하고, 수행 단계에서는 평가활동이 계획대로 이루어지고 있는지를 점검하며, 평가 종료 후에는 평가결과와 보고서의 품질을 검증한다. 이를 위해 평가자, 측정 전문가 혹은 내용 전문가를 조언자로 참여시키거나, 독립된 검토 패널을 구성하여 점검하도록 한다. 이 과정에서 메타평가자는 평가자료, 중간 보고서, 재정자료, 경영 계획 등의 문서를 종합적으로 검토하며, 필요 시 반론 집단이나 변론 패널을 활용하여 평가의 타당성을 다각도로 검증하기도 한다.

메타평가에 활용되는 방법론은 다양하다. 캠벨Donald Campbell, 스탠리Julian Stanley가 제시한 실험 설계 및 준실험 설계 접근은 평가의 신뢰성과 타당성을 검증하기 위해 사용되며, 전문가 의견을 체계적으로 수렴하기 위한 델파이 방법도 활용된다. 스크리븐과 스터플빔이 제안한 체크리스트 방법은 메타평가에서 가장 널리 사용되는 접근으로, 평가의 주요 요소를 항목별로 점검하고 각 항목을 등급화하거나 가중치를 부여하여 평가결과를 계량적으로 제시하는 방식이다. 또한 메타평가는 이미 수행된 평가를 대상으로 하므로, 기존 평가자나 관련 이해관계자를 대상으로 한 설문조사나 인터뷰를 통해 평가과정의 적절성, 결과의 신뢰성, 활용성 등을 검토하기도 한다.

이와 같은 다양한 방법을 통해 메타평가는 평가의 강점과 약점을 식별하고, 평가활동이 본래의 목적을 달성하였는지를 점검한다. 그 결과 평가의 질을 향상시키고, 평가결과가 실제 의사결정이나 정책 개선에 더 효과적으로 활용될 수 있도록 지원한다. 성인문해교육 영역에서도 이러한 메타평가 방법을 체계적으로 도입하면 기관평가와 프로그램평가의 신뢰도를 높이고, 평가결과를 정책 개선에 적극적으로 반영하는 기반을 마련할 수 있다.

메타평가를 수행하는 사람은 일반평가를 수행할 수 있는 충분한 역량과 경험을 갖추어야 한다. 메타평가자는 원평가의 목적과 방법을 깊이 이해하고, 평가결과의 타당성과 신뢰성을 분석할 수 있어야 한다. 메타평가자는 평가결과의 '좋음'과 '나쁨'을 구분할 수 있을 뿐 아니라, 그 차이가 발생한 원인을 설명할 수 있어야 한다. 메타평가는 원평가자에 의해 수행될 수도 있지만, 일반적으로는 외부 전문가에 의해 이루어질 때 더 높은 신뢰성을 확보할 수 있다. 외부평가자는 프로그램이나 평가결과에 대한 선입견이 적고, 이해관계에서 비교적 자유로워 평가의 객관성과 공정성을 유지할 수 있기 때문이다. 또한 개인보다 팀 단위의 메타평가가 더 바람직하다. 이는 다양한 시각과 전문성을 결합하여 평가의 폭과 깊이를 함께 확보할 수 있기 때문이다.

좋은 평가의 조건

1960년대에 메타평가의 절차와 준거에 대한 논의가 공식화되면서, 스크리븐, 스테이크, 스터플빔 등을 중심으로 좋은 평가와 나쁜 평가의 구성 내용이 제안되기 시작되었다. 이후 평가의 질과 가치를 판단하기 위한 평가 기준이 무엇인지를 밝히기 위한 다양한 연구로 발전되었다. 여기서는 프로그램평가에 널리 활용되고 있는 미국교육평가표준공동위원회JCSEE: Joint Committee on Standards for Educational Evaluation의 메타평가 기준과 필자가 메타평가를 위해 제안한 FOCUS 모델을 살펴보기로 한다.

*미국교육평가표준공동위원회의 메타평가 기준

미국교육평가표준공동위원회가 제시한 프로그램 평가 기준은 '평가의 질'을 보증하기 위한 국제적 표준으로, 교육·행정·사회 정책 등 다양한 영역에서 평가자들이 준거로 삼고 있다. 1960년대 이후 평가이론이 확립되면서, 평가가 단지 결과 중심으로 이루어지는 것이 아니라 평가 그 자체가 신뢰할 수 있고, 실천 가능한 윤리적 행위여야 한다는 인식이 확산되었다. 미국교육평가표준공동위원회는 이러한 문제의식 속에서

1981년 처음 기준을 제시했고, 이후 1994년[2]과 2010년[3] 개정을 통해 현재의 체계를 완성했다. 이 기준은 단지 '평가를 잘하기 위한 매뉴얼'이 아니라, 평가가 사회적으로 신뢰받고 지속 가능한 학습도구로 기능하기 위해 따라야 할 철학적 방향을 담고 있다. 미국교육평가표준공동위원회가 제시한 프로그램 평가 기준은 유용성, 실행 가능성, 정당성, 정확성, 평가책무성의 다섯 가지 영역으로 구성된다.[4] 각 기준은 서로 분리된 항목이 아니라 평가의 전 과정 속에서 상호 연결되어 있으며, 균형 있게 적용될 때 비로소 평가는 진정한 의미의 '좋은 평가'가 된다.

유용성Utility 기준은 평가가 실제로 '쓸모 있는 정보'를 산출해야 한다는 관점에서 출발한다. 평가는 단순히 데이터를 수집하고 보고서를 작성하는 활동이 아니라, 이해관계자의 의사결정을 지원하고 학습과 변화를 이끌어 내는 도구이다. 따라서 평가결과가 현장에서 사용되지 않는다면, 아무리 정교한 방법론을 동원했더라도 그 평가는 좋은 평가라 할 수 없다. 미국교육평가표준공동위원회는 유용성의 하위 기준으로 이해관계자 확인, 평가자의 신뢰성 확보, 정보의 적절한 범위 파악과 선택, 가치판단의 명시, 보고의 명확성과 적시성, 평가의 영향력 등을 제시하였다. 이 기준들은 평가자가 '누구를 위해', '무엇을 위해' 평가하는지를 분명히 하도록 돕는다. 좋은 평가는 평가결과가 이해관계자의 요구와 맥락을 반영하여 실질적인 개선과 학습으로 이어지도록 설계된다. 예컨대 성인문해교육 프로그램 평가라면 교사, 학습자, 행정 담당자 등 다양한 주체가 실제로 활용할 수 있는 형태로 결과가 제시되어야 한다는 것이다.

실행 가능성Feasibility 기준은 평가가 이상적 수준에 머물지 않고 현실적으로 수행될 수 있는 계획이어야 함을 강조한다. 평가가 아무리 과학적으로 설계되더라도 지나치게 복잡하거나 비현실적인 경우, 현장에서 지속될 수 없고 평가결과 또한 신뢰를 얻기 어렵다. 미국교육평가표준공동위원회는 평가가 시간, 비용, 인력 등 가용 자원을 고려하여 경제적이고 효율적으로 운영되어야 한다고 명시하였다. 또한 실행 가능성은 단지 예산의 문제가 아니라, 평가가 놓인 사회적·문화적 환경을 고려하는 태도와 관련된다. 예를 들어 성인문해교육평가에서는 비문해 학습자의 문화적 특성과 심리적 부담을 고려해야 하며, 조사 방법이나 도구가 학습자의 경험 수준에 적절해야 한다. 즉, 평가설계를 할 때 현장의 제약을 인정하면서도 가장 실질적인 정보를 얻을 수 있는 방법을 찾아야 한다. 좋은 평가는 현장의 복잡성과 현실성을 존중하는 동시에, 실현 가능한 최선의 대안을 제시한다.

정당성Propriety 기준은 평가가 윤리적이고 공정하며, 모든 참여자의 권리를 존중하는 과정이어야 한다는 원칙을 담고 있다. 평가는 단지 객관적 사실을 수집하는 행위가 아니라 사람과 조직의 이해가 얽힌 사회적 행위이기 때문에, 평가자에게는 높은 수준의 도덕적 판단이 요구된다. 미국교육평가표준공동위원회는 평가자와 피평가자, 이해관계자 간의 권리와 책임을 명확히 하도록 요구하며, 합법성, 인권 보호, 인간적 상호작용, 이해관계 충돌 회피 등을 세부 기준으로 제시하였다. 좋은 평가는 피평가자를 '측정의 대상'이 아니라 학습과 변화의 주체로 존중한다. 예를 들어 문해교육 프로그램 평가에서 학습자의 이름 공개, 점수화 혹은 낙인 효과를 초래할 수 있는 방식은 정당성 기준을 위배하는 것이다. 평가자는 결과뿐 아니라 평가의 절차가 공정하고 투명하게 이루어졌는지를 점검해야 하며, 평가과정에서의 의사소통, 동의 절차, 결과 공개 방식까지도 윤리적 잣대로 검토해야 한다.

정확성Accuracy 기준은 평가가 타당하고 신뢰할 수 있는 정보를 산출했는가에 관한 기준이다. 이는 평가의 과학적 측면을 대표하며, 이를 위해서는 평가자가 어떠한 자료를 수집하고 어떤 근거로 판단을 내렸는지를 명확히 제시해야 한다. JCSEE는 프로그램 문서화, 맥락 분석, 목적의 명료화, 정보의 타당성·신뢰성 확보, 양적·질적 자료의 분석, 정당화된 결론, 공정한 보고 등을 세부 기준으로 제시하였다. 정확성은 평가의 '객관성'만을 뜻하지 않는다. 오히려 맥락에 맞게 타당한 판단을 가능하게 하는 평가의 논리적 일관성을 의미한다. 좋은 평가는 수집된 자료가 평가목적과 논리적으로 연결되고, 결론이 그 근거에 의해 정당화될 수 있어야 한다. 예를 들어 성인문해교육 프로그램의 효과를 판단할 때, 단순한 성취도 수치만으로 결론을 내리기보다 학습자의 생활 변화나 사회 참여 정도 등 질적 지표를 함께 고려해야 한다.

평가책무성Evaluation Accountability 기준은 2010년 개정되며 새롭게 추가된 기준으로, 평가자가 평가의 질을 책임지는 체계

미국교육평가표준공동위원회의 메타평가 기준

기준	핵심 내용	좋은 평가가 지향하는 방향
유용성	평가결과의 실질적 가치와 활용성	평가가 결정과 학습에 도움이 되는 유익한 정보를 제공
실행 가능성	평가의 현실적·경제적 수행 가능성	현장에서 실현 가능한 평가, 부담이 적고 지속 가능한 절차
정당성	평가의 윤리성과 공정성	모든 이해관계자의 권리를 존중하며 공정하고 투명하게 수행
정확성	평가정보의 타당성과 신뢰성	사실과 근거에 기반한 판단, 논리적 일관성과 타당성 확보
평가 책무성	평가자와 기관의 자기 점검 및 책임	평가의 질에 대한 지속적 학습과 개선, 책임 있는 평가문화 조성

를 의미한다. 이는 메타평가의 필요성을 제도적으로 포함시킨 것으로, 평가자, 기관, 의뢰자가 평가의 전 과정에서 스스로를 점검하고 개선할 것을 요구한다. 미국교육평가표준공동위원 회는 내부 메타평가와 외부 메타평가를 모두 포함해 평가자 가 스스로의 활동을 반성하고, 필요 시 제3자의 검증을 받도 록 규정하였다. 이 기준은 평가가 더 이상 '한 번 수행하고 끝 나는 활동'이 아니라, 지속적 학습과 개선을 위한 순환 체계라 는 점을 강조한다. 좋은 평가는 결과 보고 이후에도 그 과정과 영향력을 검토하며, 다음 평가의 질을 높이기 위한 교훈을 남

긴다. 성인문해교육 영역에서는 기관의 자체평가 결과에 대해 외부 전문가가 메타평가를 실시함으로써, 프로그램의 신뢰성 과 투명성을 동시에 확보할 수 있다.

미국교육평가표준공동위원회의 다섯 가지 기준은 좋은 평 가가 지향해야 할 다면적 속성을 보여 준다. 평가가 유용하고, 현실적이어야 하며, 윤리적으로 정당하고, 정확하며, 스스로 책임질 수 있어야 한다는 원칙은 성인문해교육뿐 아니라 모 든 평가 영역에서 지속적으로 적용되어야 할 보편적 가치이 다. 이러한 기준을 통해 평가는 단순한 판단의 도구가 아니라, 학습과 성장 그리고 사회적 신뢰를 구축하는 과정이 된다.

*박소연의 FOCUS 모델

평가의 본질은 무엇에 초점Focus을 맞추느냐에 달려 있다. 평가는 단순히 사실을 측정하거나 성과를 기록하는 활동이 아니라, 어떤 가치를 더 깊이 들여다보고 그 의미를 해석하는 행위이다. 그러나 실제 평가에서는 초점이 흔들리기 쉽다. 형 식적 절차나 외적 요구에 몰두하다 보면, 평가가 본래 추구해 야 할 방향을 잃곤 한다. 이러한 문제의식에서 출발한 필자의 FOUCS 모델은 '평가가 어디에 초점을 두어야 하는가'라는 근 본적 질문에 대한 답을 제시한다. 즉, 좋은 평가는 아래의 다 섯 가지 초점을 균형 있게 유지할 때 비로소 완성된다.

첫 번째 초점은 실행 가능한Feasibility 평가다. 훌륭한 이론과 치밀한 설계라도 현장에서 구현되지 못하면 공허하다. 실행 가능성은 단순한 축소나 간소화가 아니라, 제한된 시간, 예산,

박소연의 메타평가 기준

기준	핵심 내용	좋은 평가가 지향하는 방향
실행가능한 (Feasibility) 평가	평가가 실제 여건 속에서 수행될 수 있도록 현실적이고 지속 가능한 방식으로 설계되어야 함	현실에 맞고 지속 가능한 평가— 자원·시간·문화적 맥락을 고려해'가능한 최선'을 구현하는 평가
적합한 (Optimal) 평가	평가의 목적과 상황, 이해관계자의 요구에 맞게 절차와 방법을 최적화해야 함	목적에 부합하고 형평성을 고려한 평가— 효율성과 공정성을 균형 있게 반영하는 평가
명확한 (Clear) 평가	평가의 목적, 기준, 과정, 결과가 누구나 이해할 수 있도록 투명하고 명료하게 제시되어야 함	신뢰받는 평가— 이해 가능한 언어와 공개된 절차로 평가의 공정성과 투명성을 확보하는 평가
유용한 (Usable) 평가	평가결과가 실제 의사결정과 개선에 활용될 수 있도록 실행 가능한 권고와 피드백을 제공해야 함	변화를 이끄는 평가— 정보를 행동으로 전환시켜 개인·조직·정책의 개선을 촉진하는 평가
체계적인 (Systematic) 평가	평가의 전 과정이 논리적으로 연결되고, 계획－수행－보고－사후 점검이 일관되게 이루어져야 함	일관되고 학습하는 평가— 근거에 기반한 판단과 지속적 개선을 통해 품질을 높이는 평가

인력, 접근성, 문화적 맥락을 종합적으로 고려해 '지금, 여기'에서 작동하는 최선의 설계를 찾는 일이다. 이를 위해 핵심 질문을 정제하고, 자료 요구를 최소화하며, 피평가자의 부담(응답 난이도, 개인정보 노출, 낙인 위험)을 줄이는 방식으로 도구와 절차를 조정한다. 특히 성인문해교육처럼 참여자의 경험과 상황이 다양한 영역에서는 문해 수준, 디지털 접근성, 수업 시간표, 기관의 행정 역량 등을 함께 고려해 현장 친화적 흐름

을 만드는 것이 관건이다. 실행 가능성이 확보되면, 평가는 시작부터 지속 가능성이라는 토대를 얻는다. 현실적 제약을 인정하면서도 그 안에서 가장 의미 있는 판단을 내릴 수 있도록 설계하는 것이 바로 '실행 가능한 평가'의 초점이다.

두 번째 초점은 적합한Optimal 평가다. 적합성은 '무엇이 가장 옳은가?'가 아니라 '이 맥락에 무엇이 가장 맞는가?'를 묻는다. 평가는 목적과 상황, 대상의 특성을 정밀히 읽고, 그에 상응하는 지표, 방법, 표집, 분석의 최적 조합을 고르는 선택의 기술이다. 성인문해교육에서는 생활문해, 시민성, 자기효능감처럼 가치와 성과가 맞물린 목표를 다루는 일이 잦다. 이때 효율성과 형평성의 균형이 중요하다. 소수 집단의 목소리가 평균에 묻히지 않도록 대표성과 가중치를 조정하고, 필요하다면 구술 응답, 보조 자료, 동반 면담 등 대체적·보완적 절차를 설계한다. 적합성은 최적화를 통해 낭비를 줄이되, 약자를 배려하는 선택을 요구한다. 평가의 초점은 '완벽함'이 아니라 '적합함'에 있다.

세 번째 초점은 명확한Clear 평가다. 명확한 평가는 신뢰를 만든다. 평가의 목적, 절차, 판단 기준, 결과를 누구나 이해할 수 있는 언어로 제시하고, 판단의 근거를 투명하게 공개해야 한다. 제한점과 불확실성을 숨기지 않고 솔직히 드러내는 것도 명확성의 일부다. 평가가 폐쇄적이거나 불명확하면 오히려 오해와 불신을 낳는다. 따라서 좋은 평가는 이해 가능한 언어로 설명되고, 그 과정이 공개되어야 하며, 결과가 문서로 남아 후속 논의와 학습의 기반이 되어야 한다. 평가의 과정과 결과를 투명하게 공개함으로써 평가의 공정성을 확보할 수 있다. 특히 성인문해교육과 같이 공공성이 높은 영역에서는 평가결과가 비공개적으로 관리되기보다 공정하게 공개되어 사회적 신뢰를 확보하는 것이 중요하다.

네 번째 초점은 유용한Usable 평가다. 평가는 보고서로 끝나서는 안 된다. 평가는 지식의 축적이 아니라 변화를 위한 도구여야 한다. 평가결과가 의사결정, 프로그램 개선, 정책 형성, 현장 실천으로 이어질 때 비로소 평가는 가치를 갖는다. 이를 위해 처음부터 '누가 무엇을 바꾸려 하는가?'를 분명히 하고, 이해관계자를 평가설계에 참여시켜 핵심 질문을 함께 정의해야 한다. 유용한 평가는 현장의 언어로 쓰여야 하며, 결과를 전달하는 방식도 전략적이어야 한다. 즉, 평가결과는 실무자가 이해하고 바로 사용할 수 있는 형태로 제공되어야 하며, 피드백이 행동으로 이어질 수 있도록 설계되어야 한다. 평가보고서가 단순한 문서가 아니라 결정과 행동을 촉진하는 실천적 도구가 되어야 한다는 것이다. 평가의 궁극적인 목적이 변화를 만드는 것이라면, 유용성은 그 변화를 가능하게 하는 핵심 조건이다.

마지막 초점은 체계적인Systematic 평가다. 좋은 평가는 우연이나 직관에 의존하지 않는다. 체계적인 평가는 즉흥적이거나 단편적인 판단이 아니라, 논리적 근거와 절차에 기반하여 이루어진다. 평가의 각 단계가 유기적으로 연결되어야 하며, 전체 절차의 흐름이 명확해야 한다. 이는 평가가 감정이나 상황에 따라 흔들리지 않도록 하는 '구조적 안전장치'이기도 하다.

체계적인 평가를 위해서는 명확한 기준을 세우고, 자료를 타당하고 신뢰할 수 있는 방법으로 수집하며, 충분한 근거에 기반하여 정확하고 합리적인 결론을 도출해야 한다. 이를 통해 평가의 객관성과 일관성을 보장할 수 있다. 체계성은 단순히 절차적 완결성을 의미하는 것이 아니라, 평가의 품질을 스스로 점검하고 개선하는 지속적 학습체계도 포함한다.

위의 다섯 가지 기준을 바탕으로 하는 FOCUS 모형은 '좋은 평가란 무엇인가'라는 물음에 실천적 답을 제시한다. 즉, 좋은 평가는 현실에 맞고, 상황에 적합하며, 명확하게 이해되고, 실제로 쓰이며, 체계적으로 완성되는 평가다. FOCUS 모형은 평가가 집중해야 할 다섯 가지 초점을 제시하는 철학적 틀이자 실천적 기준으로, 평가를 수행하는 모든 사람에게 '어디를 봐야 하는가'를 일깨워 주는 나침반으로 활용될 수 있다. 미국교육평가표준공동위원회가 평가의 '틀'을 제공한다면, FOCUS는 평가의 '초점'을 바로잡는 모형이라 할 수 있다.

평가의 무엇을 평가할 것인가

메타평가의 범위는 평가의 과정이나 결과와 같이 평가 자체가 될 수도 있고, 좀 더 넓게는 이를 포함한 평가체제 전체가 될 수도 있다. 평가 자체에 대한 메타평가는 평가활동의 적합성 여부를 검토하거나 평가결과의 정확성을 판단하기 위해 이루어진다. 평가체제에 대한 평가는 평가의 투입, 과정, 산출물, 피드백 등 평가체제의 전 구성 요소를 분석하고 기능의 효율성을 평가하는 것을 말한다. 여기서는 평가체계에 대한 정책평가에 널리 활용되고 있는 김병철의 모형과 박소연과 이재영이 개발한 공공 교육기관에 대한 메타평가 모형을 살펴본다.

＊김병철의 메타평가 모형

김병철은 평가를 둘러싼 환경에서부터 결과의 활용에 이르기까지 평가환경, 평가투입, 평가수행, 평가활용이라는 네 영역의 연속적 구조로 접근하였다.[5] 이러한 구조는 단순히 평가의 결과가 얼마나 타당한가를 따지는 것이 아니라, 평가가 이루어지는 제도적 조건, 운영 과정, 활용 체계의 적정성을 모두 포함한다. 이 모형은 '좋은 평가란 무엇인가'를 실무 수준에서 구체적으로 진단하고 개선하는 실천 가능한 틀로 활용될 수 있다. 김병철이 제시한 메타평가 모형은 평가의 질을 하나의 단면이 아니라 평가가 만들어지고, 수행되고, 활용되는 전체 과정의 체계로 파악한다는 점에서 의의가 있다.

첫 번째 영역인 평가환경에서는 평가가 수행되는 법적·제도적 기반과 운영 여건을 점검한다. 평가의 근거가 법적으로 명확히 규정되어 있는지, 관련 규정과 지침이 합리적으로 구성되어 있는지를 확인한다. 또한 평가의 목적이 이해관계자에게 명확히 제시되었는지, 조직의 성과 향상이나 발전 목표와 일관되는지를 검토한다. 평가주기 역시 중요한 환경적 요인으로, 평가가 너무 잦아 피로감을 유발하지는 않는지 혹은 너무 드물어 개선할 시기를 놓치지는 않는지를 살펴본다. 요컨대

평가환경은 평가가 설계되기 전, 그 평가를 가능하게 하는 제도적 조건이 타당하고 지속 가능한가에 대해 평가하는 단계이다.

두 번째 영역인 평가투입에서는 평가를 수행하기 위해 투입되는 인적·물적 자원의 질과 적정성을 살펴본다. 구체적으로는 평가단의 구성, 평가자의 전문성, 이해관계자 파악의 정확성 그리고 평가추진체계의 기능적 효율성이 포함된다. 또한 평가에 필요한 자료의 양적·질적 타당성, 서면평가와 실사평가에 투입되는 시간의 충분성, 평가편람 배포 시기의 적절성 등이 검토 대상이 된다. 즉, 평가투입은 평가수행의 전제 조건이 충분하고 신뢰할 수 있는가를 판단하는 단계이며, 이때 적정성이 확보되어야 이후 과정의 타당성과 효율성도 담보된다.

세 번째 영역인 평가수행에서는 평가가 실제로 어떻게 이루어졌는지를 점검한다. 평가내용, 절차, 방법 그리고 결과 보고서의 구성과 품질이 모두 이에 포함된다. 우선 평가항목과 지표가 평가목적에 부합하고 연차별로 일관성을 유지하고 있는지를 살펴보며, 평가절차가 합리적인지, 평가자와 피평가자 간 의사소통이 충분히 이루어졌는지도 검토한다. 또한 평가기준의 판단 근거가 명료한지, 평가방법이 적절한지, 평가보고서의 결론과 제언이 타당하게 도출되었는지를 분석한다. 요컨대 이 단계는 평가활동이 설계 의도에 맞게 수행되었는지 그리고 그 과정이 공정하고 체계적이었는지를 검증하는 단계라 할 수 있다.

네 번째 영역인 평가활용은 평가의 결과가 어떻게 다루어지고, 어떤 변화를 이끌어 내는지에 초점을 둔다. 먼저 평가결과를 확정하는 절차와 등급 산정의 합리성을 검토하고, 평가결과 보고 체계의 명료성, 보고서 배포의 적절성, 결과 공개 수준의 타당성을 점검한다. 이어 평가결과가 실제로 의사결정이나 정책 개선에 활용되고 있는지, 평가결과 활용을 위한 법적·제도적 장치가 마련되어 있는지도 평가한다. 마지막으로 평가시스템 자체가 지속적으로 개선되는지를 검토하여 평가가 학습과 환류의 기능을 수행하는가를 확인한다. 이 단계는 평가가 단순히 결과 산출로 끝나지 않고, 조직의 학습과 변화로 이어지는가를 진단하는 핵심 영역이다.

위의 네 가지 영역은 독립적으로 존재하는 것이 아니라, 서로 연계되어 순환적인 메타평가 구조를 형성한다. 평가환경이 타당하게 마련되어야 평가의 적절한 투입이 가능하고, 투입이 안정되어야 평가수행이 공정하고 체계적으로 이루어지며, 수행의 품질이 높을수록 결과의 활용 가능성 또한 커진다. 활용 단계에서 도출된 피드백은 다시 평가환경과 투입 단계 개선으로 이어진다. 따라서 김병철의 모형은 메타평가를 단일 활동이 아닌 '평가의 생애 주기Life Cycle'를 점검하는 종합 체계로 이해해야 한다. 이 모형의 가장 큰 의의는 평가의 품질을 결과 중심으로 한정하지 않고, 평가를 가능하게 하는 조건과 과정 그리고 그 이후의 활용까지 포괄적으로 진단할 수 있도록 한 것이다. 특히 공공 부문이나 교육기관 평가와 같이 제도적 안정성과 활용성이 중요한 영역에서는, 이 모형이 평가시스템의 성숙도와 개선 가능성을 동시에 점검할 수 있는 실질적 도구로 활용될 수 있다.

*박소연과 이재영의 메타평가 모형

박소연과 이재영은 교육훈련 기관의 평가가 단순히 '점검'의 도구로 머물지 않고, 평가 자체의 품질을 진단하고 개선하기 위한 체계적 기준으로 작동하도록 메타평가 모형을 설계하여 제안하였다.[6] 이 모형은 공공기관의 교육훈련 평가결과가 신뢰성과 타당성을 확보하고, 평가활동이 실질적인 교육효과 향상으로 이어지도록 지원하기 위해 고안되었다. 즉, 기관 평가의 책무성을 강화하고 평가가 교육 품질을 개선하는 순환 구조로 자리 잡게 하는 것이 목적이다. 이 모형은 평가환경, 평가투입, 평가수행, 평가활용의 네 가지 영역으로 구성되며, 각 영역은 평가체계의 전 과정을 포괄하면서도 교육기관의 맥락에 맞게 세부 준거를 구체화한 점이 특징이다.

첫 번째 영역인 평가환경에서는 교육기관 평가의 기반이 되는 제도적·운영적 환경을 점검한다. 이 영역은 평가근거와 평가목적의 두 항목으로 구성된다. 평가근거는 법적 근거의 안정성과 관련 법규의 명료성을 준거로 하며, 평가가 법령, 시행규정, 기관의 정관 등 공식적 근거 위에서 수행되고 있는지를 확인한다. 평가목적은 이해관계자의 요구를 반영한 정도와 목적의 합리성을 준거로 설정하여, 평가가 단순한 통제 수단이 아니라 교육과정 개선, 성과 향상, 책무성 확보 등 본연의 목적을 충실히 반영하고 있는지를 점검한다. 즉, 평가환경은 교육기관 평가의 방향성을 규정하는 기반으로, 평가가 법적·제

박소연과 이재영의 메타평가 모형

영역	평가항목	평가지표
평가환경	평가근거	평가의 법적 근거의 안정성, 관련 법규 내용의 명료성
	평가목적	평가요구 반영 정도, 평가목적의 합리성
평가투입	평가자원	평가조직의 적정성, 평가인력의 전문성, 평가 예산 규모의 적절성, 평가시스템의 기능성
	평가대상	평가대상의 명확성, 평가의 확장 가능성
	평가체계	평가모형의 적절성, 평가설계의 적절성, 평가지침의 구체성
평가수행	평가실행	평가절차의 완결성, 평가계획 실행 정도
	평가방법	평가방법의 적절성, 단계별 평가내용의 적절성, 단계별 평가도구의 양호도
평가활용	평가결과	단계별 평가결과의 정확성, 결론 도출의 합리성
	결과활용	커뮤니케이션의 적절성, 결과활용의 적극성

도적으로 정당하고 목적 지향적으로 설계되었는가를 판단하는 단계이다.

두 번째 영역인 평가투입에서는 평가수행을 가능하게 하는 인적·물적 자원의 적정성을 점검한다. 평가자원, 평가대상, 평가체계의 세 항목으로 구성되며, 각각에 구체적인 준거가 설정된다. 평가자원에서는 평가조직의 적정성, 평가인력의 전문성, 평가예산의 규모, 평가시스템의 기능성을 중심으로 평가한다. 즉, 평가를 담당하는 조직이 체계적으로 구성되고, 평가수행을 위한 전문성과 예산이 충분히 확보되어 있는지를 확인한다. 평가대상은 평가범위의 명확성과 평가의 확장 가능성을 기준으로, 평가가 어떤 교육과정을 대상으로 하며 향후 다양한 교육형태에도 적용 가능한 유연성을 지니는지를 평가한다. 마지막으로 평가체계는 평가모형의 적절성, 평가설계의 타당성, 평가지침의 구체성을 기준으로 하여, 평가체계가 기관의 실정에 맞게 설계되고, 절차가 명확하게 안내되는가를 판단한다.

세 번째 영역인 평가수행에서는 평가가 실제로 수행되는 과정의 완결성과 타당성을 검토한다. 여기에는 평가실행과 평가방법이 포함된다. 평가실행은 평가절차의 논리성과 일관성, 계획이 충실히 실행되었는가를 기준으로 하여, 평가가 단순히 계획에 머무르지 않고 실제 현장에서 효율적·체계적으로 운영되었는가를 점검한다. 평가방법은 평가의 목적에 부합하는 방법을 활용했는지, 각 단계별 평가내용이 타당한지, 평가도구가 신뢰할 수 있는지를 검토한다. 즉, 평가수행은 평가활동 전반이 계획에 따라 합리적으로 진행되고, 평가에 적합한 방법에 따라 신뢰할 만한 근거를 생산하고 있는지를 확인하는 단계이다. 이를 통해 평가가 형식적 절차가 아닌, 실질적 근거와 논리를 갖춘 진단과 개선의 과정으로 수행되었는지를 판단할 수 있다.

네 번째 영역인 평가활용에서는 평가의 결과가 어떻게 다루어지고 실제 변화로 이어지는지를 평가한다. 이는 평가결과와 결과 활용의 두 항목으로 구성된다. 평가결과에서는 결과의 정확성과 결론 도출의 합리성을 기준으로, 평가가 사실에 기반해 신뢰할 만한 결론을 제시했는지를 검증한다. 평가활용은 평가 커뮤니케이션의 적절성과 활용의 적극성을 준거로 설정하여, 평가결과가 내부 심의, 보고, 공유를 통해 실제로 기관의 개선과 의사결정에 반영되고 있는지를 살핀다. 결국 평가활용 단계는 평가가 단순히 보고서로 끝나지 않고, 기관의 학습과 혁신을 촉진하는 과정으로 기능하고 있는지를 평가한다.

이 모형의 특징은 평가활동의 전 과정을 환경 - 투입 - 수행 - 활용의 순환 구조로 파악한다는 점이다. 각 영역은 상호 유기적으로 연결되어, 환경의 적절성은 투입의 타당성을 담보하고, 투입의 질은 수행 수준을 결정하며, 수행 결과는 활용의 폭과 깊이를 좌우한다. 활용 단계에서의 피드백은 다시 환경과 투입의 개선으로 이어져 평가체계의 지속적 고도화를 가능하게 한다. 따라서 이 모형은 평가를 일회성 점검이 아닌 지속적 품질 관리와 환류의 체계로서 이해하도록 돕는다.

김병철의 메타평가 모형이 평가의 제도적 타당성, 운영 절차, 결과 활용을 중심으로 한 '평가시스템 진단 모형'이라면, 박소연과 이재영의 메타평가 모형은 기관평가의 특성과 교육훈련 평가의 실효성을 강화하기 위해 설계된 '운영과 개선 중심의 메타평가 모형'이라 할 수 있다. 전자가 공공정책 전반의 평가체계를 분석하기 위한 거시적 틀이라면, 후자는 기관 차원에서 평가역량을 점검하고 이를 바탕으로 실제 교육 품질을 개선하게 하는 실행 지향적 평가관리 체계에 초점을 두고 있다.

개인–프로그램
–기관–정책을
품은 평가

3부는 평가의 범위를 개인, 프로그램, 기관, 정책 차원으로 확장한다. 성인문해교육 학습자 평가를 통해 성인학습자의 특성과 성취도 평가방식을 다룬다. 받아쓰기, 연습문제, 포트폴리오 등 실제 사례를 중심으로 평가의 구체적 적용을 보여 준다. 특히 학력 인정을 위한 포트폴리오 평가 사례를 통해 평가가 삶의 이력을 담아낼 수 있음을 제시한다. 프로그램 평가에서는 논리모형과 주요 평가모형을 성인문해교육 맥락에서 설명한다. 기관평가에서는 공공부문 평가 프레임워크와 성인문해교육 기관평가 사례를 다룬다. 정책평가에서는 지표와 지수의 활용을 중심으로 성인문해교육 정책평가의 쟁점을 살펴본다.

7장

성인문해교육 학습자평가

♣

성인문해교육 교육과정과 평가

성인문해교육에서 가장 일반적인 평가대상은 성인학습자 개인이다. 성인문해교사가 평가에 대해 갖는 현실적인 고민은 '어떻게 성인학습자의 학습성취도를 평가할 것인가'일 것이다. 학습성취도 평가는 상황에 따라 다르게 설계되어야 한다. 교육의 특성을 파악하여 적절한 평가방법을 선택하여 활용하는 것이 좋다. 성인문해교육 교육과정에 따라 이루어지는 수업에서는 성인을 대상으로 학습성취도를 평가한다는 점을 염두에 둘 필요가 있다.

공식적인 성인문해교육은 교육과정에 따라 수업과 평가가 이루어진다. 「평생교육법」 제40조와 「평생교육법시행령」 제70조에 따르면, 초등·중학 학력인정 문해교육 프로그램은 '성인문해교육 교육과정'에 따라 운영되고 있다. 문해학습자를 위한 '초등·중학 문해교육 교육과정'은 학력인정 문해교육 프로그램을 운영하는 데 공통적인 기준으로, 각 3단계로 구성되

구분	편제	1단계	2단계	3단계
초등	교과 영역 (국, 영, 수, 사, 과 / 음악, 미술, 한문)	200시간	200시간	200시간
	창의적 체험활동	40시간	40시간	40시간
	연간 총 수업시간	240시간	240시간	240시간
중학	교과 영역 (국, 영, 수, 사, 과 / 선택)	410시간	410시간	410시간
	창의적 체험활동	40시간	40시간	40시간
	연간 총 수업시간	450시간	450시간	450시간

어 있다. 초등 1~2학년에 해당하는 1단계 소망의 나무, 3~4학년에 해당하는 2단계 배움의 나무, 5~6학년에 해당하는 3단계 지혜의 나무로 구성되며, 각 단계별로 연간 총 240시간의 수업시간을 규정하고 있다.

중학은 1학년에 해당하는 1단계, 2학년에 해당하는 2단계, 3학년에 해당하는 3단계로 구성되며, 각 단계별로 연간 450시간의 수업시간을 규정하고 있다. 초등·중학 학력인정 문해교육 프로그램으로 지정받지 않아도 현장에서는 성인문해교육 교육과정을 기준으로 수업을 운영하는 경우가 많다. 특히 성인문해교육 프로그램 지원사업에 참여하는 경우라면 대부분 교육과정에 준하여 프로그램을 운영한다.

교육과정에는 각 단계별 성취기준이 제시되어 있는데, 이는 성인문해 학습성취도 평가설계의 지침이 된다. 예를 들어 초등 1단계 국어영역은 "한글 낱자의 음가를 알 수 있다", "자음자와 모음자로 글자를 만들 수 있다", "낱말을 정확히 소리 내어 읽고 쓸 수 있다", "간단한 문장을 정확히 소리 내어 읽고 쓸 수 있다"가 성취 기준으로 제시되어 있다. 이는 초등 1단계를 마친 성인학습자가 이러한 성취를 거둘 것이라는 기대를 의미하며, 학습성취도 평가를 통해 이를 확인하게 된다.

성인문해교육 초등 통합교육과정 단계별 성취 기준[2]

단계	영역	성취 기준
초등 1단계 통합 교육과정	국어	• 한글 낱자의 음가를 알 수 있다. • 자음자와 모음자로 글자를 만들 수 있다. • 낱말을 정확히 소리 내어 읽고 쓸 수 있다. • 간단한 문장을 정확히 소리 내어 읽고 쓸 수 있다.
	수학	• 자리 값의 의미와 위치적 기수법을 안다. • 생활 속에서 기초 수학 개념을 이해할 수 있다.
초등 2단계 통합 교육과정	국어	• 생활 주변에서 경험하는 사물들과 명칭들을 바르게 읽고 쓸 수 있다. • 다양한 글을 적당한 속도로 자신감 있게 읽을 수 있다. • 글을 읽고 글 속의 간단한 정보를 파악하고 대강의 줄거리를 안다. • 자신의 생각과 느낌을 짧은 글로 표현할 수 있다.
	수학	• 간단한 덧셈, 뺄셈을 할 수 있다. • 측정 단위를 알고 사용할 수 있다.
	영어	• 일상생활에서 자주 쓰는 기본 영어 낱말을 읽고 구별할 수 있다.
	기타	• 일상생활에서 즐겨 부를 수 있는 노래를 배울 수 있다. • 자신이 표현하고 싶은 것을 그림으로 그릴 수 있다.

초등 3단계 통합 교육과정	국어	• 일상생활에 필요한 기본적인 문해력을 갖추어 자신의 생각과 느낌을 적절한 언어로 표현할 줄 알며, 전하고자 하는 말과 글의 의미를 명확히 이해하고, 다양한 글을 통해 사회 구성원의 삶의 양식을 이해할 수 있다.
	수학	• 성인 생활에 필요한 수학의 기초 개념과 기본 수리 능력을 갖추어 실생활에서 접하는 수학적 장면에서 문제를 해결할 수 있으며, 일상생활 문제에 대한 합리적 접근 방식을 찾을 수 있다.
	과학	• 기초적인 과학 상식과 자연현상에 대한 기본 과학 개념 및 언어를 이해하고 생활에 접목시켜 일상의 문제 해결에 활용할 수 있으며 환경문제에 관심을 갖고 실천할 수 있다.
	사회	• 일상생활에 필요한 행정·경제 용어 등 기본 지식과 기능, 사회 문화에 대하여 이해하고 비판적인 사고와 표현을 할 수 있다.
	영어	• 영어 알파벳을 읽고 쓸 수 있으며 일상생활에 필요한 기본 어휘 및 표현을 이해하고 사용하여, 외국 문화와 우리 문화의 차이를 이해하고 수용하여 세계화 시대의 구성원으로서 자부심을 가질 수 있다.
	기타	• 문화예술에 대한 표현 및 감상 능력을 길러 삶의 경험을 노래, 회화 등의 다양한 문화예술 활동으로 표현할 수 있다. • 일상 언어생활에 필요한 숫자, 요일, 몸, 자연 등의 생활 기초 한자, 한자어에 대하여 이해하고 바르게 읽고 쓸 수 있다.

성인학습자와 평가

성인문해교육에서 학습성취도를 평가할 때에는 평가대상이
성인학습자라는 점을 반드시 고려해야 한다. 성인학습 이론

안드라고지andragogy의 주창자인 놀스Malcolm Knowles에 따르면 성인학습자는 아동학습자와 다른 몇 가지 특징이 있다. 첫째, 성인은 학습하기 전에 왜 그것을 학습해야 하는지를 알고자 한다. 따라서 성인학습자를 교육할 때에는 우선 그들이 스스로 자신의 '알고자 하는 욕구'를 인식하도록 할 필요가 있다.

둘째, 성인은 자기 자신의 결정과 삶에 책임을 진다는 자아 개념을 가지고 있기 때문에 다른 사람들에게 자기주도적인 사람으로 인정받고 싶어 한다. 그러나 자아 개념과 다르게 실제로는 그렇지 못한 경우도 있으므로, 성인학습자가 의존적인 학습자에서 자기 주도적 학습자로 바뀔 수 있도록 도울 필요가 있다.

셋째, 성인학습자는 아동학습자에 비해 질적, 양적으로 훨씬 더 풍부한 경험을 가지고 교육에 참여한다. 학습자 집단으로서는 매우 이질적이며, 개개인이 이미 어느 정도의 틀 혹은 잠재적 학습자원을 가지고 있는 것이다. 따라서 성인학습자에게는 단순 전달식보다는 경험을 충분히 적용하고 다른 성인학습자와 상호작용할 수 있는 교수학습활동을 활용할 필요가 있다.

넷째, 성인학습자는 실제 상황에서의 문제를 해결하는 데 관심을 가지고 있다. 따라서 성인학습자에게는 학습내용이 실제 생활에 어떻게 적용될 수 있을지를 함께 알려 주되, 가급적 바로 실제 생활에 활용할 수 있도록 적시에 학습경험을 제공할 필요가 있다.

다섯째, 성인학습자는 외적 동기뿐만 아니라 내적 동기에도

3부 개인-프로그램-기관-정책을 품은 평가

강하게 반응한다. 따라서 성인학습자의 자아 존중감 증진, 삶의 질 향상 등 내적인 동기를 자극하여 학습에 참여하고 몰입할 수 있도록 해야 한다.

성인학습자의 이런 특징은 학습성취도를 평가할 때 특히 섬세하게 고려되어야 한다. 먼저 학습성취도 평가에서 성인학습자가 단순히 평가의 대상으로만 다루어져서는 안 된다. 성인학습자는 학습 주체로 인정받아 평가에 적극적으로 참여할 수 있어야 한다.

또한 평가하고자 하는 학습성취는 성인학습자에게 의미 있는 것이어야 한다. 성인학습자가 필요 없다고 생각하는 성취를 평가할 경우, 평가결과에 대한 수용도가 낮을 뿐만 아니라 피드백도 되기 어렵다. 반대로 성인학습자가 가치를 인정한 성취를 평가할 경우, 성인학습자가 스스로 평가결과에 대해 성찰하고 학습개선과 판단에 적극적으로 활용할 것이다.

마지막으로 평가의 전 과정에서 성인학습자가 존중받는다고 느낄 수 있도록 해야 한다. 평가상황에서 평가자는 평가하는 힘을 가지고 있고, 피평가자는 그 힘에 영향을 받게 마련이다. 평가하는 교사와 평가받는 성인학습자 사이에 일종의 권력 관계가 만들어지는 것이다. 여기에 함께 평가를 받는 동료 성인학습자까지 함께 얽혀, 학습성취도 평가는 대개 긴장감 높은 분위기에서 진행된다. 원래 평가하고자 한 것, 즉 학업성취도를 제대로 평가하기 위해서는 피평가자인 성인학습자의 긴장과 불안[3]을 최소화하고 자신의 실력을 제대로 발휘할 수 있도록 지원해야 한다.

학습성취도 평가방법

일반적으로 학습성취도 평가에는 시험, 과제, 발표, 포트폴리오 등이 활용된다. 교육현장에서는 이보다 훨씬 다양한 평가가 사용되는 것처럼 보이나, 실제로 대부분은 시험, 과제, 발표, 포트폴리오를 상황에 적합하게 구체화하여 활용하거나 조합하여 활용하는 것이다.

시험Test은 크게 지필시험과 실기시험으로 구분할 수 있다. 지필시험은 주로 인지적 성취 수준을 평가할 때 활용된다. 성인문해교육에서도 많이 활용되는 방법으로, 지필시험은 다른 평가방법에 비해 자료 수집 상황에서 평가자의 직접 개입이 거의 없으므로, 자료를 수집하는 도구인 시험지의 양호도가 특히 중요하다. 지필시험이 학생이 얼마나 알고 있는지를 평가한다면, 실기시험은 학생이 얼마나 할 수 있는지를 평가한다. 실기시험을 위해서는 먼저 실기 과제를 선정하고 지시문을 작성해야 하는데, 실기 과제는 반드시 수업의 교육목표와 직결되어야 한다.

과제Assignment는 정규 수업활동과는 별도로 학습하도록 제시하는 문제에 대한 결과물이다. 수업활동과 직접 관련된 과제로는 수업에 앞서 예습 차원에서 혹은 수업을 마친 후 복습 차원에서 문제를 풀어 오거나 연습해 오는 것을 예로 들 수 있다. 학습한 내용을 토대로 개인이나 팀별로 추가 조사를 통해 분석 보고서를 작성하도록 하거나 새로운 것을 만들어 내는 활동을 과제로 제시할 수도 있다. 나아가 학습내용과 관련하여 개인적으로 성찰하여 작성하는 일지도 과제로 활용될 수 있다. 과제를 낼 때는 과제 제출 양식과 내용을 어느 정도로 제한할지 결정하고, 각각을 어떻게 평가할지 미리 고려해야 한다. 과제에 대한 평가는 주로 교수자에 의해 정성적으로 이루어진다. 따라서 학습자의 입장에서는 과제가 어떤 기준에 따라 평가되었는지 궁금할 수밖에 없다. 과제 평가기준을 지나치게 자세하게 제시하면 자칫 정형화된 결과물을 유도할 우려가 있다. 하지만 적어도 어떤 과제가 우수한 과제로 평가되는지 평가의 지침 정도는 미리 알려 주는 것이 좋다. 채점 후에 학생에게 점수를 알릴 때 평가기준을 함께 설명한다면 학습자에게 좋은 피드백이 될 수 있다.

발표Presentation는 사실이나 의견 혹은 결과에 대한 구술을 평가하는 방법이다. 학습자 참여 중심 수업에서 학습자가 자신이나 팀이 수행한 프로젝트의 과정과 결과를 발표하는 것이 이에 해당한다. 이때 교실 학습활동이나 과제로 수행한 결과물을 전시하거나 별도의 자료를 준비하여 발표하는 경우가 많다. 넓게는 토의나 토론 수업을 할 때 학습자가 해당 주제에 대해 조사·분석한 결과나 이에 대한 자신의 생각을 이야기하는 것도 모두 발표로 볼 수 있다. 발표를 평가할 때에는 발표하는 내용을 평가할지 발표하는 기술까지 평가할지를 미리 결정해야 한다. 또한 발표의 경우 교수학습활동의 일환으로 운영할지 아니면 학습성취도 평가를 위한 활동으로 실시할지를 명확히 하여 학습자에게 사전에 안내하는 것이 특히 중요하다.

포트폴리오Portfolios는 학습자의 수행을 담은 일종의 작품집으로, 포트폴리오를 학습성취도 평가에 활용할 수 있다. 포트폴리오는 교수학습과정에서의 모든 산출물을 학습활동 순서대로 배열하여 구성할 수도 있고, 최종 성과물을 중심으로 구성하여 전시나 발표 등에 활용할 수도 있다. 전자의 경우 학습자가 수업활동에 적극적으로 참여한다면 수업이 진행되며 자연스럽게 채워진다. 그러나 후자의 경우는 활용 목적을 고려하여 특정한 초점을 가지고 발췌하여 구성하는 것이 일반적이다. 포트폴리오는 학습단계별 수행 과정과 결과를 모두 담을 뿐만 아니라 포트폴리오를 제작하는 과정 자체가 성찰적 학습활동이 되므로 수행평가에서 적극적으로 활용된다.

성인문해교육 받아쓰기 평가 사례

성인문해교육에서의 평가 사례로 받아쓰기를 들 수 있다. 받아쓰기는 단순한 쓰기 능력뿐 아니라 학습자의 청취력, 철자 인식, 기초 문해능력을 종합적으로 평가할 수 있는 도구이다. 예를 들어 성인학습자가 수업 중 학습한 생활 문장을 받아쓰는 시험은 실제 생활 맥락에서의 문해력을 확인하는 효과적인 방법이 된다. 이때 문항 개발자는 받아쓰기 문장을 학습목표에 맞게 선정하고, 발음을 명확히 하며, 채점 기준을 구체적으로 제시해야 한다. 철자 오류, 맞춤법, 띄어쓰기 등 세부 채점 요소를 루브릭 형태로 마련하면 공정성을 확보할 수 있다. 또한 받아쓰기는 성인의 생활 맥락과 직접적으로 연결되므로, 학습자에게 평가경험이 곧 학습기회가 되기도 한다. 예를 들어 다음의 표는 2015년 안양사회교육센터 시민대학이 성인문해 지원사업 거점사업을 진행하며 개발한 받아쓰기 문항집에서 발췌한 예시이다. 이와 같이 교육과정과 구체적인 수업내용에 따라 받아쓰기로 지필평가를 실시할 때 적절한 문항을 사전에 개발하여 평가에 활용할 수 있다.

성인문해교육에서의 받아쓰기 문항 예시[4]

배움의 나무 5권	3. 배추 절이기	배움의 나무 5권	14. 광고
1	다리미로 옷을 다리다.	1	개업을 알리는 전단지를 뿌리다.
2	할머니 약을 달이다.		
3	소매를 다려 줄을 세우다.	2	읽을 때 무엇을 광고하는지 파악한다.
4	간장을 달여 게장을 담그다.		
5	배추를 소금에 절이다.	3	짧고 흥미를 끌 수 있는 그림을 사용한다.
6	앉아 있으니 다리가 저리다.		
7	식초에 절인 새콤한 오이	4	널리 알리기 위한 목적이다.
		5	신제품 광고도 있다.
8	뼈가 저린 것이 비가 올 것 같다.	6	신문에 구인 광고란도 있다.
		7	텔레비전 광고도 있다.
9	슬픈 소식에 마음이 저리다.	8	알리고 싶은 정보를 강조한다.
10	바람이 불어 문이 닫히다.		
11	넘어져서 다리를 다치다.	9	물건을 구매하고 싶도록 만든다.
12	일찍 오니 교실 문이 닫혀 있다.		
		10	소비자에게 전달하는 수단이다.
13	친구가 다쳐 함께 병원에 갔다.		
		11	광고하는 글이나 그림이다.
14	뚜껑이 꼭 닫혀서 열기 힘들다.	12	마트세일 광고에 관심이 가다.
15	무릎을 다쳐서 걷기 힘들다.	13	과장된 내용도 있을 수 있다.
지도내용	1~4. 다리다/ 달이다 5~9. 절이다/ 저리다 10~15. 닫히다/ 다치다	14	지나친 정보에 현혹되다.
		15	신문이나 잡지에 싣는 글이다.
		지도내용	광고하는 내용에 대한 표현 1~3. 경음, 이중모음 겹받침 5~7. 어미 활용 8~9. 연음 10~15. 평음, 조사 결합

성인문해 수업에서의 연습문제 활용

　일반 학교교육과 마찬가지로 성인문해교육에서도 받아쓰기 외에 지필시험을 평가에 활용한다. 다만 성인문해교육에서는 지필시험을 성인학습자의 학습성취를 총괄적으로 판단하기보다는 오히려 교수학습의 개선을 위한 형성적 목적 혹은 지필시험 자체를 교수학습활동의 하나로 활용하기 위한 목적으로 활용하는 경우가 많다. 다음 표는 2013년 강릉시 평생학습센터에서 개발하여 활용하고 있는 배움의 나무 워크북 5권~8권에서 발췌한 선택형 문항의 예시이다. 선택형 문항은 학습자의 지식이나 이해 정도를 객관적으로 측정하기 위해 활용되는 대표적인 문항 유형이다. 성인문해교육 현장에서는 단순히 '예' 혹은 '아니오'를 답하도록 하는 진위형 문항보다는, 학습자의 사고 수준과 이해 깊이를 보다 세밀하게 파악할 수 있는 배합형이나 선다형 문항이 더 많이 사용된다. 배합형 문항은 두 항목 집합 간의 관련성을 파악하도록 하여 개념 간의 연계 이해를 평가하는 데 효과적이며, 선다형 문항은 주어진 보기 중 하나를 선택하도록 함으로써 기억, 이해, 적용 등 다양한 인지 수준을 측정할 수 있다. 즉, 배합형이나 선다형 문항 유형은 학습자의 사고력, 판단력, 문제 해결력을 폭넓게 진단할 수 있다는 점에서 교육상황에서 더 선호된다.

　서답형 문항은 학습자가 스스로 답을 구성하여 서술하도록 하는 평가방식으로, 단순한 사실 기술보다는 이해와 표현 능력을 함께 측정할 수 있다는 점에서 성인문해교육에서 특히 효과적이다. 이 영역에서는 주로 단답형과 논술형 문항이 활용된다. 단답형은 학습자의 핵심 개념 이해도나 어휘 사용 능력을 간결하게 확인하는 데 유용하다. 반면 논술형 문항은 주어진 주제나 자료를 바탕으로 자신의 생각을 논리적으로 전개하고 표현하도록 요구하기 때문에, 문해능력 전반을 통합적으로 평가할 수 있다. 특히 논술형 문항은 단독으로 제시되기도 하지만, 지문을 제시한 후 두세 개의 단답형 문항을 통해 이해 수준을 점검한 다음 논술형 문항으로 확장하여 사고의 깊이를 평가하는 단계적 문항 구성 방식으로도 자주 활용된다. 이러한 접근은 학습자의 인지적 부담을 완화하면서도 문해력, 사고력, 표현력을 종합적으로 평가할 수 있는 장점이 있다.

성인문해교육에서의 선택형 문항 예시[5]

배합형 문항	선다형 문항
식품을 살 때 무엇을 확인해야 하는지 연결해 봅시다. 계란 ● ● 유통기간 생선 ● ● 껍질 상태 우유 ● ● 눈의 색 통조림 ● ● 통의 상태와 유통기간	**다음 중 거실에서 볼 수 없는 물건은 무엇일까요?** ① 소파 ② 전화기 ③ 텔레비전 ④ 샤워기 **교실에 있는 물건이 아닌 것은 무엇일까요?** ① 칠판 ② 책상 ③ 사물함 ④ 옷걸이

성인문해교육에서의 서답형 문항 예시[6]

<table>
<tr><td align="center">단답형</td></tr>
</table>

다음과 같은 증상이 있을 때 가야 할 병원이 어디인지 써 봅시다.

① 목이 아프고 목소리가 안 나온다.

② 딸의 눈이 빨갛게 충혈되었다.

③ 이가 썩고 잇몸에서 피가 난다.

<table>
<tr><td align="center">논술형</td></tr>
</table>

다음에서 제시하는 글을 읽고 물음에 답하세요.

> 동식이는 소영이를 좋아하고 있었습니다. 혼자서 짝사랑하고 있는 괴
> 로움이 컸던 어느 날 참을 수가 없어 평소 친하게 지내는 수철이에게
> 소영이를 짝사랑하고 있다고 말했습니다. 수철이는 자신이 해결해 준
> 다며 자기에게 맡기라 하더니 친구들이 많은 가운데 소영이를 보고 바
> 로 "야, 동식이가 너 좋아해서 병이 났어. 그러니까 동식이 좀 만나 봐."
> 라고 했습니다. 그러나 소영이는 화를 내며 돌아섰고 동식이를 더 싫어
> 하게 되었습니다.

**위 글에서 잘못한 사람은 누구이며 잘못한 이유는 무엇인가요? 자신의
생각을 적어 보세요.**

<table>
<tr><td align="center">단답형 및 논술형</td></tr>
</table>

다음 기사를 천천히 읽어 보고 물음에 답하세요.

> 노인 2명 중 1명 "따로 살고 싶다"
> 60세 이상 노인 가운데 52.5%는 자녀와 떨어져 살고 싶어 하였다. 성별
> 로 남자는 58.0%, 여자는 48.4%가 독립 생활을 원하였다.
> 노인들은 앞으로 살고 싶은 곳으로 자기 집(85.3%)을 가장 많이 꼽았다.
> 이어 무료 양로원 및 요양원(8.9%), 실버타운 등 유료 양로원(4.5%)의
> 순이었다. 현재는 노인의 40.9%가 자녀와 함께 살고 있고, 이 비율은 도
> 시(47.9%)가 농어촌(26.8%)보다 높았다. 노인 가구주 2명 가운데 1명

은 생활 자금 마련 계획이 없는 것으로 나타났다. 이들은 나이가 더 들었을 때를 준비할 능력이 없다고 답하였다. 통계청 최연옥 고용복지통계과장은 "고령화 문제를 해결하기 위해서는 사회가 떠안아야 할 부담이 더 커질 수밖에 없다."라고 우려하였다.

1. 위 내용 가운데 독립 생활을 원하는 성별은 남성이 더 많은가 여성이 더 많은가?

2. 노인들이 가장 살고 싶은 곳은 어느 곳인가?

3. 현재 노인들은 누구와 살고 있는 비율이 높은가?

4. 고령화 문제를 해결하기 위해 누가 떠안아야 할 부담이 커진다고 했는가?

5. 위의 기사를 읽고 느낀 점을 간단하게 써 보세요.

포트폴리오 평가

성인학습자를 대상으로 평가를 설계할 때, 평가의 목적을 단순히 최종 성취를 확인하는 데에 두는 것은 충분하지 않다. 성인학습자의 학습에서는 과정이 특히 중요한 의미를 가지므로, 학습자가 학습목표를 달성하기 위해 어떤 과정을 거쳤는지, 어떤 노력과 전략을 활용했는지를 체계적으로 확인하는 것이 필수다. 그렇다고 해서 학습결과를 무시하거나 공식적으로 인정하지 않아도 된다는 의미는 아니다. 오히려 과정과 결과를 동시에 평가하고 증명하는 방식이 필요하다. 이를 위해 학습과정에서 산출된 다양한 평가자료를 활용하여 학습자의 성취과정을 기록하고 그 결과를 검증하는 접근이 필요하다.

수행평가가 바로 이러한 접근법이다. 수행평가는 앞서 살펴본 학업성취도 평가 방법을 대부분 적용할 수 있으며, 학습자가 실제로 수행한 과제를 근거로 과정과 결과를 동시에 평가할 수 있다는 장점이 있다. 특히 포트폴리오는 수행평가를 체계적으로 구현할 수 있는 도구로, 학습자가 과정을 통해 얻은 성취 자료, 자기 성찰, 작업 결과물 등을 통합하여 학습성과를 입증할 수 있게 한다. 즉, 포트폴리오를 활용하면 성인학습자가 문해교육에서 학습한 과정과 결과를 모두 포함하는 종합적 평가가 가능하며, 평가의 목적과 학습자 요구를 동시에 충족시키는 실질적인 수단이 될 수 있다.

*수행평가와 포트폴리오

수행평가는 학습자가 자신의 지식, 기능, 태도를 실제로 보여 주는 과정을 통해 평가하는 방식으로 정의된다. 즉, 교사가 학생의 학습과제를 관찰하거나, 학생이 답을 작성·발표하거나, 산출물을 제작하거나, 행동으로 표현하며 이를 전문적으로 판단하는 평가이다. 수행평가는 단순한 지식 확인을 넘어 학습자의 사고, 문제 해결 능력, 창의적 표현, 협동 능력 등 다양한 역량을 종합적으로 평가할 수 있다는 장점을 가진다. 흔히 활용되는 수행평가 방법으로는 서술형 검사, 논술형 검사, 구술시험, 토론법, 실기시험, 실험 및 실습, 면접법, 관찰법, 자기평가 보고서, 동료평가 보고서, 연구 보고서, 포트폴리오 등이 있으며, 각각의 방법은 학습자의 다양한 능력과 학습성과를 다각도로 평가할 수 있도록 설계된다.

포트폴리오는 수행평가의 한 형태로, 학습자가 일정 기간 동안 제작하거나 수행한 작품과 자료를 의도적으로 모아 구성한 작품집이다. 포트폴리오 평가는 단순히 결과물을 평가하는 것이 아니라, 학습자가 학습과정에서 어떤 전략을 활용했고 어떤 성장을 이루었는지를 체계적으로 보여 주는 자료로 활용된다. 학습자가 제출하는 포트폴리오는 평가자료이자 자기 성찰의 근거가 되며, 교수자와 학습자 모두가 이를 통해 학습과정과 결과를 동시에 평가할 수 있다. 포트폴리오는 학습자에게 자신의 성취를 증명하는 자화상이자, 학습활동에 대한 책임감을 높이는 수단이 된다.

포트폴리오 평가의 핵심 특징 중 하나는 수업과 평가의 통합적 활용이다. 학습자가 생성한 자료는 단순한 최종 산출물이 아니라 학습의 시작부터 발전, 최종 단계에 이르는 과정을 모두 포함한다. 포트폴리오에는 완성된 작품뿐만 아니라 노트 초안, 예비 모델, 계획안, 기록, 사진, 영상 등 다양한 자료가 포함될 수 있으며, 이를 통해 교수자는 학습자의 성취뿐 아니라 학습과정을 종합적으로 이해할 수 있다. 평가과정 자체가 학습자의 학습을 촉진하는 도구가 되므로, 포트폴리오 평가는 교수활동과 평가가 분리되지 않고 상호 보완적으로 기능하게 된다.

또한 포트폴리오는 학습자와 교사 간의 대화를 촉진하고 협력을 강화하는 수단으로 활용된다. 포트폴리오를 구성할 때 학습자와 교수자가 함께 목표를 설정하고, 그 목표를 달성하기 위한 산출물을 수집하도록 설계된다. 이 과정에서 학습자는 자신의 학습과 성취를 성찰하고, 교수자는 학습자의 참여와 성장을 평가하는 근거를 확보할 수 있다. 학습자에게 자기 반성과 성찰적 사고를 경험하게 함으로써, 학습자가 수업의 능동적 주체로 참여하게 되는 것이다.

마지막으로 포트폴리오 평가는 학습자에게 자신의 학습에 대한 책임감을 부여한다. 학습자는 어떤 자료를 제출할지 선택하고, 자신의 강점과 약점을 평가하며, 성장 과정에 대한 자기평가를 수행한다. 이를 통해 학습자는 학습주체로서 주도적인 역할을 수행하며, 학습동기와 참여도가 높아진다. 다만 포트폴리오 평가는 평가준비와 관리에 많은 시간과 노력이 필요하고, 채점의 객관성과 신뢰도를 유지하는 데 어려움이 따른다. 그럼에도 불구하고 장기적 성장 관찰, 반성적 학습 촉진, 학습자의 주도적 참여 등 수행평가적 효과를 극대화할 수 있는 도구로서 성인문해교육에서 중요한 평가방식으로 활용된다.

*포트폴리오의 구성

포트폴리오는 단순히 학습자의 결과물을 모아 놓는 것이 아니다. 포트폴리오 평가를 위해서는 수업과정과 연계하여 체계적이고 의도적으로 자료를 수집해야 한다. 교수자는 학습자의 개별 상황과 학습내용에 맞춰 평가도구를 개발하고, 자료수집과 포트폴리오 구성을 계획해야 한다. 이를 위해 학습자의 수행 기록, 견본 작품, 수업활동 기록 등을 정기적으로 수집하며, 학습자가 자연스럽게 산출한 자료뿐만 아니라 사전에 계획된 학습활동과 연계된 자료까지 포함할 필요가 있다. 성인문해교육에서는 학습자의 다양한 배경과 학습목표를 고려하여 포트폴리오 수집 계획을 수립하는 것이 중요하다. 예를 들어, 글쓰기 능력을 평가하려면 생활문 작성, 편지 쓰기, 뉴스 요약과 같은 실제 생활과 연계된 과제를 포함할 수 있다.

포트폴리오의 유형은 크게 작업 포트폴리오와 발표 포트폴리오로 나눌 수 있다. 작업 포트폴리오Working Portfolio는 학습자가 학습과정에서 제작한 모든 자료를 포함하며, 학습의 진행 상황을 보여 주는 역할을 한다. 작성 유형, 작업 순서, 학습자의 만족도 등의 정보와 자기평가 항목을 포함하며, 정기적으로 수집된다. 성인문해교육에서는 기초 문해능력을 향상시키기 위한 단어 학습지, 문장 만들기, 생활 속 문제 해결 일지 등을 작업 포트폴리오에 포함해 학습자의 일상적 학습과정을 기록할 수 있다.

발표 포트폴리오Presentation Portfolio는 작업 포트폴리오에서 중요하거나 대표적인 자료를 선택하여 제작하며, 보다 공식적이고 명확한 목적을 가진다. 발표 포트폴리오는 학습자의 성취를 외부에 보여 주는 자료로 활용되므로, 각 작업에 대한 반성과 성찰을 포함하는 것이 특징이다. 성인문해교육에서는 학습자가 선택한 최종 문서, 편지, 생활계획표, 읽기·쓰기 관련 프로젝트 결과물 등이 발표 포트폴리오로 구성될 수 있다. 학습자가 자신의 성장과 학습경험을 설명하는 짧은 반성문이나 동영상 자료를 포함하는 것도 가능하다.

포트폴리오의 구성 요소는 매우 다양하며, 교육과정에서 의도적 또는 비의도적으로 생성된 모든 자료가 포함될 수 있다. 과제물, 문제 해결 일지, 각종 쓰기 활동, 시험 결과, 학습태도 및 의견 기록, 정기적인 반성적 간행물, 미래 목표 진술서, 말하기·읽기·노래하기 등 다양한 미디어 자료, 관찰 기록, 동료 인터뷰자료, 자기평가서와 체크리스트, 교사 및 가족 피드백 등이 포함될 수 있다. 성인문해교육에서는 학습자의 실제 생활과 연계된 자료를 포함하는 것이 중요하며, 생활 속 글쓰기 과제, 시장물품 비교기록, 가정에서의 계산연습 자료 또는 학습자의 경험과 생각을 담은 음성 녹음이나 사진자료 등이 활용될 수 있다.

포트폴리오 평가의 효과를 높이기 위해서는 자료수집과 구성이 체계적으로 계획되어야 한다. 작업 포트폴리오와 발표 포트폴리오를 적절히 활용함으로써 학습자는 자신의 학습과 정을 스스로 성찰하고, 교수자는 학습자의 장기적 성취와 성장 과정을 정확하게 평가할 수 있다. 특히 성인문해교육에서 포트폴리오는 성인학습자의 생활 경험과 실제 문제해결 능력을 포트폴리오 자료로 활용함으로써 학습자의 실질적 성취를 증명하고, 학습동기와 참여도를 높이는 중요한 평가전략으로 자리 잡을 수 있다.

*포트폴리오 평가와 루브릭

포트폴리오 평가는 단순히 학습자의 산출물을 모으는 것을 넘어서, 각 자료의 가치평가, 자료 간 비교, 최종 판단 및 학생의 자기반성을 포함하는 종합적 과정이다. 이 과정에서 학습자가 자신의 학습경험과 성취를 스스로 돌아보고 평가할 수 있도록 유도하는 것이 핵심이다. 성인문해교육의 맥락에서는 학습자의 일상적 문제 해결, 읽기·쓰기 과제, 생활 속 기록 등 다양한 자료를 수집하고, 학습자가 이를 성찰하도록 안내함으로써 학습과정의 의미와 효과를 높일 수 있다.

포트폴리오 평가는 질적평가라는 점이 특징이다. 따라서 전통적 시험처럼 점수화하기 어렵고, 신뢰도와 타당도를 수치로 단순하게 표현하기 어렵다는 한계가 있다. 이러한 한계를 보완하기 위해 포트폴리오 평가에서는 루브릭Rubric이 활용된다.

루브릭은 라틴어에서 '붉은색'을 의미하는 말로, 과거에는 문서에서 중요성을 강조하기 위해 붉은 글씨로 표시된 부분을 가리켰다. 이러한 용례에서 유래하여 오늘날에는 수행 결과를 평가하기 위한 채점 척도를 의미하는 용어로 사용된다. 즉, 루브릭은 학습자가 수행한 과제나 활동의 질적 수준을 체계적으로 판단하기 위해 개발된 채점기준이다.

루브릭을 활용하면 학습자의 수행 과정과 결과가 어느 수준인지 판단해서 등급으로 표현할 수 있다. 관찰 가능한 성취기준과 객관적인 용어를 사용하기 때문에 누구나 평가기준과 기대 수준을 투명하게 알 수 있으며, 특히 채점자가 평가과정에서 일관성과 공정성을 유지할 수 있다는 장점이 있다.

예를 들어, 성인문해교육에서 성인학습자가 생활 속 경험을 기록하는 글쓰기 과제를 수행하여 포트폴리오에 추가할 경우, 루브릭을 활용하면 평가기준과 수준을 명확히 제시할 수 있다. 이때 루브릭을 문장 구성, 맞춤법, 문단 구성, 의미 전달 등에서 우수, 양호, 보통, 미흡으로 구성하여 쓰기 능력을 평가할 수 있다. 우수는 문장 구성과 맞춤법이 적절하며 상황을 명확히 전달하는 수준, 양호는 일부 오류가 있으나 의사 전달에는 큰 지장이 없는 수준, 보통은 오류가 많아 의미 전달이 제한적인 수준, 미흡은 글 전체의 구조가 부족하고 의미 전달이 거의 불가한 수준으로 구분할 수 있다.

포트폴리오에 학습자가 작성한 초안, 수정안, 최종 결과물을 모두 포함시키되, 루브릭을 활용하여 각각을 평가한 결과와 피드백을 함께 정리한다면 학습자의 성취뿐만 아니라 성장 과정을 함께 관찰할 수 있다.

포트폴리오 평가에서 중요한 또 다른 요소는 학습자의 자기 성찰이다. 포트폴리오에 대한 자기평가를 통해 학습자는 스스로 자신의 강점과 약점, 노력과 시간 투입, 학습과정에서 얻은 교훈 등을 평가하게 된다. 예를 들어 학습자는 '이 작업을 수행하는 데 얼마나 많은 시간과 노력을 들였는가?', '이 과제를 통해 무엇을 배웠는가?', '어떤 부분을 개선할 수 있는가?' 등의 질문을 통해 자신의 학습과정을 성찰하고 기록할 수 있다. 성인문해교육에서 학습자가 자신의 글쓰기, 생활 문제 해결, 읽기 이해 등 구체적 수행 경험에 대해 자기평가를 하면 책임감과 자아존중감이 높아지는 효과를 가져올 수 있다.

　포트폴리오 평가는 학습자의 자기 성찰과 교사의 평가를 통합하여 종합적 판단을 내리는 과정으로 이어진다. 교사는 포트폴리오 자료와 자기성찰 내용을 검토하고, 루브릭에 근거하여 학습자의 성취 수준을 평가하며, 그 결과를 학생에게 피드백으로 제공한다. 또한 필요 시 학교 기록이나 공식 평가 자료로 남기기 위해 결과를 체계적으로 재정리하고 기록한다. 이를 통해 포트폴리오 평가는 단순한 산출물평가를 넘어 학습자의 학습과정과 성취를 총체적으로 이해하고, 향후 학습방향과 개선 방안을 제시하는 유용한 평가전략으로 기능하게 된다.

성인학습자 학력인정을 위한 포트폴리오평가

성인문해교육은 문자 해득의 한계를 넘어, 학습자의 삶의 경험과 배움을 통합하여 실질적인 역량 향상을 추구하는 교육이다. 2008년 「평생교육법」이 전면 개정되며 문해교육 관련 조항이 신설되면서, 문해교육 프로그램을 통해 초등 및 중학 학력을 공식적으로 인정받을 수 있는 제도적 기반이 마련되었다. 「평생교육법」 제40조에 근거한 '성인학습자 학력인정체제'는 18세 이상의 성인학습자가 시·도교육청이 설치하거나 지정한 문해교육 프로그램을 이수하고, 학력 충족 여부 심사를 거쳐 초등학교 또는 중학교 학력을 인정받을 수 있도록 하는 제도이다.

이 제도는 교육부, 국가평생교육진흥원 그리고 전국 17개 시·도교육청이 협력하여 운영된다. 교육부는 학력인정 문해교육 프로그램의 교육과정을 고시하고 제도 전반을 총괄한다. 국가평생교육진흥원은 「평생교육법」 제76조에 따라 문해교육 심의위원회를 구성해 문해교육 전반의 주요 안건을 심의하며, 성인학습자의 특성에 맞는 교과서와 콘텐츠를 개발하고, 문해교육 교원의 전문성 강화를 지원한다. 시·도교육청은 학력인정 문해교육 프로그램을 설치·지정하고, 학습자의 학력 충족 여부를 심사하여 학력을 인정한다. 이러한 다층적 운영 체계는 제도의 신뢰성을 보장하고 학습자의 접근성을 높이는 데 기여한다.

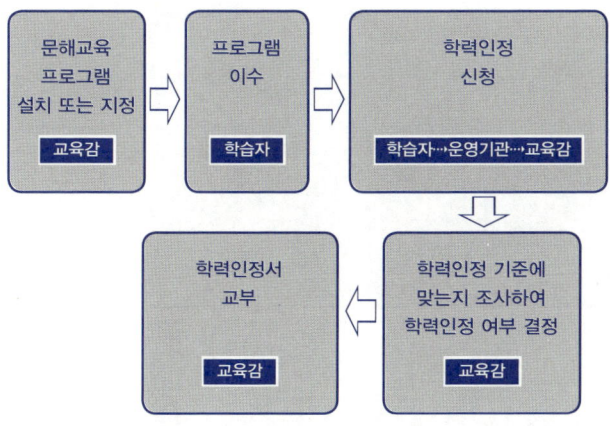

문해교육 프로그램 이수자의 학력인정 절차

초등과 중학 학력인정 문해교육과정은 총 3단계로 구성되며, 각각 전체 240시간과 450시간을 40주 기준으로 운영한다. 문해교육 프로그램의 교사는 「평생교육법 시행령」 제70조에 따라 문해교육 교원 연수과정을 이수해야 하며, 성인학습자의 특성과 학습맥락을 이해하고 개별화된 교수·학습 방법을 설계할 수 있는 역량을 갖추도록 하고 있다.

성인학습자 학력인정 체제의 가장 큰 특징은 평가방식에 있다. 일반 학교교육에서 지필시험을 중심으로 학습성취를 판단하는 것과 달리, 문해교육 프로그램에서는 학습자의 부담을 최소화하면서도 학습과정을 충실히 반영할 수 있는 평가방법을 채택한다. 성인학습자에게 시험은 종종 학습 중단의 요인이 되므로, 점수 중심의 평가보다는 학습의 과정과 결과를 스스로 점검할 수 있는 포트폴리오 평가 방식이 적합하다. 포트폴리오는 문해교육 프로

학력인정 포트폴리오 예시[7]

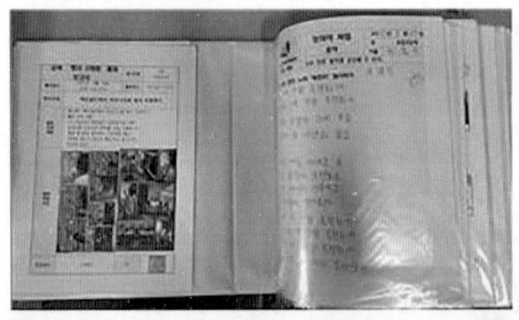

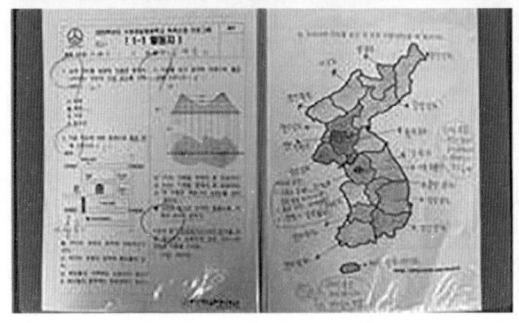

그램에서 권장되는 평가유형으로, 학습자의 성장 과정을 기록하고 학습성취도와 만족도를 높이는 데 활용된다.

문해교육 프로그램 운영 기관은 학습자의 진단평가, 형성평가, 총괄평가자료를 1년간 누적 관리하며, 이를 학력 충족 여부를 판단하는 주요 근거로 삼는다. 포트폴리오는 과제물, 학습 일지, 생활 기록, 프로젝트 수행 결과, 자기성찰 기록 등으로 구성되며, 교사는 이를 통해 학습자의 성취 수준과 변화 과정을 파악한다. 이러한 누적평가는 단순한 결과 중심의 평가가 아니라 학습의 여정을 보여 주는 통합적 증거로서, 학력 충족 여부 심사 시 중요한 참고자료로 활용된다.

포트폴리오를 활용한 평가방식은 성인학습자의 자기주도적 학습을 촉진하고, 학습경험을 존중하는 평가문화를 형성하는 데 기여한다. 학습자는 자신의 학습과정을 직접 정리하며 성찰의 기회를 갖고, 교사는 이를 기반으로 개별화된 피드백을 제공할 수 있다. 이러한 상호작용은 학습자의 자존감과 학습 지속 의지를 높이는 핵심 요소로 작용한다.

2011년 제도 시행 이후 2024년까지 총 2만 7천여 명의 학습자가 초등 및 중학 학력을 인정받았다. 초등과정 학력인정자는 약 2만 1천여 명, 중학과정 학력인정자는 약 6천여 명으로, 이는 성인문해교육이 학력 취득의 기회를 넘어 학습자의 삶을 회복하고 사회적 참여를 확대하는 중요한 제도로 정착하고 있음을 보여 준다. 앞으로는 포트폴리오평가를 질적으로 심화하여 학습자 중심의 평가문화가 더욱 확산될 것으로 기대된다.

교육과정 이수 증빙을 위한 포트폴리오평가 자료

구분	평가기준	근거자료
초등	**• 교과서 형성평가지 및 창의적 체험활동 기록** **- 기본 원칙** ① 전체 단원의 1/3 이상 평가 권장 ② 교과서 형성평가지, 창체활동 기록, 지필 총괄평가지, 기타 자유 형식 결과물을 포트폴리오에 40개 이상 수록[필수]	**각종 평가지** : 학력인정을 위한 교육과정 이수 심사 완료 전까지 포트폴리오 원본 보관 ※교육과정 이수 확정 후 '학습평가 총괄표'로 갈음하여 보관할 수 있음.

구분	1, 2, 3단계
- 교과서 형성평가지 - 자유 형식 학습결과물 (일기, 편지, 시화, 그림, 종이접기, 기타 학습활동) - 총괄평가 (학습결과물 전시, 공동 문집, 지필 총괄평가지 등) - 창의적 체험활동 기록 등	단계별 총 40개 이상

구분	평가기준	근거자료
중학	**• 교과서 형성평가지 및 창의적 체험활동 기록** **- 기본 원칙** ① 연간 총 수업시수의 10% 이상 평가 권장 (총 수업시수 450시간 × 10% = 45개) ② 과목별, 선택교과, 창체활동 수업시수의 10%(교과서 형성평가 및 창의적 체험활동 기록, 자유 형식, 지필 총괄평가지 등) 총 45개 이상 포트폴리오에 수록[필수]	**각종 평가지** : 학력인정을 위한 교육과정 이수 심사 완료 전까지 포트폴리오 원본 보관 ※교육과정 이수 확정 후 '학습평가 총괄표'로 갈음하여 보관할 수 있음

구분	필수 교과				
	국어	사회	수학	과학	영어
포트폴리오 수록 (최소 기준)	10개 이상	7개 이상	6개 이상	7개 이상	6개 이상

	선택 교과	창의적 체험활동
	5개 이상	4개 이상

8장

성인문해교육 프로그램평가

🦋

프로그램에서 정책까지

사회가 점점 더 복잡해지면서 현대사회에 다양한 사회문제가 발생하고 있다. 여러 문제를 해결하기 위해서 원인을 분석하고, 그에 대응하는 프로그램을 개발하여 실행하게 된다. 그러나 모든 프로그램이 동일한 효과를 낼 수 없기 때문에, 제한된 자원을 효율적으로 활용하기 위해서는 우수한 프로그램을 선별하는 과정이 필요하다. 우리는 프로그램이 실제로 효과를 거두고 있는지, 개선이 필요한 부분은 어디인지 혹은 더 나은 대안을 선택하는 것이 합리적인지 등을 판단해야 한다. 이러한 판단을 가능하게 하는 과정이 바로 프로그램 평가이다.

프로그램은 일정한 목적을 이루기 위해 계획적으로 설계되고 체계적으로 운영되는 활동의 집합을 의미한다. 즉, 단순한 사건이나 일회성 활동이 아니라, 목표를 세우고 그 목표를 향해 순서와 과정을 갖추어 진행되는 구조화된 체계이다. 프로그램은 '무엇을, 왜, 어떻게 할 것인가'를 미리 기획하고 실행한다는 점에서 우연히 일어나는 활동과 구별된다. 또 여러 단계의 활동이 서로 연결되어 하나의 흐름을 이루며, 그 전체가 궁극적인 목표를 향해 나아간다는 특징을 가진다. 이러한 체계성과 목적성 때문에 프로그램은 평가와도 밀접한 관련이 있다. 평가 또한 계획된 목표가 실제로 달성되었는지를 살펴보는 체계적 과정이기 때문이다. 따라서 프로그램을 운영하는 과정에서 평가는 필연적으로 동반되며, 프로그램의 개선과 발전을 위한 근거가 된다.

프로그램이라는 용어는 사용되는 맥락에 따라 다양한 의미를 지닌다. 일정한 절차를 갖춘 하나의 '활동'을 가리킬 수도 있으며, 여러 활동이 유기적으로 연결된 '체계'나 '과정'을 뜻하기도 한다. 한 교실에서 진행되는 수업을 뜻하기도 하고, 학교의 한 교과 전체를 가리키기도 한다. 또 어떤 경우에는 기업의 인재개발 사업이나 정부의 사회정책처럼 더 큰 규모를 의미하기도 한다. 이렇게 프로그램이 다층적으로 사용된다는 점은 그 자체가 인간의 의도적 행위와 사회적 기획의 산물임을 보여 준다.

이러한 다양한 수준의 프로그램 가운데, 이 책에서는 수업과 교과 수준의 교육 프로그램에 초점을 맞추어 프로그램을 살펴보고자 한다. 학교의 수업, 대학의 교과, 기업의 교육훈련, 평생교육 기관의 강좌 등은 모두 특정한 학습목표를 달성하기 위해 일정 기간 동안 설계되고 운영되는 교육 프로그램이다. 교육 프로그램은 학습자의 지식과 태도, 행동의 변화를 이끌어 내어 개인의 성장과 조직의 발전을 돕는 것을 목표로 한다. 또한 학습자, 교사, 교육환경, 학습내용 등이 서로 긴밀하게 상호 작용하면서 진행되기 때문에, 과정과 결과를 함께 살펴보는 평가가 필수적이다. 사업Project이나 정책Policy 수준의 프로그램 평가는 그보다 더 넓은 사회적 영향력과 정책적 효과성을 다루게 되므로, 이에 대한 논의는 이후 별도의 장에서 다루기로 한다.

성인문해교육 프로그램의 논리[1]

성인문해교육 프로그램을 평가하기 위해서는 평가대상인 성인문해교육 프로그램에 대한 이해가 선행되어야 한다. 프로그램마다 추구하는 목표와 목표를 획득하는 데 적합한 구조, 기능, 절차를 개념화하는 논리가 있기 마련이다. 여기서 프로그램 논리Program Theory란 프로그램과 관련하여 특정 상황에서 무엇이 어떻게 진행·작동되고 있는지를 일목요연하게 나타내는 모형으로, 경우에 따라 로직 모형Logic Model이라는 용어를 사용하기도 한다. 이는 성인문해교육과 같이 일반적인 교육 프로그램과는 다른 맥락적 특성을 가지고 있으므로, 프로그램이 작동하는 논리를 파악하고 그 논리에 입각하여 평가를 설계하는 것이 바람직하다.

챈Huey T. Chen은 프로그램 논리의 이해를 위해 실행 모형과 변화 모형이 통합된 개념적 프레임워크를 제시하였다.[2] 실행 모형은 개입과 서비스 전달 계획안, 실행자, 목표 집단, 생태적 상황, 관련 조직 및 커뮤니티 파트너, 실행 조직 등 프로그

성인문해교육 프로그램 논리[3]

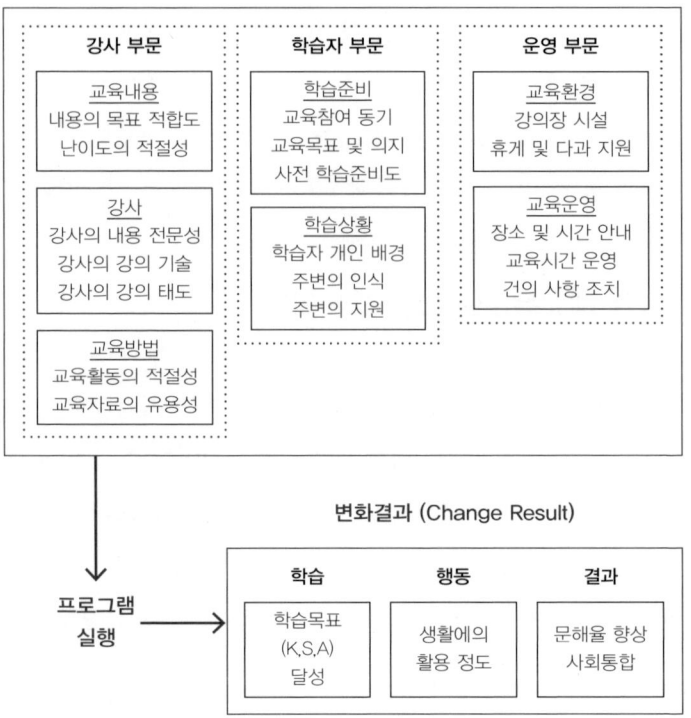

실행과정 (action process)

강사 부문	학습자 부문	운영 부문
교육내용 내용의 목표 적합도 난이도의 적절성	**학습준비** 교육참여 동기 교육목표 및 의지 사전 학습준비도	**교육환경** 강의장 시설 휴게 및 다과 지원
강사 강사의 내용 전문성 강사의 강의 기술 강사의 강의 태도	**학습상황** 학습자 개인 배경 주변의 인식 주변의 지원	**교육운영** 장소 및 시간 안내 교육시간 운영 건의 사항 조치
교육방법 교육활동의 적절성 교육자료의 유용성		

변화결과 (Change Result)

**프로그램
실행**

학습	행동	결과
학습목표 (K,S,A) 달성	생활에의 활용 정도	문해율 향상 사회통합

램의 기획, 운영, 진행 등 프로그램의 과정과 관련한 요소들이
포함된다. 변화 모형은 개입, 결정 요인, 결과 등 프로그램의
결과를 이끌어 내는 메커니즘과 성과로 구성된다.

성인문해교육 프로그램의 실행 과정을 이해하기 위해서는
해당 프로그램의 강사와 관련하여 교육내용, 강사, 교육방법
을, 학습자와 관련하여 학습준비와 학습상황을, 운영과 관련

하여 교육환경과 교육운영을 파악할 필요가 있다. 성인문해교육 프로그램을 통한 변화의 결과를 이해하기 위해서는 성인학습자가 학습목표를 달성했는지, 학습한 내용을 생활에서 얼마나 활용하고 있는지, 결과적으로 국민의 문해율과 사회 통합도가 향상되었는지를 파악할 필요가 있다. 첸이 제시한 프레임워크를 활용하여 논리를 정리하면 〈성인문해교육 프로그램 논리〉 그림과 같다.

  성인문해교육 프로그램을 면밀하게 평가하기 위해서는 프로그램 논리의 구성 요소에 해당하는 모든 자료를 수집하여 분석하는 것이 가장 이상적일 것이다. 그러나 끊임없이 변하는 교육현장과 제한된 평가자원을 고려할 때 이는 현실적으로 거의 불가능하다. 따라서 전략적으로 중요한 항목에 집중하여 평가할 필요가 있다. 예를 들어 박소연[4]이 성인문해교육 관계자를 대상으로 설문조사를 실시한 결과 교육내용의 적합도, 난이도의 적절성, 강사의 전문성, 강사의 강의 기술, 강사의 강의 태도, 학습자의 교육참여 동기, 학습을 통한 기술 향상 정도에 대한 평가요구가 가장 높은 것으로 분석되었는데, 이를 기초로 평가항목을 축소할 수 있다. 성인문해교육의 상황과 여건에 맞게 평가를 설계하여 평가가 적정하게 이루어지도록 하는 것이 중요하다.

교육 프로그램 평가모형

교육 프로그램을 평가할 때 사용될 수 있는 모형은 다양하다. 예를 들어 성인을 대상으로 하는 교육훈련 분야에서도 평가를 바라보는 관점이나 목적에 따라 다양한 평가모형이 제안되어 왔다. 1950년대 후반 커크패트릭Donald Kirkpatrick의 4수준모형을 시작으로, 평가의 초점은 학습자의 반응과 학습성과에서 조직과 사회의 결과로 점차 확장되어 왔다. 1960~1980년대에는 CIPP나 CIRO 모형처럼 의사결정 지원과 체계적 평가를 강조하는 접근이 등장하였고, 1990년대 이후에는 조직 성과와 비용(효과 분석, 사회적 영향) 등 보다 거시적인 차원의 평가모형이 개발되었다. 2000년대에 들어서는 ROI, SCM, HR Analytics 등 데이터 기반의 실증적 평가와 전략적 가치 창출에 초점을 둔 모형들이 주목받았다. 교육훈련 분야에서 널리 활용되어 온 주요 평가모형들을 시간의 흐름에 따라 정리하면 다음과 같다.

이처럼 평가모형의 발전은 교육훈련의 목적이 '학습의 성과'에서 '조직의 성과와 사회적 가치 창출'로 확대되어 온 변화를 잘 보여 준다. 그러나 여전히 프로그램 평가에서 가장 널리 활용되고 있는 것은 커크패트릭 모형이다. 이 모형은 최근 로직 모델에 기반하여 평가의 실질적 활용성을 높이고 데이터에 기반한 의사결정을 촉진하는 방향으로 발전하고 있다.

교육훈련 프로그램 평가모형

	연도	개발자	모형명	모형의 특징
1	1959	커크패트릭	4단계 모형	준거를 반응Reaction, 학습Learning, 행동Behavior, 결과Result의 4개 단계Level로 구분한 가장 대표적인 실천가 중심 평가모형
2	1968	스터플빔	CIPP 모형	상황Context, 투입Input, 과정Process, 산출Product을 평가하는 체계적 모형으로, 의사결정에 필요한 정보를 제공하는 것이 목적
3	1970	워런, 버드, 래컴	CIRO 모형	상황, 투입, 반응, 산출을 평가. 상황과 투입은 CIPP 모형과 유사하며, 반응과 산출은 각각 커크패트릭 모형의 1단계, 2~4단계와 유사
4	1989	로빈슨, 로빈슨	Cost-Benefit 분석	훈련의 비용Cost이 이익Benefit보다 중요한지 판단하기 위한 체계와 방법 제시
5	1989	코프먼, 밸런타인	OEM	투입, 과정, 산출, 결과Outputs, 효과Outcomes의 5개 부문으로 구성된 조직 요소Organizational Elements 모형으로, 조직과 사회 수준에서 비용과 결과Consequence를 분석하고, 현재 수준과 기대 수준으로 구분되어 요구분석에 활용
6	1993	크라이거, 퍼드, 살라스	학습평가 모형	학습산출 영역Cognitive, Skill-based, Affective에 따른 평가틀Framework 제시
7	1996	스완슨	PLS 모형	조직, 과정, 개인 수준에서 성과Performance, 학습, 만족Satisfaction을 분석한 성과 향상 평가모형으로, 1999년에는 만족을 인식Perception으로 변경하여 PLP 모형으로 수정 제안

	연도	개발자	모형명	모형의 특징
8	1994	코프먼, 켈러	5단계 모형	허용과 반응Enabling&Reaction, 획득Acquisition, 적용Application, 조직적 결과Organizational outputs, 사회적 결과Societal output 5개 단계로 구분. 조직 수준을 넘어 사회에 미친 영향을 평가
9	1996	홀턴	3단계 모형	학습Learning, 개인 성과Individual Performance, 조직 결과Organizational Results 3개 단계로 구분. 커크패트릭 모형에서 학습자의 반응을 제외하고 단계 간 연계성을 정교화한 모형
10	1998	필립스	ROI	커크패트릭 모형에 투자회수율Return on Investment을 추가한 최초의 재정기반 모형으로, 효과성에서 효율성으로 관점을 전환
11	2000	맥슨	COT	의사결정자가 HRD의 효과를 평가할 수 있도록 비즈니스 결과, 금전적 산출 및 이익과 같은 중요 산출Critical Outcome을 평가하는 기법
12	2002	왕, 더우, 리	체계적 ROI	단위 프로그램의 ROI가 아니라, 성과 시스템의 하위 시스템으로서 HRD의 ROI를 체계적 접근을 통해 산출
13	2003	브링커호프	SCM	성공 사례Success Case를 중심으로 프로그램 효과를 분석하는 모형으로, 단위 프로그램을 넘어 조직 전체의 성과 향상 관점에서 로직 모형에 기반한 질적 평가 도입
14	2004	로러, 레번슨, 부드로	HR Analytics	증거 기반 평가와 데이터 기반 의사결정 지향. 정보 기술을 활용하여 HR 데이터 분석 및 활용

	연도	개발자	모형명	모형의 특징
15	2005	스피처	LEM	학습효과Learning Effectiveness를 측정하는 방법으로, 효율이 아닌 학습효과를 높이기 위해 단계별로 평가
16	2005	러스-에프트, 프레스킬	평가체계 모형	평가를 위한 체계틀Systems Framework로, HRD에 영향을 미치는 조직 및 환경 요인 체계화
17	2005	니콜스	Stake-holder Score-cards	이해관계자Stakeholder 기반 접근 모형으로, 모든 이해관계자 집단이 훈련에 들인 것과 얻은 것에 만족한 정도를 균형 있게 평가

커크패트릭의 4수준 평가모형[5]

커크패트릭의 4수준 평가모형은 1950년대 후반 그가 발표한 논문에서 처음 제시된 이후, 교육훈련 프로그램의 효과를 평가하기 위한 대표적인 준거 중심 모형으로 자리 잡았다. 이 모형은 다음의 표와 같이 반응Reaction, 학습Learning, 행동Behavior, 결과Results의 네 수준으로 구성되어 있으며, 교육 참가자의 만족도, 학습을 통해 얻은 지식과 기술, 직무 현장에서의 행동 변화 그리고 조직 차원의 성과를 단계적으로 평가하도록 설계되어 있다. 이러한 체계적인 접근은 교육훈련의 전 과정을 포괄적으로 살펴볼 수 있도록 하여, 이후 다양한 평가모형의 기초가 되었다. 실제로 햄블린Anthony Hamblin의 5단계 모형, 코프먼Roger Kaufman의 조직요소 모형OEM, 필립스Jack Phillips의 투자수익률ROI 모형, 브링커호프Brinkerhoff의 성공사례 모형SCM 등은 모두 커크패트릭 모형의 기본 구조를 확장하거나 변형한 형태로 발전하였다.

커크패트릭 평가모형의 1수준에 해당하는 반응평가는 학습자가 평생교육 프로그램에 대해 어떠한 인식과 감정을 갖는지를 파악하는 단계이다. 이 평가는 학습자의 만족도, 흥미, 참여 의지, 프로그램의 유용성, 강사의 역량, 교육환경 등에 대한 반응을 수집하여 프로그램의 첫인상과 참여 경험을 진단한다. 반응평가는 단순한 만족도조사가 아니라, 학습자의 참여 동기를 강화하고 프로그램 품질을 개선하기 위한 피드백 과정으로 이해된다. 따라서 평가도구는 설문지나 피드백 양식 등으로 구성되며, 즉각적이고 솔직한 응답을 유도하는 것이 중요하다. 이 단계에서 얻은 정보는 프로그램의 운영 방식, 강의 내용, 교수자의 강의법 등을 개선하는 데 활용될 수 있다.

2수준인 학습평가는 학습자가 교육을 통해 실제로 무엇을 배웠는지를 확인하는 단계이다. 평생교육 맥락에서는 지식,

커크패트릭의 4수준 모형

수준	준거	내용
1수준	반응	학습자가 교육에 만족한 정도
2수준	학습	학습자가 배운 내용을 이해한 정도
3수준	행동	교육 후 학습자의 행동이 변화된 정도
4수준	결과	교육 후의 변화가 조직에 영향을 미친 정도

기능, 태도 영역에서의 변화나 향상을 측정하며, 이는 프로그램의 학습목표가 제대로 달성되었는지를 검증하는 핵심 지표가 된다. 평가방법으로는 지필시험, 실기시험, 관찰, 자기평가, 사전-사후 비교 등이 활용된다. 학습평가는 단순한 성취 측정이 아니라 학습자의 성장 과정에 대한 이해를 돕고, 교육 내용의 적절성과 교수학습 전략의 타당성을 검토하는 근거로 기능한다. 즉, 학습평가를 통해 프로그램 설계와 운영이 학습자의 역량 개발에 효과적이었는지를 확인할 수 있다.

3수준인 행동평가는 학습자가 교육을 통해 습득한 지식과 기술을 실제 생활이나 직무 현장에서 얼마나 잘 적용하고 있는지를 살펴보는 단계이다. 평생교육 분야에서는 학습의 전이 Transfer에 초점을 두어 교육 이후의 실천적 변화, 행동의 지속성, 적용 범위 등을 중심으로 평가한다. 이를 위해 교육을 마치고 일정 시간이 지난 후 관찰, 인터뷰, 설문조사 등을 실시하고, 필요에 따라 학습자의 동료나 상사를 포함한 360도 평가방식을 활용하기도 한다. 이 평가는 학습이 실제로 삶이나 조직의 변화로 이어지는지를 확인하는 중요한 과정으로, 교육의 실질적 효과를 판단하는 데 필수적이다. 따라서 행동평가는 학습자의 실천 역량을 지원하는 환경적 요인까지 함께 고려해야 한다.

4수준인 결과평가는 교육 프로그램이 개인, 조직, 지역사회 등 보다 넓은 수준에서 어떠한 성과를 창출했는지를 평가하는 단계이다. 평생교육에서는 단순한 경제적 효과를 넘어 학습자의 생산성 향상, 삶의 질 개선, 공동체 기여도, 사회적 자본 증진 등 다양한 사회적 성과를 평가에 포함한다. 이 평가는 프로그램이 궁극적으로 추구하는 가치와 목표가 현실적으로 달성되었는지를 검증하는 역할을 하며, 투자수익률 분석이나 성과지표 측정을 통해 이루어질 수 있다. 결과평가는 가장 복합적인 수준의 평가로서, 교육이 개인의 변화에서 조직적·사회적 성과로 확장되는 과정을 입증하는 데 초점을 둔다.

커크패트릭의 4수준 평가모형은 단순하면서도 체계적인 구조를 갖추고 있어 다양한 교육훈련 프로그램의 효과를 종합적으로 분석하는 데 유용하다는 점에서 큰 강점을 지닌다. 이 모형은 반응, 학습, 행동, 결과라는 네 수준을 통해 학습자의 만족도에서부터 조직의 성과에 이르기까지 교육의 영향을 다층적으로 파악할 수 있도록 설계되었다. 특히 비전문가도 쉽게 이해하고 활용할 수 있어 현장 실무자에게 널리 수용되며, 교육성과를 명료하게 보고하고 의사소통하는 데 효과적이다. 또한 프로그램의 설계 타당성 검토, 강사평가, 교육 투자효과 분석 등 다양한 용도로 적용할 수 있다는 점에서 실용성이 높다. 이러한 이유로 커크패트릭 모형은 평생교육, 직업훈련, 인적자원 개발 등 다양한 영역에서 표준적 평가틀로 자리매김하였다.

한편, 커크패트릭의 4수준 평가모형은 단순한 만큼 여러 한계를 지닌다는 비판을 받기도 한다. 우선 네 수준 간의 위계적 구조가 인과관계를 전제하고 있다는 점에서 논리적 문제가 제기된다. 각 수준 간의 상관관계는 확인되었으나, 그것이 인과적 연계를 의미하지는 않음에도 불구하고 많은 연구와 실무에서 이를 선형적 관계로 오해해 왔다. 또한 이 모형은 교육 훈련이 이루어지는 맥락적 요인, 특히 학습전이와 환경적 요인을 충분히 반영하지 못한다는 한계를 가진다. 상위 수준인 행동 변화와 조직적 결과의 평가는 측정이 어렵고 비용이 높아, 현실에서 평가는 반응과 학습 수준에 치우치는 경향이 있다. 나아가 프로그램 개발 및 운영 과정 자체를 평가하지 않기 때문에, 과정적 요인에 대한 정보가 누락된다는 점 역시 한계로 지적된다. 이러한 이유로 커크패트릭의 4수준 평가모형은 여전히 유용한 틀로서 활용되지만, 복잡한 학습과 조직 환경을 설명하기에는 충분하지 않다는 비판이 공존한다.

최근에는 기존 커크패트릭 모형의 한계를 보완하기 위해 뉴월드 커크패트릭 모형NWKM: New World Kirkpatrick Model과 같은 새로운 접근이 제안되었다.[6] 이 수정된 모형은 교육훈련의 효과를 단순히 반응과 학습 수준에서 평가하는 것을 넘어, 학습자의 행동 변화와 조직의 성과 간 연계성을 강화하고, 평가의 초점을 조직의 전략적 목표 달성에 맞추도록 설계되었다. 특히 뉴월드 커크패트릭 모형은 평가순서를 결과에서 반응으로 역전하여, 조직의 성과에서 시작해 교육이 목표 달성에 어떻게 기여하는지를 분석하는 구조를 제시하였다. 현장에서는 70년 이상 활용되어 온 기존 커크패트릭의 4수준 평가모형이 여전히 가장 많이 사용된다. 단순하면서도 실용적인 구조 덕분에 가장 신뢰받는 고전적 평가모형으로 자리하고 있는 것이다.

브링커호프의 성공사례기법[7]

성공사례기법SCM: Success Case Method은 브링커호프가 1996년에 개발한 교육 프로그램 평가방법론으로, 기존의 평균적 성과 중심 평가와 달리 소수의 탁월한 성과 사례를 중심으로 교육효과를 분석한다. SCM은 인적자원개발 분야의 교육훈련 프로그램 평가뿐만 아니라, 공공정책 사업, 조직 변화 관리 등 다양한 분야에서 활용되며, 프로그램이 실제 현장에서 얼마나 효과적으로 적용되는지를 규명하는 데 초점을 둔다. 이를 통해 학습자가 배운 내용을 직무에 실질적으로 적용할 수 있는 요인과 장애 요인을 분석하고, 향후 프로그램 개선을 위한 실용적 지침을 제공한다.

SCM은 교육훈련의 성공 요인과 실패 요인을 명확히 밝혀 프로그램 설계와 운영의 질을 높이는 데 기여한다. 특히 소수의 우수 사례를 심층 분석함으로써 교육 프로그램의 진정한 가치를 드러내고, 단순한 평균 성과 평가로는 파악하기 어려운 조직적·개인적 변화를 이해할 수 있게 한다. 또한 교육훈련이 조직 성과에 미치는 영향과 학습 전이를 분석함으로써, 프로그램의 실질적 효과와 개선 방향을 명확히 제시하는 평가기법으로 자리 잡고 있다.

SCM의 평가절차는 총 다섯 단계로 구성된다. 첫 단계는 평가를 위한 전체 계획을 수립하는 것이다. 이 단계에서는 연구의 목적과 평가범위를 명확히 정의하는 것이 핵심이다. 먼저 교육훈련 프로그램의 목표와 기대되는 결과를 구체적으로 정리하고, 어떤 성과를 '성공'으로 간주할지를 결정한다. 예를 들어 직무 성과 향상, 업무 적용 능력 또는 학습자의 태도 변화 등이 성공의 기준이 될 수 있다. 성공 기준이 명확해야 이후 평가 단계에서 데이터를 수집하고 분석하는 방향이 흔들리지 않는다. 또한 이 단계에서는 평가에 사용할 지표를 정량적 자료(성과 향상 비율 등)와 정성적 자료(학습자 만족도, 적용 사례 등) 모두를 포함하도록 설계한다. 이를 통해 SCM은 단순한 설문조사나 성과 점수에 머무르지 않고, 교육훈련의 실제 효과를 다각도로 분석할 수 있다.

두 번째 단계에서는 교육훈련 프로그램의 성과 목표를 시각화한 '교육효과 모델'을 개발한다. 이 모델은 교육훈련의 각 구성 요소가 직무 성과나 조직 목표 달성에 어떻게 기여하는지를 보여 준다. 모델을 개발하면서 교육활동이 참가자의 행동 변화와 업무 적용에 어떤 영향을 미치는지 체계적으로 분석한다. 평가자는 교육훈련이 계획한 결과와 실제 성과 간의 관계를 명확히 이해하고, 학습자에게 무엇이 가장 효과적이었는지 설명하는 근거를 확보할 수 있다.

세 번째 단계는 교육훈련 참가자 중 성공 사례와 그렇지 않은 사례를 구분하기 위한 설문조사이다. 교육 종료 후 일정 기간이 지난 시점에 참가자가 학습한 내용을 실제 직무에 얼마나 적용했는지를 평가한다. 설문 문항은 학습전이 수준, 직무 성과, 교육만족도 등을 측정하도록 구성된다. 분석 결과를 기반으로 상위 20%의 뛰어난 전이자와 하위 20%의 상대적 낮은 성과자를 선정한다. 이렇게 선정된 그룹은 이후 심층 면담의 대상으로 삼아, 성공 요인과 실패 요인을 비교·분석하는 기초 데이터를 얻을 수 있다.

네 번째 단계는 상위 전이자와의 심층 인터뷰이다. 인터뷰를 통해 교육훈련이 실제 직무 수행에 어떤 영향을 미쳤는지, 교육환경, 학습동기, 개인적 태도, 조직적 지원 등 다양한 요인이 성과에 어떤 기여를 했는지를 탐구한다. 이 과정은 설문조사에서 얻은 정량적 데이터를 보완하고, 교육 프로그램이 성공하거나 실패한 배경과 맥락을 깊이 이해할 수 있게 한다. 또한 심층 면담은 교육훈련 개선을 위한 실질적 아이디어를 도출하는 데 중요한 자료가 된다.

마지막 단계는 설문조사와 면담에서 수집된 자료를 종합적으로 분석하고, 그 결과를 보고서로 작성하는 것이다. 이 단계에서는 교육훈련 프로그램의 성공 요인과 실패 요인을 명확히 구분하고, 이를 바탕으로 프로그램 개선 방안을 제안한다. 분석 결과는 교육자와 조직이 향후 교육훈련 프로그램을 설계하고 운영할 때 참고할 수 있는 전략과 지침으로 활용된다. 또한 성공 사례와 실패 사례를 스토리텔링 방식으로 보고하면, 다른 학습자나 조직 내 이해관계자가 교육의 가치를 쉽게 이해하고 학습경험을 공유할 수 있다.

성공사례기법은 교육훈련의 효과를 단순한 지식 습득이나 만족도로 평가하지 않고, 학습자가 배운 내용을 실제 업무에 어떻게 적용했는지를 중심으로 살핀다. 특히 탁월한 성과를 올린 소수의 학습자를 선정하여 그들의 성공 요인과 실패 요인을 심층적으로 분석함으로써 교육 프로그램의 진정한 가치를 밝힌다. 또한 성공과 실패 사례를 스토리텔링 형식으로 문서화하여 조직 내 이해관계자에게 공유하며, 교육효과 모델을 개발해 교육훈련의 목표와 실제 성과 간의 관계를 시각적으로 보여 준다. 이러한 과정을 통해 평가자는 교육 프로그램의 성공 요인을 명확히 규명하고, 개선점을 도출하여 교육설계와 운영에 실질적인 지침을 제공할 수 있다. SCM은 이처럼 실제 적용 중심, 성공 사례 분석, 스토리텔링, 교육효과 모델 개발, 개선 지침 제공이라는 특징을 통해 교육훈련의 효과성을 높이는 데 유용한 방법론으로 자리 잡고 있다.

한편 성공사례기법은 소수 사례를 중심으로 평가한다는 특성 때문에 전체 교육참가자의 평균 성과를 반영하기 어렵다는 한계가 있다. 심층 인터뷰와 설문조사 등 정성적 데이터를 주로 활용하기 때문에 데이터의 객관성과 신뢰성 확보가 어렵고, 평가자의 주관적 판단에 영향을 받을 가능성도 존재한다. 또한 심층적인 데이터 수집과 분석을 필요로 하므로 시간과 비용이 많이 소요되며, 특히 작은 조직이나 자원이 제한된 환경에서는 성공사례기법을 충분히 적용하기 어려울 수 있다.

성공사례기법은 전통적인 평균 중심 평가를 보완하며 실제 성과 중심의 교육훈련 평가를 가능하게 하는 강력한 도구이다. 비록 평가범위와 데이터의 주관성, 시간과 비용 부담이라는 한계가 존재하지만, 교육 프로그램의 실제 효과와 성공 요인을 심층적으로 이해하고 개선 지침을 제공한다는 점에서 교육훈련 평가에서 실무적·학술적으로 유용하게 활용되고 있다.

교육 만족도평가

만족도평가는 교육 프로그램에 참여한 학습자가 프로그램에 만족한 정도를 평가하는 것이다. 만족도는 교육 프로그램을 평가하는 주요한 지표로 활용된다. 기관 차원에서는 기관에서 운영하는 프로그램에 대한 만족도가 곧 교육의 질로 해석될 수 있다. 나아가 프로그램이 정책적으로 지원되는 경우라면, 개별 프로그램에 대한 만족도는 곧 해당 사업이나 정책 수혜자의 만족도를 의미한다. 이와 같이 교육에서의 만족도는 프로그램을 넘어 기관이나 정책 차원에서도 중요한 지표로 활용된다.

만족도평가는 커크패트릭의 4단계 평가모형에서 제시한 1수준인 반응평가에 해당한다. 이는 교육훈련 프로그램에 참여한 학습자의 느낌, 태도, 의견 등 주관적인 반응에 초점을 맞추는 평가로, 강의나 프로그램 내용, 학습환경, 운영 방식 등이 학습자에게 어떻게 인식되었는지를 파악하는 데 목적이 있다. 다시 말해, 만족도평가는 학습자가 프로그램을 경험한 후 느끼는 전반적인 만족과 인식을 측정하는 과정으로, 교육훈련의 품질을 진단하고 개선점을 탐색하기 위한 기초 단계라 할 수 있다.

이 평가는 학습자의 반응을 체계적으로 수집함으로써 프로그램의 질을 점검하고 개선 방향을 도출하는 데 활용된다. 일반적으로 평가항목에는 프로그램의 목적과 내용, 교재와 학습자료의 적절성, 교육방법과 활용 매체의 효과성, 교사나 학습

촉진자의 역량, 학습활동의 구성과 흐름, 교육일정과 시간의 적절성, 교육환경과 행정 지원, 프로그램 개선을 위한 건의 사항 등이 포함된다. 이러한 항목들은 학습자의 직접적 경험과 인식을 근거로 프로그램 전반의 운영 품질을 종합적으로 파악할 수 있도록 구성된다.

만족도평가는 여러 방법으로 실시될 수 있지만, 실제 현장에서는 질문지법이 가장 널리 활용된다. 질문지법은 적은 자원으로 많은 응답을 수집할 수 있다는 점에서 효율적이며, 보통 교육운영 담당자에 의해 프로그램 종료 직후 실시된다. 또한 필요에 따라 관찰, 개별면접, 초점집단면접 등 다양한 방법이 병행될 수 있다.

설문조사를 통한 만족도평가는 응답자의 반응을 왜곡 없이 정확히 포착하는 것이 중요하다. 이를 위해 응답자와의 관계 형성이 필요하며, 특히 온라인이나 우편 조사처럼 자발적 참여가 필요한 경우에는 참여를 유도할 수 있는 보상이나 동기 부여 방안이 함께 고려되어야 한다. 또한 설문 응답 방법, 익명성 보장, 응답의 자유 등을 명확히 안내해야 한다.

설문 문항은 평가목적에 따라 다양한 형태로 구성될 수 있다. 일반적으로 태도나 인식을 측정하기 위해 5점 평점 척도가 사용되며, 이는 '매우 그렇다'에서 '전혀 그렇지 않다'까지 다섯 단계로 응답을 구분하여 응답의 편의성과 일관성을 높인다. 이외에도 선택형, 단답형, 개방형 문항이 활용될 수 있다. 설문지를 개발할 때는 기존의 표준화된 설문지를 활용 가능한지를 먼저 검토하는 것이 좋다. 이를 활용하면 도구 개발에 필요한 시간과 노력을 줄이면서 타당도와 신뢰도를 확보할 수 있다. 그러나 특정 프로그램이나 집단의 특성을 반영해야 하는 경우에는 새롭게 설문지를 제작하는 것이 바람직하다.

새로운 설문지를 개발할 때에는 먼저 만족도평가를 통해 해결하고자 하는 주요 질문을 명확히 정의하고, 각 질문에 필요한 정보를 수집할 수 있는 문항으로 구성해야 한다. 이후 문항별 응답 대상과 분석 방법을 정리하고, 응답 주체별 문항을 취합하여 설문지를 완성함으로써 평가목적과 무관한 문항이 포함되지 않도록 한다. 또한 문항의 순서가 논리적이고 응답 흐름에 맞게 배열되었는지, 특정한 반응을 유도하지 않는지, 각 문항이 단일 개념만을 다루는지를 세심하게 검토해야 한다.

만족도평가는 프로그램 운영에 대한 학습자의 반응을 파악하는 기능을 한다. 평가결과는 강사의 강의내용 및 방법 개선, 프로그램 재구성, 강사 재섭외나 보상 수준 결정 등 행정적 의사결정의 근거로 활용될 수 있다. 동시에 학습자의 긍정적 반응은 학습수용과 동기 형성의 중요한 전제 조건이 되며, 학습 과정 전반의 질적 향상에 기여한다.

물론 만족도평가에는 몇 가지 한계가 있다. 대부분의 평가가 설문지에 의존하기 때문에 응답의 신뢰성 문제나 상황에 따른 왜곡 가능성이 존재한다. 또한 응답의 익명성으로 인해 솔직한 답변이 보장되지 않거나, 학습자의 일시적 감정에 따라 결과가 달라질 수도 있다. 만족도평가는 프로그램의 직접적인 효과성을 입증하기보다는 학습자의 반응을 파악하는 데 초점을 두므로, 학습이나 행동, 결과 수준의 평가와는 구분되어야 한다.

그럼에도 불구하고 만족도평가는 학습의 전제 조건으로서 중요한 의미를 가진다. 학습자의 긍정적인 반응은 학습동기를 자극하고 학습몰입을 촉진하는 역할을 한다. 특히 성인학습자의 경우, 교육내용이나 강사의 교수방법, 학습환경에 대한 만족이 높을수록 학습의욕이 강화된다는 연구 결과가 지속적으로 제시되어 왔다. 이는 만족도평가가 단순한 반응 확인을 넘어 학습의 질적 향상을 위한 핵심 요소로 기능할 수 있음을 보여 준다.

마지막으로 만족도평가는 프로그램 종료를 상징하는 의례적 절차로도 이해될 수 있다. 인적자원개발 부문에서는 만족도평가의 실시율이 다른 수준의 평가보다 현저히 높으며, 이는 프로그램 운영 결과를 가시적으로 확인하는 기본적인 평가자료로 활용된다. 즉, 만족도평가는 개선과 판단을 위한 실질적 도구이자, 프로그램이 성공적으로 운영되었음을 증명하는 상징적 과정으로 기능한다.

강의평가와 강사평가

만족도평가가 교육 프로그램에서 학습자를 일종의 소비자로 보고 교육에 대해 만족한 정도를 평가하는 것이라면, 강의평가는 학습자를 교육 프로그램에 참여하여 직접 경험한 교육 주체로 보고 강사의 활동과 역량을 평가하는 것이라 할 수 있다. 강의평가는 교육 만족도평가와 마찬가지로 교육의 질 전반을 포괄할 수 있지만, 실제로는 교수자의 교수학습활동에 초점을 두는 것이 일반적이다. 따라서 교육운영 체계나 학습환경보다는 강의의 핵심 주체인 강사를 중심으로 이루어진다. 즉, 강사가 강의를 얼마나 충실히 준비했는지, 강의내용과 전달이 얼마나 효과적인지, 학습자와의 상호작용이 얼마나 활발하고 적절한지 등을 평가한다. 결국 강의평가의 초점은 강사 개인의 교수역량과 수업수행 수준에 맞추어져 있다고 할 수 있다.

*이성흠의 강의평가 모형[8]

대학은 강의평가를 가장 체계적으로 운영하는 교육기관이다. 대학에서 활용되는 강의평가 도구는 대부분 강사의 교수활동을 구체적으로 측정할 수 있도록 설계되어 있다. 이성흠은 교수설계 이론에 근거하여 대학 강의평가 도구를 개발하였는데, 교수설계의 절차를 분석, 설계, 개발, 실행, 평가, 종합의 단계로 구분하고 각 단계별 평가영역과 하위 요소를 제시하였다. 다음 표에서 확인할 수 있듯이 이 도구의 각 평가영역은 모두 강의의 직접 수행자인 강사와 관련되어 있으며, 강사가 강의를 얼마나 체계적으로 설계하고 운영했는가에 초점이 맞추어져 있다.

*권영훈의 강의평가 모형[9]

권영훈은 서비스 품질 평가에 널리 활용되는 SERVQUAL 모

이성흠의 대학 강의평가 영역 및 하위 요소

절차	평가영역	하위 요소
1. **분석**	1) 학습목표, 교과내용	• 수업목표의 적절성 • 교과내용의 논리적 구조와 수준 • 최신성
	2) 학습자 분석 정보	• 학습자의 선수학습 준비도 • 학습내용 등
	3) 수업환경 분석	• 교실 환경 평가
2. **설계**	4) 교수· 학습과정의 조직	• 수업계획서의 적절성 • 수업방법의 적절성 • 매체 선택과 활용의 적절성 • 강의시간 분배의 적절성 등
	5) 학습내용의 수준, 학습부담	• 학습의 난이도 • 학습량의 적절성
3. **개발**	6) 교수·학습자료 선택	• 학습내용에 따른 학습자료 및 매체 선택의 적절성
	7) 교수· 학습매체의 개발과 활용	• 활용된 자료 또는 매체의 적절성 • 유용성 • 흥미 유발의 정도
4. **실행**	8) 교수자 관련 사항	• 학습촉진자로서 교수자의 능력 • 수업기술 등
	9) 교수·학습활동	• 교실 내외에서 사용되는 제반 • 수업활동의 적절성 • 유용성
5. **평가**	10) 과제에 대한 송환의 정도	• 과제물의 양 • 난이도 및 유용성 • 학습목표와의 관련성 • 송환의 유익성
	11) 성적평가의 공정성	• 시험과 성적 산출의 방법, 기준, 절차, 횟수 등에 대한 적절성 • 공정성
6. **종합**	12) 종합평가	• 수업에 대한 전체적 만족도 • 느낌 • 유익성의 정도 • 수업의 추천과 관련된 사항
	13) 수업개선을 위한 제언	• 다음 학기 수업의 효과성 증진을 위해 자유로운 제안이나 권고 사항에 관해 서술

형을 적용하여 다음 표와 같이 강의평가 모형을 제안하였다.

권영훈의 강의평가 모형 및 측정 항목

품질 요소	측정 항목
신뢰성	• 강좌에서는 과제와 성적의 평가가 정확하였다. • 강좌교수는 과제와 시험 결과물들을 잘 보관·관리하였다. • 강좌교수는 강의시간을 잘 지켰다. • 강의진행에 대한 계획(강의계획서)대로 강의가 진행되었다.
보증성	• 강좌에서의 교수 강좌내용은 신뢰감이 높았다. • 강좌교수는 질의에 적절한 대답을 하였다. • 강좌교수는 편안한 수업분위기를 제공하였다. • 강좌교수는 학생에 대해 인간적 배려를 하였다. • 강좌교수는 수업시간에 적극적 강의 태도를 보였다.
유형성	• 강좌에서는 다양한 수업 기자재를 효과적으로 활용하였다. • 강의 장소는 강좌를 진행하기에 적절하였다. • 강좌교수의 외모는 깔끔하고 단정하였다. • 강좌교수는 언어 구사 능력과 표현력이 높았다.
공감성	• 학생의 수업 관련 어려움에 교수는 진심 어린 태도를 보였다. • 교수는 학생에 대해 개별적 관심을 보였다. • 교수는 수업 관련 요구사항에 적절한 피드백을 제공하였다. • 교수는 학생과의 접촉 과정에서 진지한 모습을 보였다. • 강좌교수와의 전화와 상담은 용이하였다. • 강좌교수는 진심으로 학생들에게 도움을 제공하고자 하였다.
내용성	• 교과 진도와 수업계획을 수시로, 정확하게 알렸다. • 강좌교수는 학생들의 다양한 요구 사항에 신속하게 대응하였다. • 강좌교수는 학생들과의 시간 약속에서 학생의 편의를 고려하였다.

  그는 강의 품질의 하위 요소로 신뢰성, 보증성, 유형성, 공감
성, 내용성을 도출하고, 각 요소별로 세부 측정 항목을 구성하

였다. 마찬가지로 대부분의 항목이 강사의 태도, 전달력, 신뢰 형성, 학습자에 대한 배려 등 강사 행동의 질적 측면에 초점을 두고 있다. 즉, '강의의 품질'을 평가하는 틀조차 실질적으로는 '강사의 품질'을 평가하는 틀로 작동하는 셈이다.

*최경호와 이승주의 강의평가 모형[10]

최경호와 이승주는 KS – SQI 모형에 기초하여 강의서비스 품질 측정을 위한 강의평가 문항을 개발하였다. 그들은 다음 표와 같이 KS – SQI의 차원을 본원적 욕구 충동, 예상 외 혜택, 약속 이행, 독창적 서비스, 고객 응대, 신뢰감, 접근 용이성, 물리적 환경으로 분류하고, 각 차원별로 강의서비스 품질 측정을 위한 평가문항을 도출하였다. 마찬가지로 물리적 환경 차원을 제외하고는 모두 강사의 교수학습활동에 해당하는 문항이다.

강의평가에서 강사의 교수활동에 초점을 맞추는 경향은 연구 결과에만 국한되지 않고 교육현장에서도 일관되게 확인된다. 실제 대학에서 사용되는 강의평가 문항들을 살펴보면, 대부분이 강의 담당강사의 교수학습활동이나 교수역량을 평가하는 문항으로 구성되어 있다. 학교교육의 수업평가 역시 교사의 수업전개, 피드백, 학생 참여 유도 등을 중심으로 이루어진다. 성인문해교육 기관, 평생교육 기관, 기업 강사 연수 등 다양한 교육현장에서도 강의평가 결과는 대부분 강사 개인에게 피드백되며, 이를 강사 역량 향상과 교육의 질개선 자료로 활용한다. 이는 프로그램 단위에서 강의평가가 수행되더라도,

최경호와 이승주의 강의서비스 품질 측정 도구 평가문항

차원	평가문항
본원적 욕구 충동	• 강의를 통하여 학문적, 인격적인 성장이 이루어졌는가? • 평가기준은 명확하고 평가는 공정하게 이루어졌는가?
예상 외 혜택	• 다양한 교육자료 및 교수매체를 사용하였는가? • 강의로 학습동기가 유발되고 사고력이 증진하였는가?
약속 이행	• 교수는 주어진 강의시간을 준수하였는가? • 휴강 시 보강은 철저히 이루어졌는가? • 수업진행은 강의계획서대로 이루어졌는가?
독창적 서비스	• 교재와 참고 도서는 강의내용에 부합되었는가? • 최신 이론이나 동향에 대한 소개가 충분하였는가?
고객 응대	• 질문에 대한 답변은 성실하게 이루어졌는가? • 학생들의 의견을 존중하고 인격적으로 대우하였는가?
신뢰감	• 교수의 강의준비는 성실하게 이루어졌는가? • 강의의 전체적인 짜임새(구성)는 우수하였는가? • 교수는 교과목에 대한 전문 지식을 갖추고 있는가?
접근 용이성	• 정규 강의시간 외 면담이나 e-mail 상담이 가능하였는가? • 학생들의 관심과 참여를 유도하였는가?
물리적 환경	• 강의실 환경은 좋다고 할 수 있는가? • 강의의 성격상 수업인원은 적절하였는가?

교육의 성패는 결국 강사의 전문성과 수업 수행력에 의해 결정된다는 점을 전제하고 있기 때문이다. 따라서 강의평가는 본질적으로 강사 중심의 평가이며, 교육의 질을 담보하는 핵심 체제로서 강사의 역할을 중심에 둔다고 할 수 있다.

성인문해교육 만족도조사

과거에는 국가 차원에서 성인문해교육 프로그램 전반에 대한 만족도평가가 실시되었다. 하지만 전반적으로 높은 만족도 점수가 지속적으로 나타나면서 정책적 성과를 구분하거나 개선 방향을 도출하는 데 한계가 있어 현재는 해당 평가가 종료되었다. 대신 일부 문해교육 기관에서는 자체적으로 강의나 교육운영 전반에 대한 만족도조사를 실시하는데, 이는 일반적인 교육만족도나 강의평가에서 다루는 항목들과 구조가 유사하다. 여기에서는 국가 수준의 평가 중, 성인문해교육의 교수학습자료를 중심으로 진행되는 만족도조사 사례를 살펴보고자 한다.

성인문해교육 교수학습자료 만족도조사는 국가문해교육센터가 개발·보급하는 교수학습자료의 품질을 점검하고, 그 결과를 바탕으로 서비스 개선 방향을 모색하기 위해 실시된다. 2024년에는 실제로 자료를 활용하고 있는 성인문해교육 교·강사 및 기관 관계자를 대상으로 국가문해교육센터 e-학습터를 통해 온라인으로 조사가 진행되기도 하였다. 조사 대상에는 새롭게 개발된 생활문해 교과서와 교수학습자료, 교육영상, 유튜브 채널 '성인문해교실 모범생'의 콘텐츠 등이 포함되었다. 이러한 조사는 국가 차원의 지원자료가 현장의 요구에 부합하는지를 진단하고, 향후 교수학습자료 개발 및 보급 체계를 고도화하기 위한 근거를 마련하는 데 목적이 있다.

조사는 5점 평점 척도를 활용하여 응답자가 각 항목에 대해 '매우 만족한다'부터 '매우 불만족한다'까지의 범위에서 평가하도록 설계되었다. 이러한 방식은 교수학습자료의 내용, 형식, 활용성 등 다양한 요인을 체계적으로 분석할 수 있으며, 정량적 결과를 통해 현장 요구의 경향을 파악할 수 있다는 점에서 의의가 있다. 또한 개방형 문항을 포함하여 응답자가 개선 의견이나 현장에서의 활용 경험을 자유롭게 기술할 수 있도록 함으로써, 단순한 만족도 측정을 넘어 질적 피드백을 수집할 수 있도록 구성되었다. 이를 통해 국가문해교육센터는 교수학습자료의 실질적 활용성과 개선 필요 요소를 다각적으로 분석하고자 하였다.

첫 번째 설문도구는 '신규 생활문해교과서 및 교수학습자료'에 대한 만족도를 측정하는 데 그 목적이 있다. 문항은 전반적인 만족도, 내용의 적절성, 글자 크기와 그림 등 시각적 구성의 적합성, 보급 방식의 타당성, 지속적 활용 의향을 중심으로 총 5개 문항으로 구성되었다. 특히 '하나원큐 길라잡이' 앱이나 전자책 등 디지털 기반 자료를 포함하여 평가함으로써, 문해교육이 점차 디지털 학습환경으로 확장되고 있는 현실을 반영하였다. 설문 결과는 단순한 인쇄 교재의 품질을 넘어, 학습접근성과 활용 편의성, 보급 체계의 효율성 등을 종합적으로 점검하기 위한 자료로 활용될 수 있다.

두 번째 설문도구는 유튜브 '성인문해교실 모범생' 콘텐츠에 대한 만족도를 조사하기 위한 것으로, 마찬가지로 5개 문항으로 구성되었다. 문항은 콘텐츠 전반의 만족도, 내용의 적절성, 학습활

신규 개발 교과서 및 교수학습자료 설문 항목

	설문 항목	응답 방법
1	신규 생활문해 교과서와 교수학습자료(하나원큐 길라잡이 앱, 전자책 등)에 대해 전반적으로 만족하십니까?	
2	신규 생활문해 교과서와 교수학습자료(하나원큐 길라잡이 앱, 전자책 등)의 내용에 만족하십니까?	
3	신규 생활문해 교과서와 교수학습자료(하나원큐 길라잡이 앱, 전자책 등)의 글자 크기, 그림 등은 적합하였습니까?	5점 척도
4	신규 생활문해 교과서와 교수학습자료(하나원큐 길라잡이 앱, 전자책 등)의 보급 방법(e-학습터, 교과서 무상 보급 등)은 적합하였습니까?	
5	신규 생활문해 교과서와 교수학습자료(하나원큐 길라잡이 앱, 전자책 등)를 지속적으로 활용할 의향이 있습니까?	

동 지원 효과, 지속적 활용 의향, 타인 추천 의향 등을 포함한다. 조사는 특히 영상학습자료가 교실 밖에서도 학습자가 접근 가능한 교육자원으로서 어떤 역할을 수행하는지를 파악하는 데 중점을 두고 있다.

이와 같은 만족도조사는 국가 차원의 교수학습자료가 현장의 실제 요구와 부합하는지를 검증하고, 서비스 품질을 지속적으로 개선하기 위한 중요한 근거를 제공한다는 점에서 의의가 있다. 다만 응답자의 다수가 교·강사나 기관 관계자로, 학습자의 경험이 충분히 반영되지 못할 수 있으며, 전반적으로 긍정적인 응답이 집중될 경우 결과 활용이 어렵다는 한계가 있다. 따라서 향후에는 학습자 직접평가, 활용 현황 분석, 질적 면담 등을 병행하여 교수학습자료의 실질적 효과성을 종합적으로 검토할 필요가 있

유튜브 '성인문해교실 모범생'설문 항목

	설문 항목	응답 방법
1	유튜브 성인문해교실 '모범생'콘텐츠 개발에 전반적으로 만족하십니까?	
2	유튜브 성인문해교실 '모범생'의 내용에 만족하십니까?	
3	유튜브 성인문해교실 '모범생'콘텐츠 활용은 문해교육 학습활동을 수행하는 데 도움이 되었습니까?	5점 척도
4	유튜브 성인문해교실 '모범생'콘텐츠를 지속적으로 활용할 의향이 있습니까?	
5	유튜브 성인문해교실 '모범생'콘텐츠를 타인에게 추천할 의향이 있습니까?	

다. 이러한 다층적 접근은 단순한 만족도 측정을 넘어, 문해교육 자료가 학습자의 삶의 질 향상과 학습 역량강화에 어떻게 기여하는지를 보다 정확하게 파악할 수 있다.

9장

성인문해교육 기관평가

평가대상으로서의 교육기관

기관평가는 기관의 활동이나 운영 차원에서 서비스를 파악하는 개념으로, 기관의 기능과 업무 전반에 대한 기관 단위의 다원적 종합평가를 의미한다. 우리가 보다 일상적으로 접할 수 있는 기관평가는 음식점이나 숙소 등 우리에게 직접적인 서비스를 제공하는 기관을 평가대상으로 하는 경우이다. 이러한 평가는 모두 서비스를 포함한 특정 기관을 평가대상으로 한다.

교육기관평가는 교육 측면에 초점을 두고 기관을 분석하고 판단하는 것을 말한다. 기관의 교육 여건을 포함하여 교육에 투입하는 자원, 교육을 실시하는 과정, 교육을 통해 산출할 수 있는 성과에 대한 체계적 점검을 통하여, 교육을 제대로 실시할 수 있는지 혹은 교육을 제대로 실시하고 있는지를 확인하는 것이 기관평가의 목적이라 할 수 있다. 교육 프로그램평가가 수업이나 교육과정을 평가한다면, 교육 기관평가는 교육 프로그램을 포함하여 제반 여건, 자원, 성과를 기관 단위에서 평가하는 것이라 할 수 있다.

교육기관은 일반적인 조직과 달리 '교육'이라는 사회적 기능을 수행하기 때문에 평가대상이 될 때 독특한 특성과 논리를 지닌다. 기업, 공공기관, 시민단체 등과 비교했을 때 교육기관은 단순히 산출물이나 효율성으로 성과를 측정하기 어렵고, 그 존재 목적이 인간의 성장과 학습이라는 점에서 질적 요인과 장기적 영향을 함께 고려해야 한다. 이러한 점에서 교육기관을 평가할 때에는 일반 조직의 경영평가나 사업평가에서 사용하는 접근만으로는 충분하지 않다.

교육기관을 평가대상으로 바라볼 때에는 교육의 결과가 '인간의 변화'에 있다는 점을 염두에 두어야 한다. 교육기관의 가장 본질적인 성과는 학습자의 행동, 태도, 인식, 역량의 변화이다. 이는 단기간에 측정되기 어려우며 수치화하기도 쉽지 않다. 기업의 경우 재무 성과나 생산량과 같은 가시적 결과를 중심으로 평가하지만, 교육기관은 인간 발달과 학습과정이라는 내적이고 질적인 성과를 평가해야 한다. 따라서 교육기관의 평가는 학습자의 성장 과정, 학습경험의 질 그리고 장기적인 사회적 영향까지 고려해야 한다.

또한 교육기관에서 이루어지는 교육과정이 지닌 복합성과 상호작용성을 고려해야 한다. 교육기관은 교수자, 학습자, 교육내용, 환경, 제도 등 다양한 요소가 유기적으로 얽혀 작동하는 복합적 체계이다. 이러한 구조에서는 어느 한 요소만으로 전체 성과를 판단하기 어렵고, 요소 간 상호작용을 종합적으로 분석해야 한다. 예를 들어 교사의 교수전략, 학습자의 참여 동기, 교육과정의 설계, 학습환경의 지원 수준 등이 서로 맞물리며 교육의 질을 결정한다. 따라서 교육기관 평가는 투입 - 과정 - 결과의 선형적 모형보다, 상호작용적이고 맥락적 접근을 필요로 한다.

뿐만 아니라 교육기관이 공공성과 책무성을 동시에 지닌 조직이라는 점을 잊지 말아야 한다. 교육기관은 개인의 학습권을 실현하는 동시에 사회적 자원을 활용하는 공공기관적 성격을 지닌다. 이 때문에 교육기관 평가는 단순한 내부 개선 도구를 넘어 사회적 책무성을 점검하는 역할을 한다. 평가를 통해 교육의 질, 형평성, 접근성, 투명성 등을 확보하고, 사회적 신뢰를 유지하는 것이 중요하다. 즉, 교육기관 평가는 조직의 경영 효율성뿐 아니라 공공적 책임 수행의 정도를 검증하는 과정이기도 하다. 이러한 점에서 교육기관은 '성과와 책무의 균형'을 유지해야 하는 독특한 평가대상으로 이해될 수 있다.

볼드리지 프레임워크[1]

교육기관 평가를 구체적으로 이해하기 위해 대표적인 평가 프레임워크를 살펴보고자 한다. 말콤 볼드리지 성과수월성 평가제도Malcolm Baldrige Performance Excellence Program는 교육 기관 평가에 가장 널리 활용되고 영향력 있는 체계로 꼽힌다. 이 제도는 1987년 미국 상무부 산하 국립표준기술연구소NIST: National Institute of Standards and Technology가 국가 차원의 품질 경영

경쟁력을 제고하기 위해 도입한 것으로, 이후 비영리기관, 의료기관, 교육기관 등 다양한 분야로 확대되었다. 특히 교육 부문에서는 학교, 대학, 평생교육 기관 등 조직의 성과 관리, 품질 혁신, 리더십, 학습성과, 사회적 책임을 통합적으로 평가할 수 있는 체계로 자리 잡았다.

볼드리지 수월성 프레임워크는 조직의 전략, 리더십, 프로세스, 성과를 포괄적으로 점검할 수 있도록 설계되었으며, 제조, 서비스, 보건, 공공, 교육 등 부문별로 각각의 적용 기준을 제시함으로써 현장 활용도와 실효성이 높다. 이러한 점에서 볼드리지 제도는 교육기관의 품질 관리와 성과평가를 통합적으로 수행할 수 있는 가장 체계적이고 검증된 국제적 프레임워크라 할 수 있다.

볼드리지 프레임워크는 조직의 행동 양식과 의사결정 기준이 되는 핵심 가치와 개념을 제시한다. 교육기관에 해당하는 핵심 가치와 개념은 다음 그림과 같다. 즉, 시스템 관점에 기반하여 비전 제시형 리더십, 학생 중심 수월성, 사람에 대한 가치 부여, 민첩성과 회복 탄력성, 조직 학습, 성공과 혁신에의 초점, 사실에 근거한 경영 관리, 사회적 기여, 윤리와 투명성, 가치와 결과 전달을 중시해야 한다는 것이다.

이러한 핵심 가치와 개념은 기관이 어떤 가치와 철학을 바탕으로 운영되고 있으며, 어떠한 환경과 도전 요인 속에서 성과를 창출하는지를 이해하는 데 초점을 둔다. 동시에 교육기관이 중요하게 고려해야 할 원칙의 우선순위를 제시함으로써, 조직이 지향해야 할 규범적 기준과 문화적 방향을 설정하는

핵심가치와 개념의 역할[2]

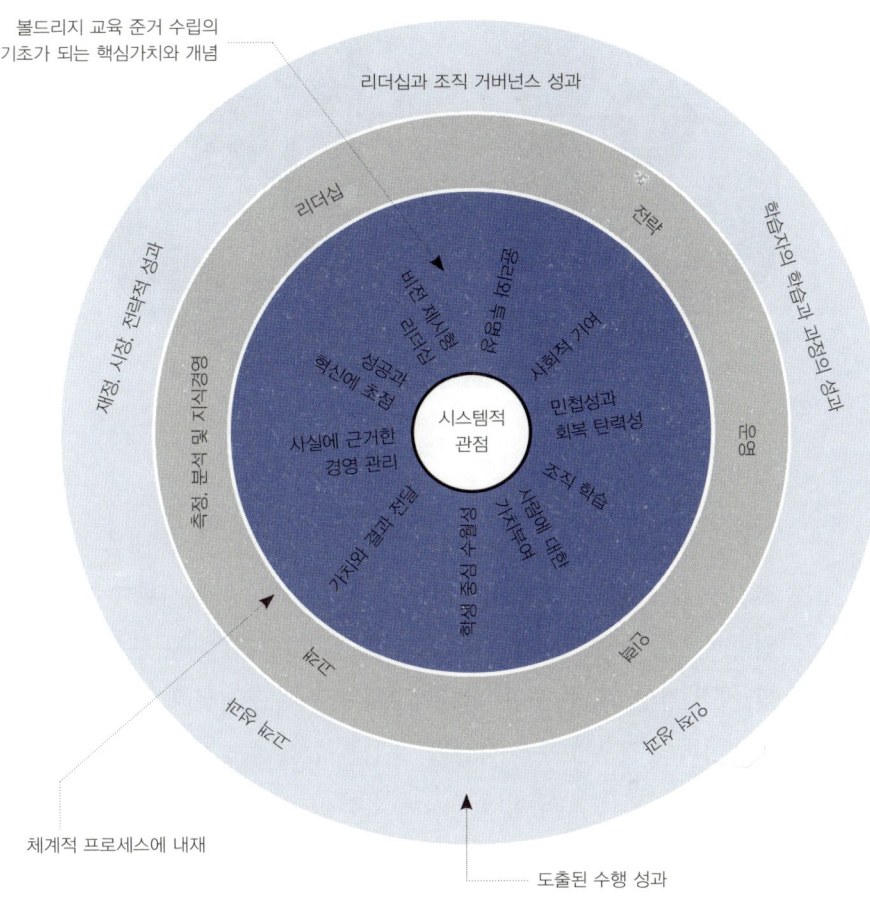

볼드리지 교육 준거 수립의
기초가 되는 핵심가치와 개념

리더십과 조직 거버넌스 성과

리더십

전략

학습자의 학습과 과정의 성과

재정, 시장 전략적 성과

측정, 분석 및 지식경영

뛰어난 리더십
미래 지향성
성공과 혁신에 초점
사실에 근거한 경영 관리
가치와 결과 전달
학생 중심 수월 성취

변화를 이끄는 문화
사회적 기여
민첩성과 회복 탄력성
조직 학습
사람에 대한 가치부여

시스템적 관점

고객

운영

체계적 프로세스에 내재

인력 성과

도출된 수행 성과

역할을 한다. 따라서 이러한 핵심 가치는 단순한 선언이 아니
라, 기관의 전략과 운영 과정 전반에 일관되게 반영되고 정렬
되어야 한다. 이를 통해 조직은 내부의 가치 체계를 강화함과
동시에 지속적인 개선과 성과 수월성을 실현할 수 있다.

조직 프로파일[3]

볼드리지 프레임워크는 이러한 핵심 가치와 개념을 토대로
조직을 총체적으로 이해하기 위한 조직 프로파일을 제시한다.
일반적으로 위의 그림과 같이 리더십, 전략, 고객, 측정, 분석
및 지식 경영, 인력, 운영, 성과의 7개 범주로 구성된다. 특히
교육기관의 경우 고객은 학습자, 운영은 교육 프로그램, 성과
는 학습결과와 교육의 질적 향상에 초점을 두며, 이를 통해 기
관의 사명, 비전, 전략, 운영 체계를 유기적으로 연계하여 평가
할 수 있도록 설계되었다.

볼드리지 프레임워크는 학습자의 참여나 성취 등 프로그램
단위의 성과뿐만 아니라, 기관 전체 차원에서 전략, 리더십, 운
영 프로세스를 체계적으로 점검하고 평가할 수 있는 종합적
틀을 제공한다. 이 프레임워크는 단기적 성과뿐 아니라 장기
적 발전, 정량적 지표뿐 아니라 정성적 사례와 증거까지 폭넓

게 평가 데이터로 활용한다는 점에서 특징적이다. 또한 '볼드리지상'과 같이 평가결과를 기반으로 한 공식적인 시상도 이루어지지만, 그 본질적 목적은 외부 인증이 아닌 조직 내부의 학습촉진과 지속적 개선 문화의 정착에 있다는 점에서 중요한 시사점을 제공한다.

정부업무평가에서의 기관평가[4]

공공 부문에서 기관평가는 정부업무평가 차원에서 이루어지는 기관평가 혹은 특정 정책이나 사업의 일환으로 해당 기관의 자격이나 성과를 평가하는 것을 의미한다. 먼저 기관평가에서 가장 일반적으로 사용되는 의미인 정부업무평가 차원에서의 기관평가를 살펴보자.

정부업무평가는 중앙행정기관, 지방자치단체, 소속기관, 공공기관 등 공공 부문 기관이 수행하는 정책과 사업을 대상으로 실행 과정과 성과를 체계적으로 점검하는 제도이다. 이 제도는 「정부업무평가 기본법」에 근거하여 국정 운영의 능률성, 효과성, 책임성을 확보하기 위한 수단으로 설계되어 있다. 평가 대상 기관은 중앙·지방 행정조직뿐 아니라 공기업, 연구기관 등 다양한 공공 기구가 포함된다.

공공 부문에서 업무평가는 사실상 기관 단위의 평가, 즉 기관평가의 성격을 가진다. 정부업무평가는 개별 사업이나 프로그램을 평가하더라도 그것이 속한 조직(부처, 지자체, 공공기관 등)의 정책 역량, 조직 관리, 책임성과 연계되어 평가되기 때문이다.

주요 평가방향은 다음과 같다. 첫째, 각 기관의 주요 정책을 중심으로 평가하여 해당 연도의 핵심 국정과제 추진 실적 및 변화 양상을 집중 점검한다. 둘째, 국민이 체감하는 성과를 중심으로 평가를 강화하여, 정량 지표 중심 평가에서 벗어나 국민의 인식과 만족도를 반영하려는 노력을 확대한다. 국민만족도 지표를 반영하는 것이 그 예가 될 수 있다. 셋째, 평가결과에 대한 환류 기능을 강화한다. 미흡한 부분은 후속 조치 계획을 마련하고, 이행 상태를 다음 평가 시 반영함으로써 제도의 지속적 개선과 조직학습 기능을 내재화한다. 또한 평가부담을 줄이기 위해 평가중복을 최소화하고 유사평가를 조정한다.

특정 정책이나 사업의 일환으로 기관의 자격이나 성과를 평가하기도 한다. 예를 들어 대표적인 교육기관인 대학을 대상으로 한 평가도 기관평가이다. 고등교육에 투입되는 공공 자원을 배분하기 위해 교육기관 인증과 같은 평가를 통해 각 대학이 공공 자원의 지원을 받을 만한 자격이 있는지를 점검하는 것이다.

보다 적극적으로는 정책 사업을 가장 적절히 수행할 수 있는 대학기관을 선정하기 위해 기관평가를 실시하기도 한다. 최근에는 개별 대학보다는 대학 간 협력 체계 혹은 지역을 중심으로 한 연합 단위로 평가를 하기도 한다. 즉, 기관평가의 대상이 행정적, 물리적 단위 기관을 넘어 공동체, 지역 등으로 확장되고 있는 것이다.

기관이 하나의 목적으로 가지고 운영되는 조직이라면, 지역은 물리적으로 경계 지어지고 행정적으로 구분되는 단위이므로 지역에 대한 평가를 기관평가라고 보기에는 무리가 있다. 다만 평생교육이나 성인문해교육이라는 특정한 분야를 중심으로 평가할 때에는 기관과 지역 모두 여러 사람이 공동의 목적을 가지고 운영하는 일종의 조직으로 볼 수 있다. 또한 교육기관평가는 평가대상의 최전선에 기관장과 직원이, 지역평가는 지자체장과 담당 공무원 및 공공기관이 있다는 점에서 기관평가와 지역평가를 비슷한 논리로 파악할 수 있다.

성인학습자 학력인정 기관평가

성인문해교육에서 기관평가에 해당하는 대표적인 사례는 성인 문해 학력인정 기관을 승인하기 위한 평가이다. 성인학습자 학력 인정 제도는 「평생교육법」 제40조에 근거하여 성인학습자가 문 해교육 프로그램을 이수하면 의무교육에 해당하는 초등학교와 중학교 학력을 인정받을 수 있는 제도이다. 이 제도는 국가문해 교육센터가 주관하며, 전국의 문해교육 기관이 참여하여 성인학 습자의 학습기회를 확대한다. 학력인정 제도는 성인학습자가 문 해교육 프로그램을 이수하면, 해당 기관이 국가문해교육센터에 학력인정 신청을 하여 승인을 받는 방식으로 운영된다. 이 과정 은 e-학습터를 통해 온라인으로도 지원되며, 학습자는 전자책, 학습영상, 교과서 등을 활용하여 학습할 수 있다. 국가문해교육센 터는 학력인정 기관의 운영을 지원하며, 문해교육 종합정보시스 템을 통해 기관의 이수 내역과 학력인정 현황을 관리한다. 또한 기관의 평가와 인증을 통해 문해교육의 품질을 높이며, 학습자의 학습성과와 만족도를 반영하여 지속적인 개선을 추진한다.

성인학습자 학력인정 제도에 따라 문해교육 기관이 국가문해 교육센터로부터 학력인정 승인을 받기 위해서는 기관평가를 통 과해야 한다. 이 평가는 기관의 교육과정, 운영 체계, 학습지원 서 비스 등을 종합적으로 점검하여 학력인정 요건을 충족하는지를 판단하는 과정이다. 기관평가는 자체평가와 외부평가로 구성된다. 자체평가는 기관이 자체적으로 교육과정, 운영 체계, 학습지원 서비스 등을 점검하고 개선하는 과정이다. 외부평가는 국가문해교육센터나 지정된 평가기관이 기관의 교육과정, 운영 체계, 학습지원 서비스 등을 객관적으로 평가하는 과정이다. 평가항목으로는 교육과정의 적합성, 교재 및 학습자료의 질, 교사의 전문성, 학습지원 서비스의 효과성, 운영 체계의 효율성, 학습자의 학습성과 등이 포함된다. 이러한 항목들은 성인학습자가 효과적으로 학습하고, 학습성과를 달성할 수 있도록 지원하는 기관의 역량을 평가하는 데 중점을 둔다. 평가결과 기관이 학력인정 요건을 충족한다고 판단되면, 국가문해교육센터는 해당 기관에 학력인정 승인을 부여한다. 이로써 기관은 성인학습자에게 공식적인 학력인정 증명서를 발급할 수 있는 자격을 얻는다.

10장

성인문해교육 정책평가

🦋

정책평가와 사업평가

정책사업은 문제 해결을 위해 국가가 개입하여 개발 및 실행하는 프로그램의 한 유형이다. 정책사업은 반드시 법적 근거를 가지고 계획되며 예산이라는 명확한 투입이 이루어지고 구체적인 추진 주체가 있을 뿐 아니라 가시적인 변화를 결과로 의도하므로 평가대상으로서 매우 매력적이다.

정책과 사업은 모두 공공 부문에서 사회문제를 해결하고 공익을 증진하기 위한 행정 활동이지만, 그 개념적 위상과 작동 수준은 분명히 서로 다르다. 먼저 정책Policy은 사회적 문제를 해결하거나 특정한 방향으로 사회를 변화시키기 위해 정부나 공공기관이 수립하는 행동의 기본 원칙이자 전략적 의사결정 체계를 말한다. 다시 말해, 정책은 '무엇을, 왜, 어떤 방향으로 시행할 것인가'를 의도적으로 선택하며 사회적 합의를 바탕으로 한 공적 방향성을 제시한다. 정책은 단순한 행정 계획이 아니라, 사회가 지향하는 가치와 목표를 제도적으로 구현하기 위한 포괄적 틀이다.

이에 비해 사업Project, Program은 정책에서 제시된 방향을 현실에서 실현하기 위해 구체적으로 수행되는 실행 단위의 활동이다. 즉, 사업은 정책을 구체화한 계획에 따라 일정한 기간 동안 인적·물적 자원을 투입하여 구체적 결과를 산출하는 과정을 의미한다. 정부나 공공기관은 정책 목표를 달성하기 위해 다양한 형태의 사업을 기획하고, 이를 통해 정책의 효과를 실질적으로 구현한다. 사업의 본질은 실행이며, 정책이 '방향'을 제시한다면 사업은 그 방향으로 '움직이는 수단'이라 할 수 있다.

정책과 사업의 관계는 위계적이면서도 상호 보완적이다. 정책은 사회적 비전과 제도적 방향성을 제시하는 상위 개념으로서 거시적이고 장기적인 성격을 지닌다. 반면 사업은 정책의 세부 목표를 달성하기 위한 미시적이고 단기적인 실행 활동이다. 그러나 두 개념은 명확히 구분되면서도 서로 긴밀하게 연계되어 있다. 정책이 실행되지 않으면 실질적 변화를 만들 수 없으며, 사업이 정책의 근거와 연계성을 상실하면 방향성을 잃는다. 이처럼 정책은 사업의 정당성을 부여하고, 사업은 정책의 실효성을 검증하는 관계에 놓여 있다.

정책과 사업의 구분은 평가의 관점에서도 중요하다. 정책평가는 정책의 타당성과 사회적 효과를 검증하는 활동으로, 사회적 문제 해결이라는 거시적 수준의 목표 달성 여부를 판단한다. 반면 사업평가는 정책 실현을 위한 구체적 사업의 과정과 결과를 점검하고, 그 효율성과 효과성을 검토하는 활동이다. 사업평가는 공적인 자원이 제대로 투입되고 활용되었는지를 확인하기 위해 수행되며, 국민의 세금으로 조성된 예산이 합리적으로 사용되었는지를 검증하는 기능을 갖는다. 즉, 정책평가와 사업평가는 평가수준과 초점은 다르지만, 모두 공공성과 책임성 확보를 위한 필수적인 관리 도구라 할 수 있다.

결국 정책과 사업은 구분되는 개념이지만, 실제 평가현장에서는 두 영역이 서로 중첩되고 경계가 모호한 경우가 많다. 정책이 사업을 통해 실현되고, 사업이 정책의 효과를 반영하기 때문에 둘은 동일한 맥락 속에서 평가되는 경우가 빈번하다. 따라서 이 책에서는 두 개념을 명확히 구분하되, 정책평가와 사업평가를 포괄하는 상위 개념으로 '정책평가'라는 용어를 사용하고자 한다. 이는 정책과 사업의 구체적 수준 차이를 인정하면서도, 평가활동의 본질이 '공공정책의 개선과 학습'이라는 점에서 동일하다는 인식에 근거한다.

CIPP 모형[1]

CIPP 모형은 평가의 네 가지 핵심 요소인 상황, 투입, 과정, 결과의 영문 앞 글자를 조합하여 만든 종합적 평가모형으로 정책평가에 널리 활용되고 있다.[2] 스터플빔Diniel Stufflebeam은 평가를 단순히 결과를 판정하는 절차가 아니라 합리적 의사결정을 내릴 수 있도록 지원하는 과정으로 보았다. 즉, 평가는 관리자가 어떤 결정을 내려야 하는지를 분석하고, 그 결정을 내리는 데 필요한 정보를 체계적으로 제공하는 활동이라는 것이

CIPP 모형의 구성

Context	상황
Input	투입
Process	과정
Product	산출

다.

첫째, '상황평가'는 목표의 설정과 그 정당성을 검토하기 위한 기초적 평가활동이다. 이는 프로그램이 도입된 배경과 사회적 요구, 프로그램이 해결하려는 문제, 운영에 영향을 미치는 환경적 요인들을 분석함으로써 목표의 타당성과 필요성을 확인하는 과정이다. 예를 들어 성인문해교육 참여율이 낮은 지역을 대상으로 학습자 요구와 지역사회 여건을 분석하여, 문해교육 정책이 어떤 목표를 우선적으로 설정해야 하는지를 판단하는 것은 상황평가라 할 수 있다. 이때 평가는 긍정적 환경 요인뿐 아니라 잠재적인 제약 요인까지 통합적으로 고려하여 목표가 실제로 실현 가능한지를 판단할 수 있도록 한다. 따라서 상황평가는 '무엇을 왜 해야 하는가'에 대한 근본적인 판단을 가능하게 하는 출발점이라 할 수 있다. 상황평가를 통해 정책이나 사업의 목표가 해당 맥락에서 합리적이고 우선순위가 있는지 혹은 목표 자체의 재설계가 필요한지를 결정할 수 있다.

둘째, '투입평가'는 목표를 달성하기 위해 어떤 자원을 어떻게 활용할 것인가를 결정하는 데 필요한 정보를 제공한다. 여기에는 인적·물적 자원, 예산, 시간, 절차, 전략 등 수행에 필요한 제반 요소들이 포함된다. 예를 들어 성인문해교육 지원사업에서 학습자에게 제공될 교육자료, 강사 배치, 예산 및 교육시설을 검토하고, 목표 달성을 위해 적절한 자원과 전략이 투입되었는지를 평가하는 것은 투입평가이다. 스터플빔은 투입평가를 통해 다양한 대안적 자원을 활용할 수 있는 방식을 비판적으로 검토함으로써 실제 투입된 자원의 적절성과 효과성을 평가할 수 있다고 보았다. 즉, 특정 투입 요소의 가치는 단독으로 판단되는 것이 아니라, 가능한 다른 대안들과의 비교 속에서 해석되어야 한다는 것이다. 따라서 투입평가는 사업 설계 단계에서 의사결정의 근거자료로 기능하며, 비용 대비 효과와 자원 배분의 합리성을 확보하는 데 중요하다.

셋째, '과정평가'는 실제 운영 과정이 계획된 내용에 따라 충실하게 진행되고 있는지를 점검하는 평가이다. 과정평가에서는 계획된 활동들이 의도한 대로 수행되고 있는지, 운영 과정에서 절차적 문제나 편차가 발생하는지, 참여자의 반응과 운영상의 병목은 무엇인지 등을 규명한다. 성인문해교육 사업이 계획대로 운영되는지를 점검하고, 수업운영, 강사 활동, 학습자 참여도 등 실행 과정에서 발생하는 문제를 분석하는 것은 과정평가에 해당한다. 과정평가를 통해 얻은 정보는 즉각적인 운영 개선과 문제 해결에 사용될 수 있으며, 투입 요소와 활동 간의 인과적 연결성을 확인하여 설계 시의 가정을 검증하는 데 도움이 된다. 따라서 과정평가는 논리 모형을 기반으로 원인과 결과 간의 연결성을 검토하는 논리주도평가와 유사한 기능을 수행한다.

넷째, '결과평가'는 산출한 결과를 측정하고, 그 의미를 해석하여 가치판단을 내리는 과정이다. 결과평가는 사전에 의도된 결과뿐만 아니라 비의도적 결과까지 포함하며, 단기적 성과와 장기적 영향 모두를 포괄한다. 성인문해교육에서 결과평가의 예로 학습자의 문해능력 향상, 학습지속성, 비의도적 효과(사회 참여 증가 등)를 측정하고, 정책목표 달성 여부를 판단하는 것을 들 수 있다. 결과평가는 단순히 결과값을 제시하는 데 그치지 않고, 결과의 의미를 목표, 상황, 투입, 과정과 연결하여 종합적으로 해석하려고 한다. 이를 통해 정책적·관리적 의사결정자는 프로그램이 목표를 어느 정도 달성했는지, 어떤 맥락적 요인이 성과에 영향을 미쳤는지, 향후 개선 방향은 무엇인지를 보다 명확히 파악할 수 있다.

CIPP 모형에서 제시하는 상황, 투입, 과정, 결과의 네 가지 평가영역은 모두 '가치'를 중심축으로 하여 이해될 수 있다. 스터플빔은 이를 다음 그림과 같이 도식화하였다. 가장 안쪽의 핵심 원은 평가의 근거이자 출발점이 되는 핵심 가치를 의미한다. 이 핵심 가치를 둘러싸고 그 바깥에는 프로그램의 전개 단계에 해당하는 네 가지 평가초점, 즉 목적, 계획, 실행, 결과가 원형 구조로 배열되어 있다. 그리고 가장 외곽의 원에는 각 초점에 대응하는 구체적인 평가유형이 위치한다. 이러한 구조는 평가의 각 요소가 독립적으로 작동하는 것이 아니라, 중심에 있는 가치와 상호 관련성을 가지며 유기적으로 연결

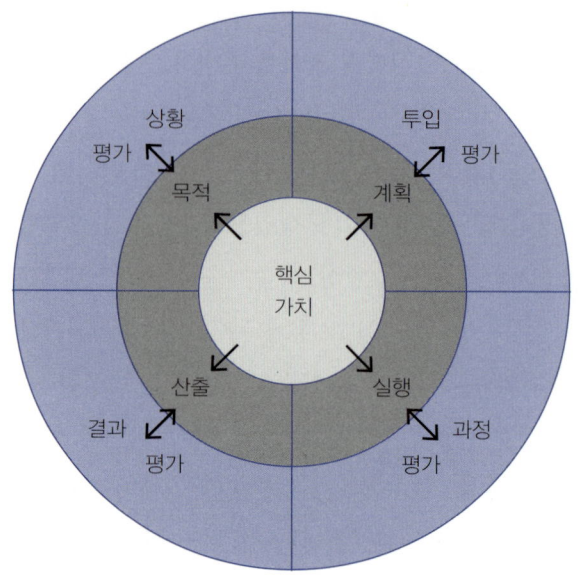

되어 있음을 시사한다.

즉, CIPP 모형에서 평가는 가치판단을 배제한 기술적 활동이 아니라, 가치에 근거한 판단과 해석의 과정으로 이해된다. 가치가 프로그램 평가의 핵심 기반으로 작동하기 때문에, 네가지 평가초점인 상황, 투입, 과정, 결과는 모두 특정한 가치의 기준 아래에서 기능적으로 형성되고 통합된다. 스터플빔은 이러한 가치가 사회적, 집단적, 개인적 차원을 모두 포함한다고 보았다. 이는 평가준거를 설정하고 그 정당성을 확보하는 데 필수적인 토대가 된다. 결국 평가는 단순히 성과를 측정하거나 정보를 수집하는 행위에 그치지 않고, 무엇을 중요한 것으로 간주할지를 규정하는 가치 체계 위에서 이루어진다. 따라서 평가도구 선정, 절차 설계, 정보 접근 방식, 결과 해석의 기준은 모두 평가자가 전제하는 가치관에 의해 방향이 설정된다. 요컨대, CIPP 모형에서 가치는 평가의 논리적 중심이자 실제적 판단의 기준으로 작동하며, 평가과정 전반을 통합하고 정향하는 핵심 원리라 할 수 있다.

성인문해교육 정책 평가에서도 가치는 평가의 핵심 기준이자 출발점으로 작용하며, 평가자가 무엇을 중요하게 보고 어떤 정보를 수집 및 해석할지를 결정하는 기준이 된다. 예를 들어, 성인문해교육에서 학습자의 학습기회 평등, 사회 참여 촉진, 학습효과성, 자율적 학습동기 강화와 같은 가치를 평가의 근거로 둘 때 가치는 CIPP 모형의 네 가지 평가영역 전반에 반영된다. 상황평가에서는 특정 지역이나 집단의 문해 필요성을 판단할 때 '교육 접근성 평등'과 같은 사회적 가치를 중심으로 우선순위를 정하며, 투입평가에서는 예산, 강사, 교육자료 배치 등 자원 투입의 적절성을 평가할 때 '효율성과 형평성'을 기준으로 자원 배분의 정당성을 판단할 수 있다. 과정평가에서는 프로그램 운영 과정에서 학습자 참여와 강사 지원 정도를 점검할 때 '학습자의 참여 권리와 학습경험의 질'을 핵심 가치로 삼고, 결과평가에서는 학습성과와 고용 기회 확대나 사회 참여 증가와 같은 장기적 사회적 영향을 평가할 때 '학습자의 역량 강화와 사회적 참여 확대'를 기준으로 결과의 의미를 해석할 수 있다. 이처럼 가치 중심의 평가는 단순히 성과를 측정하는 차원을 넘어 사회적, 집단적, 개인적 차원의 의미 있는 개선을 도출할 수 있는 근거를 제공하며, 정책평가의 전 과정을 통합하고 정향하는 논리적·실천적 중심축으로 기능한다.

＊CIPP 모형을 활용한 성인문해교육 정책평가

CIPP 모형은 성인문해교육 정책 평가에 매우 적합한 접근 틀이다. 이 모형은 정책의 기획에서 실행, 결과에 이르기까지 전 과정을 포괄적으로 검토하면서, 각 단계에서의 의사결정을 지원하는 데 중점을 둔다. 스터플빔은 평가자가 의사결정의 요구와 부합하는 평가설계를 개발해야 한다고 강조하였으며, 이를 위해 평가설계를 구조화하는 여섯 단계를 제시하였다. 이러한 단계별 접근은 성인문해교육 정책과 같은 복합적이고 사회적 맥락의 영향을 많이 받는 영역에서 특히 유용하다.

첫째 단계인 '평가초점 설정'에서는 성인문해교육 정책의 목표와 범위를 명확히 규정하는 것이 핵심이다. 예를 들어 국가 수준에서 문해교육 정책이 '문해력 격차 완화'에 초점을 두는지 혹은 '디지털 문해 역량 강화'에 초점을 두는지에 따라 평가의 방향이 달라진다. 이 단계에서는 평가자가 정책의 의사결정 수준(중앙정부 정책, 지방자치단체 사업, 현장 실행 프로그램 등)을 확인하고, 측정할 준거와 판단 기준을 구체화해야 한다. 또한 평가의 영향력이 미치는 정책 영역, 즉 평가자가 실제로 조작 가능한 정책 범위를 명확히 하는 것도 중요하다.

둘째 단계는 '정보 수집'이다. 성인문해교육 정책은 학습자, 교사, 지역 문해교육 기관, 지방자치단체, 중앙행정기관 등 다양한 이해관계자가 관여하기 때문에, 다층적 정보수집이 필요하다. 이 단계에서는 정보의 출처(행정자료, 기관운영 보고서, 학습자 만족도조사 등)를 식별하고, 구체적인 수집 도구(설문, 면담, 관찰, 문서 분석 등)를 결정한다. 표집 절차와 정보수집 계획도 세밀하게 설계하여 정책의 실효성을 입증할 수 있는 신뢰도 높은 데이터를 확보해야 한다.

셋째 단계인 '정보 조직화'에서는 수집된 자료를 분석 가능한 형태로 정리하고, 정책평가의 목적에 부합하는 분석 틀을 마련한다. 예를 들어 문해교육 참여율, 프로그램 지속성, 학습자의 문해력 변화 등을 계량적으로 분석하면서 동시에 질적 자료(현장 사례, 참여자 서사 등)를 종합적으로 평가할 수 있다.

넷째 단계인 '정보 분석'에서는 이러한 자료를 바탕으로 정책의 적합성, 실행의 충실도, 성과의 타당성을 평가한다. 이 과정에서 앞서 살펴본 CIPP의 네 가지 영역에 근거하여 정책이 얼마나 일관된 논리 속에서 운영되고 있는지를 점검한다.

다섯째 단계인 '정보 보고'는 평가결과를 이해관계자에게 전달하여 결과가 정책의 개선 방향과 후속 의사결정에 반영되도록 하는 단계이다. 예를 들어 평가결과를 중앙정부에는 정책 개선 권고안으로, 지역기관에는 실행 개선 가이드라인으로 각각 제공할 수 있다.

마지막으로, '평가의 행정적 운영' 단계에서는 평가설계가 실제로 원활히 실행될 수 있도록 전체 절차를 관리하고, 일정, 인력, 예산 등을 포함한 실행계획을 구체화한다.

이와 같이 CIPP 모형을 성인문해교육 정책평가에 적용하면, 단순히 성과를 사후적으로 점검하는 수준을 넘어 정책의 기획 - 실행 - 성과 - 환류 전 과정을 체계적으로 관리할 수 있다. 특히 성인문해교육은 지역, 세대, 계층 간의 불균형이 크고, 사회적 가치판단이 평가에 깊이 개입되는 영역이기 때문에, 평가자가 핵심 가치를 명확히 하고 각 단계에서의 의사결정을 지원하는 것이 중요하다.

정책 모니터링

모니터링Monitoring은 정책이나 프로그램이 실행되는 과정에서 일어나는 변화를 일정한 기간 동안 지속적으로 관찰하고 기록하는 활동을 의미한다. 이는 단순히 결과를 사후적으로 평가하는 것이 아니라, 실행 과정에서 일어나는 문제를 조기에 발견하고 개선할 수 있도록 돕는 과정 중심의 평가활동이다. 정책평가의 관점에서 모니터링은 '실행 과정의 질'을 보장하기 위한 필수 요소로, 정책이 의도한 목표를 효과적으로 달성할 수 있도록 지원하는 기능을 수행한다. 특히 장기적이고 복합적인 정책일수록 실행 단계에서의 모니터링은 중요하다. 정책은 설계 단계의 논리만으로 성과를 담보할 수 없기 때문에, 실제 운영 현장에서의 변화를 추적하고 그 결과를 즉각 피드백함으로써 정책의 효율성과 책임성을 높일 수 있다.

모니터링은 프로그램, 산출, 성과 등을 대상으로 이루어진다. 프로그램 모니터링은 정책이나 프로그램이 계획된 일정,

예산, 인력, 운영 절차에 따라 제대로 수행되고 있는지를 점검하는 과정이다. 예를 들어 교육 프로그램의 운영 일정 준수, 참여자 모집 현황, 교재 공급 및 강사 배치 등 실행 수준을 점검함으로써 운영의 안정성과 적정성을 확보할 수 있다. 산출 모니터링은 정책 실행의 결과로 나타나는 단기적 성취나 변화를 추적하는 활동이다. 이는 정책의 효과성을 판단하기 위한 기초자료로 활용되며, 특정 개입이 어떤 변화를 가져왔는지에 대한 인과적 단서를 제공한다. 성과 모니터링은 정책의 중장기적 영향과 지속성을 관찰하는 것으로, 단순한 결과 측정이 아니라 성과가 만들어지는 과정과 구조적 요인을 함께 탐색한다.

성인문해교육 정책에서 모니터링은 정책 실행의 품질과 효과성을 확보하기 위한 핵심 수단이다. 예를 들어, 프로그램 모니터링을 통해 성인문해교육 과정의 개설 현황, 강사 자격과 배치, 학습자 참여율 및 학습유지율 등을 점검하여 운영상의 문제를 조기에 발견하고 개선할 수 있다. 산출 모니터링을 통해 학습자의 문해력 향상, 학습지속 의지, 지역별 성과 격차 등을 분석하여 정책 효과를 확인할 수 있다. 성과 모니터링은 문해교육을 통해 학습자의 삶의 질이 어떻게 변화했는지, 사회 참여나 고용 기회 확대 등으로 이어졌는지를 추적함으로써 정책의 사회적 파급 효과를 파악할 수 있다. 이러한 모니터링 결과는 정책 개선과 의사결정의 근거로 활용되며, 궁극적으로는 성인문해교육의 지속 가능한 발전을 위한 정책을 구축하는 기반이 된다.

·
3부 개인-프로그램-기관-정책을 품은 평가

준거, 기준, 지표 그리고 지수

정책평가에서 지표Indicator는 정책의 성과와 변화를 관찰하고 측정하기 위한 핵심 도구이다. 지표는 정책의 실행 과정과 결과를 일정한 기준에 따라 정량적·정성적으로 평가할 수 있게 하는 '판단의 언어'라 할 수 있다. 즉, 지표는 정책이 의도한 목표를 얼마나 달성했는가를 보여 주는 구체적 근거이며, 정책의 효과성과 책임성을 확보하는 핵심 수단이다. 사업 평가지표란 결국 사업이나 정책에 대한 가치판단의 준거이자, 평가항목의 구체적인 기준으로서 평가의 객관성과 일관성을 높이는 장치이다. 평가의 질은 지표의 질에 의해 좌우된다고 할 만큼, 평가지표는 평가체계의 중심 요소이다.

　지표를 이해하기 위해서는 먼저 준거와 기준이 무엇인지 알아야 한다. 준거Criteria는 평가하고자 하는 대상의 핵심 속성이나 영역으로, '무엇을 평가할 것인가'를 규정하는 근거가 되는 개념적 틀이다. 예를 들어 성인문해교육 정책을 평가할 때, 정책의 효과성, 적절성, 효율성, 형평성 등이 준거가 될 수 있다. 이는 정책이 목표한 효과를 얼마나 달성했는가, 자원이 합리적으로 투입되었는가, 특정 계층에 불이익 없이 공정하게 제공되었는가 등과 같은 핵심 평가영역을 의미한다. 마치 친구를 사귈 때 '신뢰할 만한가', '이야기가 통하는가' 등의 기준으로 관계를 판단하듯, 준거는 평가의 출발점이 되는 관점이자 틀이다. 성인문해교육의 경우 학습접근성, 학습지속성, 학습성과의 사회적 확산성 등을 준거로 설정할 수 있으며, 이는 정책이나 프로그램의 가치판단의 근거가 된다.

한편 기준Standard은 준거에 대해 바람직하거나 기대되는 성취 수준을 의미한다. 다시 말해 '얼마나 잘하고 있는가'를 판단하는 수준 척도라 할 수 있다. 예컨대 성인문해교육에서 학습접근성이라는 준거가 있다면, 그 기준은 '전국 문해교육 참여율이 성인 문해 미달 인구의 30% 이상일 것'과 같이 구체적 수준으로 제시될 수 있다. 기준은 단순한 목표치가 아니라, 준거의 달성 정도를 평가자가 공통적으로 판단할 수 있도록 돕는 판단의 참조점이다. 이를 통해 동일한 준거에 대해서 일관된 평가가 가능하며, 정책의 성취 수준을 상대적으로 비교하거나 발전 정도를 추적할 수 있다.

지표는 이러한 준거와 기준을 실제로 측정할 수 있도록 구체화한 관찰 가능한 항목이다. 지표는 '무엇을 어떻게 측정할 것인가'를 안내하는 실질적 도구로서, 평가에서 가장 직접적으로 활용된다. 예를 들어 학습접근성이라는 준거를 측정하기 위한 지표로는 문해교육 프로그램 참여자 수, 프로그램운영 기관 수, 지역별 문해교육 참여율 등이 있다. 지표는 정량적 수치뿐 아니라 학습자의 만족도, 학습환경의 적정성과 같은 질적 자료로 구성될 수도 있다. 성인문해교육에서는 이러한 지표를 통해 정책의 실행 상태와 학습자의 경험을 실증적으로 확인하고, 이를 바탕으로 정책 개선의 방향을 도출한다.

지수Index는 개별 지표들을 통합하여 산출한 종합 평가값으로, 복잡한 현상을 한눈에 파악할 수 있게 하는 통합 지표이다. 여러 지표를 일정한 가중치에 따라 결합함으로써 평가대상의 전반적 수준이나 변화를 정리한다. 예를 들어 성인문해교육의 성과를 종합적으로 진단하기 위해 성인문해교육 발전지수를 구성할 경우, 학습접근성, 학습지속성, 학습성취, 사회참여 확대 등 여러 지표를 결합하여 국가별 또는 지역별 성인문해교육 수준을 비교할 수 있도록 종합 지수를 만든다. 이러한 지수는 정책의 현황을 직관적으로 보여 줄 뿐 아니라, 국가나 지역 간 격차를 진단하고 향후 정책의 우선순위를 설정하는 근거로도 활용된다.

정책평가에서 지표의 활용

평가지표는 단순히 평가도구로서의 의미를 넘어 정책의 운영 방향과 성과 관리의 기준으로서 기능한다. 사업 평가지표는 명시화된 정책 목표이며 동시에 사업 수행 주체가 공유해야 할 행동 지침이다. 따라서 평가지표는 정책의 추진 방향을 구체화하고, 관계자가 정책의 성과를 공통된 기준에서 이해할 수 있도록 돕는다. 평가지표가 명확히 설정되지 않으면, 정책의 성과에 대한 판단이 주관적 인상에 의존하게 되어 신뢰성 있는 평가가 어렵다. 이러한 점에서 평가지표는 평가의 객관성과 정책 관리의 투명성을 보장하는 핵심 기반이라 할 수 있다.

평가지표는 일반적으로 내용 지표와 절차 지표로 구분된다. 내용 지표는 정책의 목적과 내용이 얼마나 타당하고 충분한지를 평가하는 항목으로, 목표의 적합성, 수단의 효율성, 대상자의 형평성, 정책의 실현 가능성 등이 포함된다. 절차 지표는 정책이 추진되는 과정에서 의사결정이 얼마나 합리적이고 민주적으로 이루어졌는지를 평가한다. 예를 들어, 미국의 프로그램 평가등급도구PART: Program Assessment Rating Tool는 사업 목적과 설계, 전략 계획, 사업 관리, 사업 성과의 네 영역에 22개 지표를 포함하며, 우리나라의 정부 업무평가에서는 계획 수립의 적절성, 시행 과정의 효율성, 목표 달성도 등 여섯 개 영역에 11개의 평가지표를 활용한다.

평가지표는 정책의 특성과 맥락을 고려하여 별도로 개발되는 경우가 많다. 평생교육 분야를 예로 들면, 소외 계층 평생교육 프로그램 지원사업에서는 적절성, 효율성, 효과성, 지속가능성의 네 가지 평가영역에 기반하여 세부 지표를 설계한다. 다문화가족 지원사업의 경우에도 사업의 목적과 구조에 맞추어 사업 평가지표, 만족도 척도, 센터 성과 평가지표 등 다층적인 지표 체계를 개발하였다. 이처럼 평가지표는 단순히 획일적으로 적용하지 않고 정책의 성격과 운영 방식에 따라 맞춤형으로 개발되어야 한다는 점이 중요하다.

평가지표는 평가결과의 해석과 활용을 가능하게 하는 언어이기도 하다. 특히 성인문해교육과 같은 분야는 결과 산출이 장기적으로 나타나고, 정량적 측정이 어려운 특성이 있다. 따라서 학습접근성, 학습지속성, 문해력 향상, 지역사회 참여 확대 등과 같은 평가지표는 사업 성과를 구체화하고, 정책의 질적 향상 방향을 제시하는 실질적 근거가 된다. 결국 평가지표는 평가의 기준이자 성과 관리의 도구이며 나아가 정책의 학습과 개선을 이끄는 실천적 매개체라 할 수 있다.

평가지표의 질

평가지표는 정책이나 사업평가의 핵심 도구이자 판단의 준거로 기능한다. 즉, 평가지표는 평가의 방향을 제시하는 동시에 정책의 성과를 객관적으로 측정하고 비교할 수 있는 틀을 제공한다. 따라서 성인문해교육 정책처럼 공공성과 사회적 책무성이 강조되는 영역에서는 평가지표의 질 관리가 곧 평가의 신뢰도와 타당도를 좌우하는 핵심 요인이라 할 수 있다. 평가지표의 질은 지표가 구성되는 단계, 지표 구성 요소의 적합성을 검증하는 단계, 평가지표의 개선과 유지 및 관리를 위한 양호도 검증 단계에서 체계적으로 확보된다.

＊적합한 평가지표 구성

평가지표를 구성하는 단계에서는 평가목적과 정책의 특성에 맞는 지표를 탐색하고 발굴하는 과정이 중요하다. 이를 위해 문헌자료를 분석하여 기존 연구나 사례에서 유의미한 지표를 도출하거나, 커크패트릭의 4수준 모형, CIPP 모형, 로직모델 등 기존의 평가모형을 참고하여 지표의 구조적 틀을 마련하기도 한다. 또한 전문가 협의회, 델파이 기법, 이해관계자면담 등을 통해 실무적 타당성과 현실 적합성을 확보한다.

예를 들어 성인문해교육 정책평가에서는 문해교육의 참여율, 지역 간 접근성, 학습자 유지율, 교원 전문성 등의 영역을 전문가 논의를 통해 평가지표로 도출할 수 있다. 평가영역 간의 상대적 중요도나 가중치를 산정할 때는 주로 계층 분석적 의사결정을 활용한 AHP를 사용하는데, 델파이와 AHP를 절충한 DHP 기법을 적용하여 정량적 판단을 보완하기도 한다. 이처럼 평가지표의 구성 단계는 단순한 항목 설계가 아니라, 정책이 지향하는 가치와 평가의 논리를 구체화하는 의미 있는 과정이라 할 수 있다.

* 평가지표의 타당도와 신뢰도 확보

평가지표의 구성 요소가 평가의 목적에 부합하고 신뢰성 있게 측정될 때 비로소 그 지표는 평가의 기준으로서 의미를 갖는다. 평가지표의 질은 타당도와 신뢰도에 의해 결정된다. 타당도는 평가지표가 측정하려는 내용을 얼마나 충실히 반영하는가에 대한 개념으로, 내용타당도, 구인타당도, 준거타당도로 구분된다. 내용타당도는 전문가의 검토나 계량적 분석을 통해 검증된다. 예를 들어 성인문해교육평가 지표의 타당도를 검토할 때, 문해능력의 정의나 정책 목표와의 일치성을 전문가 집단이 평가하여 평균 타당도 지수를 산출할 수 있다. 또한 로셰Charles Lawshe의 내용타당도 비율CVR: Content Validity Ratio을 활용하면 응답자 수에 따라 지표별 타당도를 객관적으로 판정할 수 있다.

구인타당도는 탐색적 요인 분석EFA이나 확인적 요인 분석CFA을 통해 평가지표들이 이론적 구인과 구조적으로 일치하는지를 검증하는 방법으로, 문해교육의 성과 요인이 학습동기, 참여 경험, 사회 참여 등으로 구분되는지를 실증적으로 확인하는 데 유용하다.

신뢰도는 평가지표가 일관된 결과를 산출하는가에 관한 개념으로, 재검사 신뢰도, 동형검사 신뢰도, 내적 일관성 신뢰도 등이 있다. 이 중 내적 일관성 신뢰도는 평가지표가 여러 문항으로 구성된 경우 각 문항이 동일한 개념을 일관되게 측정하고 있는지를 판단하는데, 크론바흐 알파 계수가 대표적으로 활용된다. 예를 들어 문해교육 프로그램의 성과지표(학습 만족도, 자기효능감, 문해력 향상 등)에 대한 설문을 실시했을 때 크론바흐 알파 값이 0.8 이상이면, 각 문항이 서로 일관된 방향으로 성과를 측정하고 있음을 의미한다.

또한 검사자 간 신뢰도를 검토하기 위해 급내 상관계수ICC를 활용하여, 평가자 간의 일치 정도를 수치화할 수 있다. 타당도와 신뢰도의 검증은 단순히 통계적 절차에 그치지 않고, 평가지표가 실제 정책의 맥락과 평가목적에 적합한지를 종합적으로 판단하는 과정으로 이해되어야 한다.

*평가지표의 양호도 검증

평가지표의 질은 지속적 양호도 검증을 통해 유지 및 개선된다. 양호도 검증은 개발된 평가지표가 실제 정책 환경에서 유효하게 작동하는지를 점검하고, 불필요하거나 중복된 지표를 정제하기 위한 과정이다. 이 단계에서는 전문가평가, 이해관계자 설문, 사례 비교 분석 등이 주로 활용되며, 고전검사 이론의 개념을 적용하여 지표의 난이도, 변별도, 반응 분포 등을 분석하기도 한다.

예를 들어 문항 난이도는 문해교육의 목표 대비 현재 달성도, 즉 지표의 '도달률'로 해석될 수 있다. 도달률이 85% 이상인 항목은 이미 충분히 달성된 지표로 간주되어 삭제 대상이 될 수 있으며, 반대로 도달률이 낮은 항목은 정책 개선이 필요한 영역으로 해석된다. 문항 변별도는 개별 지표가 전체 성과를 얼마나 잘 설명하는지를 나타내며, 변별도가 높은 지표는 정책의 실질적 효과를 구분하는 데 기여한다.

이러한 검증 절차는 성인문해교육 정책 평가에서 특히 중요하다. 문해교육은 학습자 특성, 지역적 여건, 기관운영 수준 등 다양한 요인에 의해 영향을 받으므로, 지표의 적절성과 민감성을 지속적으로 점검하지 않으면 평가결과가 왜곡될 수 있기 때문이다. 따라서 평가지표의 양호도 검증은 단순한 사후 분석이 아니라, 평가시스템의 품질을 유지하고 정책 실행의 타당성을 뒷받침하는 핵심 과정이라 할 수 있다.

주관적 사회지표[4]

주관적 사회지표Subjective Social Indicators란 개인이 자신의 삶의 질이나 사회적 상태를 주관적으로 평가한 결과를 의미한다. 이는 소득, 고용률, 교육 수준, 건강 수명 등과 같은 객관적 지표와 달리, 개인이 스스로 인식하고 체감하는 행복감, 삶의 만족도, 사회적 신뢰, 공동체 소속감 등과 같은 심리적·인지적 차원의 평가를 반영한다. 즉, 주관적 사회지표는 '사회가 얼마나 잘 작동하는가'를 측정하기보다 '사람들이 사회 속에서 얼마나 잘 살고 있다고 느끼는가'에 초점을 둔다.

이러한 지표는 인간의 복지와 사회 발전을 단순한 경제적 성장이나 제도적 효율성의 수준으로만 판단하지 않고, 시민 개개인의 체험적 삶의 질을 포함해 평가할 수 있게 한다는 점에서 중요하다. OECD의 '삶의 질 지표Better Life Index', UNDP의 '인간 개발 보고서Human Development Report', 갤럽 월드폴Gallup World Poll 등이 대표적인 예로, 모두 객관적 통계뿐 아니라 행복감, 삶의 만족, 사회적 신뢰 등 주관적 요소를 포괄적으로 다룬다.

정책평가에서 주관적 사회지표는 정책의 실질적 체감 효과를 측정하는 데 중요한 역할을 한다. 정책이 제시하는 목표가 제도 개선이나 인프라 확충에만 머물지 않고, 국민의 삶의 질 향상으로 이어졌는지를 확인하기 위해서는 객관적 결과지표뿐 아니라 수혜자의 주관적 평가가 필요하다.

예를 들어, 교육정책의 효과를 평가할 때 단순히 참여율이나 학습성취도 같은 결과지표만으로는 정책의 의미를 온전히 파악하기 어렵다. 반면 학습자가 자신의 역량이 성장했다고 느끼는 정도, 사회적 관계망이 확장되었다는 인식, 정책에 참여한 이후 삶에 느끼는 만족감의 변화 등은 객관적 수치로 포착되지 않지만 정책의 질적 성과를 보여 주는 핵심자료가 된다.

실제로 OECD는 "정책의 성공은 객관적 변화뿐 아니라 시민의 주관적 복지와 인식 수준에서 나타나는 변화까지 포함해야 한다"고 제시하며, 복지·교육·노동 정책에서 주관적 지표의 중요성을 강조하였다. 즉, 주관적 사회지표는 정책평가에서 정량적 성과를 보완하고, 정책의 사회적 의미를 재구성하는 역할을 수행한다.

성인문해교육 정책에서 주관적 사회지표는 특히 중요한 평가도구로 기능한다. 문해교육의 궁극적 목적은 단순히 읽고 쓰는 기술을 습득하는 데 그치지 않고, 학습자의 자존감 회복, 사회 참여 확대, 삶의 질 향상으로 이어지는 것이다. 그러나 이러한 변화는 통계적 수치로는 완전히 포착하기 어렵다.

예컨대, 문해교육 참여 전후의 문해력 점수는 객관적 성과지표로 확인할 수 있지만, 학습자가 사회의 일원으로 인정받는다고 느끼는지, 삶에 대한 자신감이 커졌는지, 배움의 기쁨을 느끼는지와 같은 주관적 변화야말로 문해교육의 진정한 효과를 반영한다. 이처럼 학습자가 인식하는 심리적·사회적 변화를 측정하는 주관적 사회지표는 문해교육의 사회적 가치와 교육 복지적 효과를 입증하는 데 필수다.

또한 성인문해교육 대상자는 대체로 저학력층, 고령층, 사회적 소외계층이 많기 때문에 이들의 주관적 인식은 정책 효과를 평가할 때 더욱 신뢰할 수 있는 보완 자료로 작용한다. 객관적 지표가 포착하지 못하는 사회적 배제 경험, 배움에 대한 불안감, 공동체 소속감의 변화 등을 측정함으로써 정책의 포용성과 형평성을 평가할 수 있기 때문이다.

예를 들어, 문해교육 참여자들이 교육 후 은행 업무나 병원 진료를 스스로 처리할 수 있겠다고 느낀다면, 이는 단순한 기능 습득을 넘어 사회적 자율성 향상이라는 중요한 정책 성과를 의미한다. 이러한 주관적 지표는 정책 개선의 방향성을 제시하고, 현장의 교육자나 행정 담당자에게 실질적 피드백을 제공함으로써 정책의 질적 개선을 촉진한다.

마지막으로 주관적 사회지표는 성인문해교육의 지속 가능성 평가에도 기여할 수 있다. 정책이 단기적 효과를 넘어 학습자의 삶 전반에 긍정적 영향을 미치고 있는지를 확인하기 위해서는 장기적 추적조사를 통해 주관적 지표를 수집·분석할 필요가 있다.

예를 들어, 학습자가 교육받은 이후 사회활동 참여도, 문화 향유, 대인관계 만족도, 정신적 안정감 등이 지속적으로 개선된다고 인식한다면, 문해교육이 단순한 교육정책이 아니라 삶의 질을 향상시키는 사회정책으로 기능한다는 의미다. 이처럼 주관적 사회지표는 성인문해교육 정책의 효과를 다층적으로 이해하게 하고, 나아가 정책평가에 대한 인식을 인간 중심으로 전환하는 데 핵심적 역할을 한다.

성인문해능력조사 사례[5]

우리나라에서는 데이터 기반의 문해교육 지원정책을 추진하기 위해 정기적으로 국민의 문해능력을 조사하고 관련 연구를 실시하고 있다. 국민의 문해능력 실태를 파악하기 위한 가장 대표적인 조사는 '성인문해능력조사'이다. 이 조사는 「통계법」 제18조에 의거해 통계청이 관리하는 국가 통계(국가승인통계 제420001호)로, 2014년 제1차 조사가 시작된 후 3년 주기로 시행되어 2023년 제4차 조사까지 이루어졌다.

성인문해능력 조사의 목적은 국민의 실질적인 생활문해력에 대한 공식 통계가 부재한 문제 해결, 다양화되고 확대된 문해 개념 반영, 성인문해교육 정책에 활용, 정기적으로 비교 가능한 자료 수집이다. 즉, 국민의 기초 문해능력 수준을 측정하여 실태를 파악하고, 지속적으로 조사하여 정책 성과의 변화 추이를 검토하기 위해 실시하는 조사라 할 수 있다.

조사에서 문해 영역은 OECD와 유네스코의 주요 문해 조사도구IALS: International Adult Literacy Survey의 분류에 따라 산문문해, 문서문해, 수리문해로 설정하고 있다. 산문문해Prose Literacy는 논설, 기사, 시, 소설을 포함하는 텍스트의 정보를 이해하고 사용하는 데 필요한 지식과 기술을 의미한다. 문서문해Document Literacy는 구직원서, 급여 양식, 대중교통 시간표, 지도, 표, 그래프 등 다양한 형태의 문서에 포함된 정보를 찾고 사용하는 데 필요한 지식과 기술을 의미한다. 수리문해Quantitative Literacy는 금전 출납, 팁 계산, 주문 양식, 대출이자 계산 등 인쇄자료에 포함된 숫자를 계산하거나 계산 공식을 적용하는 데 필요한 지식과 기술을 의미한다.

조사결과에 따른 문해 수준은 문해와 비문해를 이분법적으로 구분하지 않고 총 4개 수준으로 구분하는 단계별 접근을 취한다. 수준1은 기본적인 읽기, 쓰기, 셈하기가 불가능한 수준으로 완전 비문해 상태라 할 수 있다. 수준2는 기본적인 읽기, 쓰기, 셈하기가 가능하지만, 일상생활에 활용하기는 미흡한 수준이다. 수준3은 가정생활 및 여가생활 등 단순한 일상생활에서의 문제 해결은 가능하지만, 복잡한 일상생활의 문제 해결은 미흡한 정도이다. 수준4는 일상생활에 필요한 충분한 문해능력을 갖춘 수준이다. 각수준은 성인문해교육 과정과도 연결된다. 수준1과 2는 초등 문해교육을, 수준3은 중학 문해교육을 필요로 하는 수준이다. 즉, 수준1, 2, 3의 판정을 받을 경우 문해교육 대상자라고 할 수 있다.

성인문해능력조사는 총 3개 유형 43문항으로, A유형 3문항, B유형 20문항, C유형 20문항으로 구성된다. A유형은 수준1과 수준2 이상을 판별하는 문항, B유형은 수준2와 수준3 이상, C유형은 수준3과 수준4 이상을 판별하는 문항이다. 문해 영역에 따라 산문문해, 문서문해, 수리문해에 해당하는 문항으로 구성되고, 주관식과 객관식 문항이 혼용되어 있다.

조사가 진행되면서 판정 논리에 따라 수준이 결정된다. 판정 논리는 회차에 따라 다소 차이가 있다. 예를 들어 제3차와 제4차 조사에 적용된 판정 논리는 다음 그림과 같다. 먼저 응답자는 A

유형 3문항을 푼다. 이 중에서 하나라도 오답일 경우 수준1로 판정한다. A문항 3문항을 모두 맞힌 응답자는 B유형에서 가장 어려운 초기 5문항을 푼다. 3문항 이상을 맞힐 경우 나머지 B유형 문항을 풀지 않고 C유형 문항을 푼다. 2문항 이하로 정답을 맞힌 응답자는 B유형의 나머지 15개 문항을 푼 다음, B유형 전체 정답률이 60% 이상(12문항 이상)일 경우 C유형 문항을 푼다. 60% 미만(11문항 이하) 정답일 경우 수준2로 판정한다. C유형 문항 중 정답률이 60% 이상(12문항 이상)일 경우 수준4 이상으로, 60% 미만(11문항 이하)일 경우 수준3으로 판정한다.

조사는 각 응답자의 가구를 방문하여 대면조사 방식으로 이루어지며 총 3단계로 진행된다. 먼저 면접원이 응답자의 기본 정보를 기재한다. 응답자 기본 정보는 이름, 전화번호, 출생 연월, 성별, 모국어, 주소, 조사 일시, 시작 시각과 종료 시각(조사 종료 후 기입), 면접원 정보로 구성된다. 응답자 정보 기입이 끝나면 본조사를 실시한다. 본조사 이후 응답자는 추가로 기초 정보에 관한 문항에 응답한다. 응답자 기초 정보는 학력 수준, 경제활동 정보, 월평균 소득, 문해교육 요구, 생활 만족도, 정치 관심도, 디지털 활용능력, 금융정보지식 정도 등으로 구성되어 있다.

성인문해능력 조사결과를 회차별로 살펴보면, 2014년 제1차 조사에서 수준1 6.4%, 수준2 6.0%, 수준3 16.2%, 수준4 71.5%로 나타났다. 중학 수준 이하의 18세 이상 성인을 성인문해교육 대상으로 할 때, 제1차 조사에서 나타난 잠재적인 문해교육 대상자는 28.5% 수준이었다. 조사를 거듭할수록 전반적인 성인문해능력 수준이 높아진 것으로 나타났다. 최근 10년간 성인문해능력

2020년 제3차, 2023년 제4차 성인문해능력조사 수준 판정 논리[6]

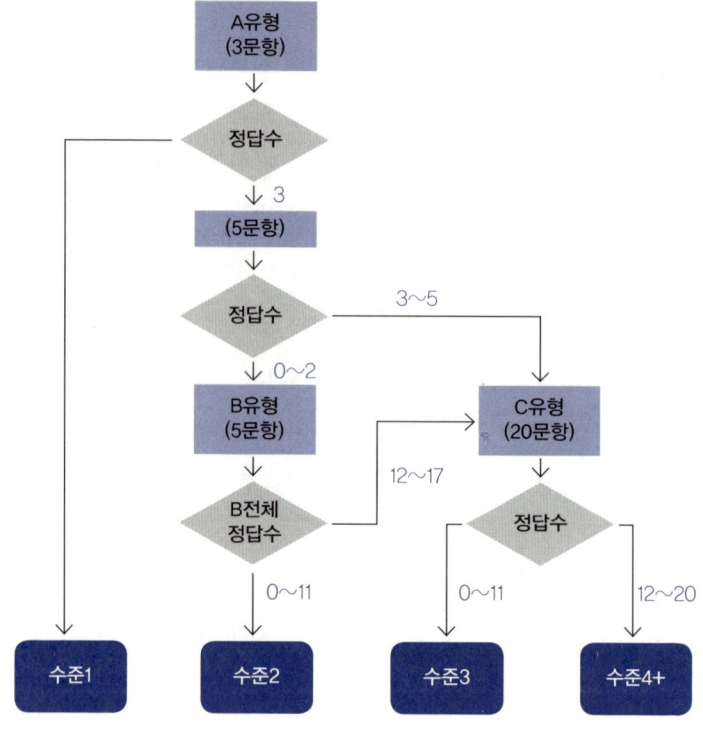

의 수준별 구성비를 분석한 결과는 다음 표와 같다. 비문해자인 수준1은 2014년 6.4%에서 2023년 3.3%로 3.1%p 감소하였다. 문해교육 대상자인 수준1~3은 2014년 28.5%에서 2023년 16.6%로 11.9%p 감소하였다. 한편 일상생활에 필요한 충분한 문해력을 갖춘 수준(중학 학력 이상 수준)인 수준4 이상은 2014년 71.5%에서 2023년 83.4%로 11.9%p 증가하였다. 2014년부터 2023년까지 총 4차 조사가 진행되는 동안 비문해자와 문해교육 대상자의 비율은 점차 낮아지는 반면, 수준4 이상의 비율은 점차 높아졌다.

성인 문해능력 수준별 구성비(2014-2023년)

구분	2014년	2017년	2020년	2023년
수준1	6.4	7.2	4.5	3.3
수준2	6.0	5.1	4.2	5.2
수준3	16.2	10.1	11.4	8.1
합계	28.6	22.4	20.1	16.6
수준4 이상	71.5	77.6	79.8	83.4
총합계	100.0	100.0	100.0	100.0

이와 같이 성인문해능력조사 결과를 분석하면 2014년부터 2023년까지 10년간 우리나라 성인의 문해능력이 전반적으로 향상되었음을 확인할 수 있다. 비문해자(수준1) 비율은 2014년 6.4%에서 2023년 3.3%로 절반 수준으로 감소하였고, 성인문해교육 대상자(수준1~3)의 비율도 2014년 28.5%에서 2023년 16.6%로 큰 폭으로 감소하였다. 이는 단순한 문자 해독 수준에서 벗어나 일상생활에 필요한 기초 문해력을 갖춘 성인의 비율이 증가했음을 시사한다. 데이터를 종합적으로 분석하면 여성, 고령층, 농어촌 지역 거주자의 문해능력이 획기적으로 향상되었는데, 이는 성인문해교육 정책이 전반적으로 성과를 거두고 있음을 확인할 수 있는 결과이다.

우리나라와 마찬가지로 다른 나라에서도 각국의 맥락에 적합한 조사도구를 개발하여 성인문해능력을 측정하고 있으며, 국제기구에서도 조사 데이터를 활용해 지표를 평가하여 궁극적으로 성인문해교육 정책을 보다 효과적으로 추진하고자 노력하고 있

3부 개인-프로그램-기관-정책을 품은 평가

다. 예를 들어 유네스코에서는 각국의 문해 현황을 파악하기 위해 LAMP^{Literacy Assessment and Monitoring Programme}를 개발하여 활용하고 있다. 또한 최근에는 개별 국가의 효율적이고 과학적인 문해조사를 돕기 위하여 e-PASS^{Everyday-Life Practices and Skills Survey} 프로그램을 개발하여 보급하고 있다.[7] 이를 통해 유엔 지속가능발전목표^{SDG} 4의 목표 4.6 및 지표 4.6.1에 대한 데이터를 생성하고 해당 성과지표를 모니터링하는 데 활용하고 있다.

OECD는 국제적으로 성인문해능력을 비교하기 위하여 1994년 IALS를 시작하였으며, 이후 보다 더 체계적이고 발전된 방법으로 개선하여 ALL^{Adult Literacy and Lifeskills Survey}을 실시하였다. 현재는 IALS와 ALL 사업의 후속으로 PIAAC^{Programme for the International Assessment of Adult Competencies}가 진행되고 있다.[8] PIAAC는 IALS와 ALL이 측정하고자 했던 인지적 문해능력뿐만 아니라 비인지적 능력과 실제 직무 능력을 포함한 인적 자원의 총량과 질을 측정한다는 점에서 차이가 있다. OECD 가입국을 중심으로 2008~2013년 1주기, 2022~2024년 2주기가 진행되었으며 우리나라는 1주기와 2주기에 모두 참여하였다.

성인문해교육 만족도 사례

국가 수준에서 정책에 반영하기 위해 실시하는 성인문해교육 만족도조사를 이해하기 위해, '국가문해교육센터 홈페이지 이용 만족도조사'와 '성인문해능력조사 통계이용자 만족도조사' 사례를 살펴보고자 한다.

국가문해교육센터 홈페이지 이용 만족도조사

'국가문해교육센터 홈페이지 이용 만족도조사'는 단순히 이용 만족도를 측정하는 차원을 넘어, 국가문해교육센터 홈페이지가 이용자의 정보 접근성과 학습지원 기능을 효과적으로 제공하는지 종합적으로 평가하는 의미를 가진다. '성인문해능력조사 통계이용자 만족도조사'는 성인문해능력 조사 통계자료가 이용자에게 신뢰성과 활용 가치를 제공하는지 확인하고, 통계 서비스 개선을 위한 기초자료를 확보한다는 점에서 의의가 있다.

먼저 '국가문해교육센터 홈페이지 이용 만족도조사'는 홈페이지 서비스의 전반적인 품질과 사용 편의성을 점검하고, 그 결과를 바탕으로 개선 방향을 모색하기 위해 실시된다. 국가문해교육센터 홈페이지를 실제로 이용하는 이용자를 대상으로 온라인 설문을 통해 진행되었다. 조사는 홈페이지 전반에 대한 만족도뿐 아니라 메뉴 구성, 정보 제공의 유용성, 디자인과 가독성, 시스템 효율성 등 다양한 측면을 평가하도록 설계되었다. 이를 통해 홈페이지가 제공하는 정보와 기능이 실제 이용자의 요구와 기대에 부합하는지를 진단하고, 향후 서비스 개선과 정보 자원을 관리할

3부 개인-프로그램-기관-정책을 품은 평가

국가문해교육센터 홈페이지 이용 만족도조사 설문 항목

구분		설문 항목	응답 방법
국가문해 교육센터 홈페이지 만족도	1	국가문해교육센터 홈페이지 기능에 전반적으로 만족하십니까?	5점 척도
	2	국가문해교육센터 홈페이지 메뉴 구성에 만족하십니까?	
	3	국가문해교육센터 홈페이지 제공하는 정보는 도움이 되었습니까?	
	4	국가문해교육센터 홈페이지를 타인에게 추천할 의향이 있습니까?	
국가문해 교육센터 홈페이지 및 교육종합 정보시스템 사용 편의성	1	(메뉴 활용의 편리성) 국가문해교육센터 홈페이지의 메뉴가 명확하게 구분되어 있습니까?	5점 척도
	2	(디자인/가독성) 국가문해교육센터 홈페이지의 디자인 구성 요소(아이콘, 색상, 글꼴 등)가 적절히 배치되어 보기에 편리합니까?	
	3	(시스템의 효율성) 국가문해교육센터 홈페이지의 응답 속도가 적정합니까?	
홈페이지 관련 의견	1	국가문해교육센터 홈페이지 기능 및 내용이 도움이 되었던 긍정적인 사례가 있다면 소개해 주세요.	의견 청취
	2	국가문해교육센터 홈페이지 추가로 개선되었으면 하는 내용이 있다면 제안해 주세요.	

지표 마련을 위한 근거자료로 활용하고자 하였다.

설문조사 도구는 홈페이지 전반에 대한 만족도, 사용 편의성, 의견 청취에 대한 문항으로 구성된다. 조사는 5점 척도와 자유로운 의견 청취 문항을 병행하여 구성되었다. 5점 척도는 응답자가 '매우 만족'에서 '매우 불만족'까지 자신의 경험을 정량적으로 평가하도록 하여, 홈페이지 전반에 대한 만족도와 특정 기능의 효율성을 체계적으로 분석할 수 있다. 동시에 개방형 의견 문항을 통해 이용자가 실제로 경험한 긍정 사례나 개선 요구를 자유롭게 제시할 수 있도록 하여, 단순한 수치 평가로는 드러나지 않는 현장의 목소리를 수집하였다. 이러한 설계는 국가문해교육센터의 홈페이지 서비스 개선을 위한 실질적 자료를 확보하는 데 중요한 의미를 가진다.

성인문해능력조사 통계이용자 만족도조사

'성인문해능력조사 통계이용자 만족도조사'는 국가 승인 통계로서의 '성인문해능력조사' 자료를 실제로 이용하는 이용자를 대상으로 만족도와 의견을 수집하고, 그 결과를 통계 품질 및 서비스 개선에 활용하기 위해 실시되었다. 제4차 '성인문해능력조사 통계이용자 만족도조사'는 국가문해교육센터 e-학습터를 통해 2024년 11월 4~15일 온라인으로 진행되었으며, 일반 이용자를 대상으로 통계 접근 경험, 자료활용 목적, 주 이용자료, 접근성, 신뢰성, 활용 가치 등 다양한 측면을 평가하도록 설계되었다. 이를 통해 통계자료가 정책 수립과 연구, 학습 등 다양한 영역에서 실제로 얼마나 유용하게 활용되고 있는지를 파악하고, 통계 서비스 개선의 기초자료로 활용하고자 하였다.

조사설계는 5점 척도와 자유로운 의견 청취 문항을 병행하였다. 5점 척도는 통계 접근성, 신뢰성, 활용 가치, 전반적 만족도 등 항목에 대해 '매우 그렇지 않다'에서 '매우 그렇다'까지 응답하도록 구성되어 정량적 분석이 가능하도록 하였다. 동시에 의견

통계이용자 이용 경험 및 조사 적절성 만족도조사 문항

	설문 항목	응답 방법
1	**(접근 경로)** 성인문해능력조사 통계자료를 어떤 경로를 통해 이용하고 계십니까? ① 국가문해교육센터 홈페이지 및 조사결과 간행 보고서 ② 정책부서(교육부, 교육청 등) 공문 및 보고자료 ③ 통계청 홈페이지 및 국가통계포털 홈페이지(KOSIS) ④ 신문(인터넷), 방송 등 각종 언론 보도자료 ⑤ 학술 정보(학위, 연구, 학술 논문 등) ⑥ 기타( )	의견 청취
2	**(활용 목적)** 성인문해능력조사 통계 정보를 어떤 용도로 이용(활용)하십니까? ① 정책 수립 및 진단 ② 연구·학술·학습 활동 ③ 업무 관련 사업 및 경영 계획 수립 ④ 개인적인 관심 ⑤ 언론 보도 작성 ⑥ 기타( )	
3	**(주 이용자료)** 성인문해능력조사 결과 자료 중 주로 어떤 자료를 이용하십니까? ① 문해능력 수준별 조사결과 ② 응답자 특성별 조사결과(성별, 연령별, 학력별, 월 가구 소득별, 지역별 등) ③ 성인문해능력조사 조사항목 및 문항 구성도 ④ 조사방법(조사설계 및 표본 설계 등) ⑤ 연도별 조사결과 비교 ⑥ 기타( )	
4	**(접근성)** 성인문해능력조사 통계 정보 및 결과를 쉽게 접근할 수 있다고 생각하십니까? ① 매우 그렇지 않다 ② 그렇지 않다 ③ 보통이다 ④ 그렇다 ⑤ 매우 그렇다	5점 척도
5	**(신뢰성)** 성인문해능력조사 통계 결과의 정확성·신뢰성이 어느 정도라고 생각하십니까? ① 매우 그렇지 않다 ② 그렇지 않다 ③ 보통이다 ④ 그렇다 ⑤ 매우 그렇다	
6	**(활용 가치)** 성인문해능력조사 통계가 교육 및 평생교육 정책 분야에서 활용 가치가 높다고 생각하십니까? ① 매우 그렇지 않다 ② 그렇지 않다 ③ 보통이다 ④ 그렇다 ⑤ 매우 그렇다	
7	**(전반 만족도)** 성인문해능력조사 통계에 대해 전반적으로 만족하십니까? ① 매우 불만족 ② 불만족 ③ 보통 ④ 만족 ⑤ 매우 만족	

청취 문항을 통해 이용자가 경험한 통계 접근 경로, 활용 목적, 주 이용 자료 등 구체적 사례를 자유롭게 기술할 수 있도록 하여, 단순한 수치만으로는 파악하기 어려운 현장의 요구와 개선점을 보완하였다.

첫 번째 설문 영역은 이용자의 통계 접근 경험과 활용 목적을 확인하는 문항으로 구성되었다. 접근 경로 문항에서는 홈페이지, 정책 부서 공문, 국가통계포털, 언론 보도, 학술자료 등 통계를 접하는 경로를 확인하였다. 활용 목적 문항에서는 정책 수립, 연구 및 학습, 업무 관련 계획, 개인적 관심, 언론 보도 작성 등 이용자가 통계를 활용하는 실제 목적을 진단하였다. 또한 주 이용자료 문항을 통해 문해능력 수준별 결과, 응답자 특성별 결과, 조사항목 구성, 조사설계, 연도별 결과 비교 등 통계자료의 구체적 활용 패턴을 파악하도록 하였다.

두 번째 설문 영역은 통계자료의 적절성과 만족도를 평가하는 항목으로 구성되었다. 접근성, 신뢰성, 활용 가치, 전반적인 만족도 등 4개 문항을 통해 이용자가 성인문해능력조사 자료를 쉽게 이해하고 활용할 수 있는 정도, 자료의 정확성과 정책적 활용 가치에 대한 평가를 확인하였다. 이를 통해 통계자료가 실제 이용자에게 제공하는 실질적 가치와 정책적 유용성을 종합적으로 진단할 수 있다.

4부

평가자와
평가의
미래

4부는 평가를 수행하는 평가자와 평가의 미래를 조망한다. 내부
평가자와 외부평가자의 역할과 차이를 명확히 구분한다. 평가자
의 다양한 역할과 활동 영역을 통해 평가자의 전문성을 재정의한
다. 성인문해교육평가자에게 요구되는 핵심 역량과 윤리를 제시
한다. 문해교원을 위한 평가 연수의 필요성과 방향을 논의한다.
AI 시대 성인문해교육과평가 환경의 변화를 전망한다. 마지막으
로 평가력을 개인과 조직 차원에서 구축하는 방법을 제안하며 평
가의 미래를 사람의 역량에서 찾는다.

11장

성인문해교육평가자

🦋

내부평가자와 외부평가자

평가자는 어떤 대상의 가치나 수준을 판단하는 사람을 의미한다. 평가가 대상에 대한 자료를 수집·분석하고, 가치, 장점, 효과, 영향 등을 기술·판단하여 의사결정에 기여하는 합리적이고 체계적인 활동이라면, 평가자는 그러한 활동을 수행하는 사람이다. 평가자는 단순히 점수를 매기는 사람이 아니라, 근거를 바탕으로 대상을 이해하고 그 의미와 가치를 해석하는 전문적 판단자라고 할 수 있다.

평가자는 평가주체의 소속과 독립성에 따라 내부평가자와 외부평가자로 구분할 수 있다. 앞서 평가의 유형에서 평가자가 평가대상의 내부자일 경우 내부평가, 외부자일 경우 외부평가로 구분하였다. 평가대상의 시각에서 평가자가 내부자인 경우는 내부평가자, 외부자인 경우는 외부평가자가 된다.

내부평가자는 평가대상 기관에 직접 소속되어 있거나 교육프로그램 운영에 관여하고 있는 사람으로, 현장에서 교육의 질을 점검하고 개선 방향을 찾아가는 역할을 수행한다. 성인 문해교육의 경우 교사, 기관장, 문해교육 담당자 등 대부분의 실무자가 내부평가자에 해당한다. 이들은 학습자와 가장 가까운 위치에서 수업을 관찰하고, 학습자의 변화나 수업과정의 적절성을 세밀하게 살피기 때문에 맥락적 이해와 실천적 통찰을 기반으로 한 평가가 가능하다. 예를 들어, 문해교육 수업에서 교사가 학습자의 참여도, 과제 수행률, 학습 진전 정도를 꾸준히 기록하고 이를 토대로 교육내용을 조정하거나 학습활동을 재구성한다면, 이는 전형적인 내부평가자의 역할이다. 내부평가자는 조직 내부의 일원으로서 평가결과를 즉시 교수활동에 반영할 수 있고, 학습자의 개별 특성과 상황을 고려해 세밀한 판단이 가능하다는 점에서 매우 중요하다.

다만 평가결과가 자신이나 기관의 성과와 직접 연결되는 경우에는 객관성을 유지하기 어려울 수 있다는 한계가 있다. 따라서 내부평가자는 자기 성찰적 관점에서 평가를 통한 개선이라는 본래의 목적을 분명히 인식하고, 평가의 공정성을 확보하기 위한 협의, 공유, 기록의 절차를 체계적으로 운영할 필요가 있다.

외부평가자는 평가대상 기관에 직접 소속되지 않고, 독립된 입장에서 평가를 수행하는 사람을 의미한다. 주로 정부나 지방자치단체, 공공기관, 연구기관, 교육 관련 전문단체에서 위촉된 전문가가 이 역할을 맡는다. 성인문해교육을 예로 들면 시·도교육청이 실시하는 문해교육 기관평가에서 외부 전문가가 기관의 운영체계, 교사자격, 학습자지원, 성과관리 등을 검토하는 경우가 이에 해당한다. 외부평가자는 기관의 내부 사정에 영향을 받지 않기 때문에 객관성과 공정성 그리고 제도적 신뢰를 확보할 수 있다. 또한 여러 기관의 평가를 수행하며 축적된 경험을 바탕으로 한 기관의 활동을 넘어 정책적 시사점이나 모범사례를 제시할 수 있다는 장점도 있다.

그러나 외부평가자는 문해교육의 지역적 맥락이나 학습자의 삶의 조건을 충분히 이해하기 어려울 수 있다. 따라서 평가의 실효성을 높이기 위해서는 외부평가자가 단순히 '감독자'로 머무르지 않고, 내부평가자와 협력하여 평가를 수행할 필요가 있다. 예를 들어, 외부평가자가 평가기준과 절차를 제시하고, 내부평가자가 이에 맞추어 자체 진단과 성찰을 수행한 후, 양자가 함께 결과를 해석하고 개선 방안을 논의하는 것이다. 이러한 협력 구조 속에서 외부평가자는 단순한 감시자가 아니라 문해교육의 질적 성장을 지원하는 촉진자로서의 역할을 할 수 있다.

평가자의 다른 이름

일반적으로 평가자는 제반의 평가활동을 모두 수행하는 사람을 지칭하지만, 평가자가 수행하는 평가활동의 성격과 목적에 따라 사정관, 시험관, 검증자, 감사자, 감정사, 심사자, 검토자 등 다양한 명칭이 사용되기도 한다. 이들 각각은 평가의 대상과 목적, 개입 방식 등에서 서로 다른 특징이 있다.

사정관Assessor은 학습자의 지식, 기술, 태도 등 학습성과나 역량 수준을 직접 판단하는 사람을 의미한다. 이 용어는 특히 직업교육 훈련이나 평생학습에서 자격 인증이나 성취 인정과 관련된 맥락에서 자주 사용된다. 예를 들어, 국가직무능력표준 기반 자격평가에서 산업 현장의 전문가가 직무수행 능력을 평가할 때, 그들은 모두 사정관으로 불린다. 성인문해교육에서도 학습자의 문해 수준을 진단하거나, 교육과정 이수 후 성취도를 평가할 때 교강사가 사정관의 역할을 수행한다. 이들은 점수를 부여하기보다 학습자의 변화와 성장, 실생활에서의 문해역량 적용력을 관찰하고 판단하는 데 초점을 둔다. 즉, 사정관은 단순한 시험 채점자가 아니라 학습자 발달을 지원하는 전문 판단자로서의 의미를 가진다.

시험관Examiner은 표준화된 시험이나 공식적인 평가절차를 통해 응시자의 성취 여부를 판정하고 결과를 확정하는 역할을 수행한다. 이들은 엄격한 기준과 절차를 따라 채점하고, 평가의 공정성과 일관성을 유지하는 데 중점을 둔다. 학교교육에서는 교사가 시험지를 채점할 때 시험관의 역할을 맡으며, 국가 단위 문해능력조사나 학력인정 시험에서도 시험을 감독하고 평가하는 사람을 의미한다. 이때 시험관은 평가도구의 표준화, 평가환경 통제, 채점의 객관성 확보를 통해 제도적 신뢰성을 보장한다는 점에서 사정관과 구별된다.

검증자Validator는 평가결과나 학습성과의 진위와 타당성을 검증하는 사람을 뜻한다. 이 용어는 비형식·무형식 학습의 성과를 제도권에서 공식적으로 인정할 때 주로 사용된다. 예를 들어, 성인문해교육 학력인정 제도에서 성인학습자가 제출한

포트폴리오나 학습경험을 검토하여 실제 성취가 제시된 증빙
자료와 일치하는지를 확인하는 사람이 검증자이다. 즉, 검증
자는 학습의 질적 증거를 해석하고 공신력 있는 인증을 부여
하는 검증 전문가로서, 평가보다는 '인정'과 '심사'의 역할을
수행한다. 성인문해교육에서는 학습자의 포트폴리오, 작품,
학습일지 등을 근거로 학습결과를 검증하는 형태로 나타난다.

감사자Auditor는 평가가 절차적으로 타당하고, 기준에 부합
하며, 윤리적·법적 요건을 충족했는지를 점검하는 사람을 뜻
한다. 이들은 감사Audit의 개념이 적용된 평가에서 프로그램의
운영 체계, 재정 집행, 평가절차, 데이터 품질 등을 점검하여
평가의 신뢰성을 확보한다. 공공 부문에서는 정부 업무평가나
평생교육 기관평가 등에서 감사자가 평가결과의 타당성을 검
토하고 개선 권고를 제시한다. 성인문해교육에서도 교육부나
시·도교육청이 실시하는 기관평가에서, 문해교육 기관이 법
적 기준과 절차를 준수하고 있는지를 점검하는 담당자가 감
사자의 역할을 맡는다. 이들은 교육내용의 질을 직접 판단하
기보다, 평가체계의 건전성과 공정성을 관리하는 기능적 평가
자로서의 의미를 갖는다.

감정사Appraiser는 어떤 대상의 가치, 품질, 효용을 전문적으
로 판단하는 사람을 의미한다. 이는 본래 부동산이나 예술품
의 경제적 가치를 평가할 때 쓰이던 용어로, 교육 분야에서는
프로그램의 질, 교재의 완성도, 교육성과의 사회적 가치 등을
판단하는 역할로 확장되어 사용된다. 성인문해교육에서는 문
해교재의 언어적 난이도, 시각자료의 적절성, 문화적 표현의

포용성을 검토하는 과정에서 감정사의 역할이 필요하다. 또한 문해교육이 갖는 사회적 가치나 문화적 의미(세대 간 소통, 시민성 향상, 지역 문화 보존 등)를 분석하는 경우에도 감정사의 역할이 필요하다. 예컨대 '전국 성인문해 시화전'과 같은 행사에서 학습자가 제출한 시나 그림을 심사하여 예술적 완성도와 표현의 독창성을 평가하는 것은 감정사의 전형적인 사례에 해당한다. 감정사는 정량적 성과보다 교육의 질적 가치와 사회적 의미를 해석하는 전문가라는 점에서 일반적인 평가자보다 가치판단을 중심으로 역할을 수행한다.

심사자Judge는 평가결과를 토대로 가치판단이나 최종 결정을 내리는 사람을 의미한다. 이들은 단순히 측정된 점수를 해석하는 것을 넘어 그 결과가 좋은지 나쁜지, 적절한지 부적절한지를 판정하여 공식적인 결론이나 결정을 내린다. 심사자의 역할은 공정성과 판단의 일관성을 유지하는 데 있으며, 판단에는 전문적 기준뿐 아니라 사회적·윤리적 고려가 함께 작용한다. 예를 들어 성인문해교육 기관평가에서 우수 기관을 선정하거나, 학력인정 심의위원회가 학습자의 이수 결과를 검토해 학력인정 여부를 확정하는 경우 이들이 심사자의 역할을 수행한다. 앞서 언급한 '전국 성인문해 시화전'을 예로 들면 평가자는 감정사로서 작품의 예술적, 문화적 가치를 해석한 후, 심사자로서 그 평가결과를 바탕으로 최종적으로 수상작을 결정하는 것이다. 심사자는 평가결과를 사회적으로 공인된 형태로 확정 짓는 기능을 담당하기 때문에 책임 있는 판단자가 되어야 한다.

검토자Reviewer는 특정 프로그램, 연구 혹은 보고서를 살펴보고 피드백을 제공하는 동료 전문가나 외부 전문인을 말한다. 학문적 맥락에서는 논문 심사자를 뜻하지만, 교육 분야에서는 프로그램의 적절성, 교육목표에의 부합성, 실행 전략의 타당성 등을 검토하는 전문가를 지칭한다. 이들은 평가의 결과를 '승인'이나 '채택' 여부로 판단하기보다, 전문적 조언과 개선 방향을 제시하는 협력적 평가자라 할 수 있다. 성인문해교육에서는 문해교육 기관의 사업 계획서를 평가하거나, 교재 개발 사업의 결과물을 검토할 때 검토자가 참여한다. 앞서 '전국 성인문해 시화전'과 같은 공식 대회에서 예술적 가치 중심의 심사를 수행하는 사람들은 감정사에 가깝다고 언급하였다. 만약 문해교육 수업현장에서 학습자가 제출한 시화를 교사나 동료학습자가 함께 평가하고 의견을 나눈다면, 교사와 동료학습자는 감정사나 심사자라기보다는 교육적 검토자로서의 역할을 수행하는 것으로 볼 수 있다. 검토자의 평가는 판단보다는 대화를 통해 개선과 학습을 촉진하는 성격을 가지며, 학습자의 표현과 성장의 의미를 이해하고 지지하는 데 중점을 둔다.

평가자의 역할

평가자는 평가활동의 흐름에 따라 관찰자, 기록자, 분석자, 판단자, 촉진자로서의 역할을 수행하게 된다. 첫째, 평가자는 '관찰자'로서 평가의 출발점에서 학습자의 행동과 변화를 주의

깊게 살펴보는 역할을 수행한다. 성인문해교육에서는 학습자의 수업참여 태도, 과제 수행, 언어 사용, 상호작용 방식 등을 직접 관찰하며, 평가대상의 변화와 그 맥락을 파악한다. 관찰자는 자신의 기대나 편견이 개입되지 않도록 객관적 태도를 유지해야 하며, 학습자의 작은 진전이나 시도를 포착하는 민감한 관찰 능력이 필요하다. 이들은 학습자에 대한 이해를 넓히고, 이후 기록과 분석의 기초자료를 제공한다는 점에서 평가활동의 첫 단추를 담당한다.

둘째, 평가자는 '기록자'로서 관찰된 정보를 체계적이고 일관된 방식으로 문서화하여 평가자료로 전환하는 역할을 수행한다. 평가의 신뢰도와 타당도는 결국 기록의 질에 달려 있다. 성인문해교육에서는 학습자의 발화 내용, 과제 수행 과정, 상호작용 시 사용하는 구체적인 표현 등을 서술형 또는 행동기록지 형태로 남긴다. 이때 수업일지, 포트폴리오, 관찰기록표 등을 활용한다. 기록자는 단순히 '적는 사람'이 아니라, 관찰된 내용을 평가목표에 맞게 구조화하여 향후 분석과 판단이 가능하도록 하는 자료 생산자이자 정리자이다.

셋째, 평가자는 '분석자'로서 수집된 평가자료를 종합적으로 검토하여 의미 있는 패턴과 통찰을 도출하는 역할을 맡는다. 이들은 단편적인 관찰 기록이나 설문 결과를 모아 학습자의 성취 경향, 프로그램의 강점과 개선점을 분석하고, 이를 근거로 평가결과를 해석한다. 예를 들어, 학습자의 글쓰기 성취가 특정 주제에서 높게 나타나는 이유를 탐색하거나, 학습참여율과 학습동기 간의 관계를 분석하는 과정이 이에 해당한다. 성인문해교육에서 분석자는 양적 데이터(출석률, 과제 완성도)와 질적 데이터(학습자의 진술, 표현물)를 함께 고려하여 평가의 근거를 해석하는 전문가적 판단의 기초를 마련한다.

넷째, 평가자는 '판단자'로서 분석된 자료를 토대로 평가기준에 따라 가치판단과 결론을 내리는 역할을 수행한다. 이들은 평가대상의 성취 수준, 프로그램의 질, 교육목표 달성도를 판정한다. 성인문해교육에서는 학습자의 문해능력 향상 정도를 판단하거나, 교육과정 운영의 적정성을 검토하는 활동이 이에 해당한다. 판단자는 필요할 경우 다른 평가자와 협의 및 조정을 통해 평가결과를 일관성 있게 정리하며, 평가결과의 타당성을 확보한다. 또한 판단자는 단순히 점수를 매기는 판정자가 아니라, 교육적 가치와 사회적 의미를 함께 고려하는 전문적 판단자로서 평가의 질을 결정 짓는 핵심 위치에 있다.

다섯째, 평가자는 '촉진자'로서 평가의 마지막 단계에서 학습자, 동료교사, 기관이 평가결과를 성장과 개선의 기회로 활용할 수 있도록 돕는 역할을 수행한다. 촉진자는 단순히 결과를 보고하는 것을 넘어, 평가과정을 되돌아보며 학습자에게는 자기 성찰을, 교사에게는 교수 개선의 방향을 제시하고, 기관과는 교육품질을 제고할 전략을 함께 모색한다. 예를 들어, 문해교육 수업에서 학습자의 시화 작품을 함께 읽고 강점을 피드백하며 학습의 의미를 나누는 활동은 촉진자의 전형적인 사례이다. 이들은 평가를 통해 학습자의 성취감을 강화하고, 교육공동체 내의 학습문화를 조성할 수 있다. 따라서 촉진자는 평가를 종결하는 사람이 아니라, 평가를 통해 다음 학습과

성인문해교육에서 평가자의 역할

구분	핵심 기능	예시
관찰자	학습자의 행동, 참여, 성과를 세밀히 관찰	수업 중 학습자의 발화·참여 태도 관찰
기록자	관찰 내용을 구조화·문서화	학습일지, 포트폴리오 기록 작성
분석자	자료를 종합·해석하여 의미 도출	학습자의 과제 결과와 참여도 분석
판단자	기준에 따라 가치판단 및 결론 도출	학습성취 수준 또는 프로그램 질 판단
촉진자	평가결과를 활용해 학습과 개선을 촉진	피드백 제공, 교수 개선 회의 주도

개선을 잇는 연결자이자 성장의 촉매자라고 할 수 있다.

평가자에게 필요한 역량

평가자가 맡은 역할을 효과적으로 수행하기 위해서는 역량을 갖추어야 한다. 평가자가 가진 지식, 기술, 태도는 교육현장에서 평가적 판단과 활용의 질을 좌우한다.

*수행 기술 역량

평가자에게는 평가를 전문적으로 수행하는 기술과 관련하여 체계적 연구 및 분석 역량, 관찰 및 해석 역량, 평가설계 및 관리 역량 등이 필요하다. 첫째, 평가자에게는 '체계적 연구 및 분석 역량'이 필요하다. 체계적 연구 및 분석 역량은 평가

의 전 과정을 논리적이고 근거 중심으로 수행할 수 있는 능력
으로, 평가자가 직관이나 경험에 의존하지 않고 자료에 기반
하여 판단을 내리는 핵심 역량이다. 이를 위해서는 평가의 목
적과 질문을 명확히 설정하고, 타당하고 신뢰할 수 있는 자료
수집 방법을 선택하며, 수집된 자료를 체계적으로 구조화하
여 분석하고, 그 결과를 근거로 결론과 권고를 도출할 수 있어
야 한다. 성인문해교육에서 이 역량은 학습자의 문해력 향상
정도를 객관적으로 진단하거나 프로그램의 효과를 분석할 때

특히 중요하다. 평가자가 분석자이자 판단자로서 신뢰성 있는 평가결과를 제시하기 위해서는 데이터 분석 능력뿐 아니라 논리적 해석과 보고서 작성 능력이 요구된다. 이 역량을 키우기 위해서는 평가방법론 연수, 데이터 분석 실습, 사례 기반 평가보고서 작성 훈련과 같은 실무 중심 학습이 효과적이다.

둘째, 평가자에게는 '관찰 및 해석 역량'이 필요하다. 관찰 및 해석 역량은 평가대상의 행동과 반응을 세밀하게 포착하고, 그 의미를 정확히 읽는 능력이다. 평가자는 평가목표에 부합하는 관찰 초점을 설정하고, 개인적 편견 없이 사실을 중심으로 관찰하며, 평가대상의 언어적·비언어적 표현을 의미 있게 해석해야 한다. 또한 관찰 내용을 체계적으로 기록 가능한 형태로 전환할 수 있어야 한다. 성인문해교육 현장에서 이 역량은 학습자의 발화, 참여 태도, 표정, 과제 수행 과정을 관찰자로서 파악하고, 그 속에 담긴 변화의 의미를 발견할 때 발휘된다. 예를 들어, 학습자가 처음에는 글쓰기를 주저하다가 점차 자신감 있게 표현하는 모습을 포착하는 것은 단순한 관찰이 아니라 학습의 질적 성장을 해석하는 행위이다. 이러한 역량은 동료와의 관찰 공유나 수업참관 훈련, 평가자 간 합의 과정을 통해 체계적으로 강화할 수 있다.

셋째, 평가자에게는 '평가설계 및 관리 역량'이 필요하다. 평가설계 및 관리 역량은 평가의 목적과 범위를 설정하고, 절차, 도구, 일정을 계획하며, 인력과 자원을 효율적으로 운영하는 능력이다. 평가자는 평가목적과 대상을 명확히 규정하고, 평가절차와 도구를 체계적으로 설계하며, 평가팀 간의 역할을 분담하고 협업 체계를 유지할 수 있어야 한다. 또한 평가 진행 상황을 점검하고 필요 시 계획을 조정할 수 있는 유연성이 필요하다. 성인문해교육기관에서는 학기별 자체평가나 프로그램 개선을 위한 내부평가를 기획할 때 이러한 역량이 요구된다. 평가자가 단순히 주어진 평가를 수행하는 수준을 넘어, 평가를 조직적으로 관리하고 품질을 책임지는 전문가로 성장하기 위해서는 기획 역량이 필수적이다. 이를 개발하기 위해서는 평가설계 워크숍 참여, 로직 모델 활용 실습, 프로젝트 관리 도구를 통한 일정 및 자원 관리 훈련이 효과적이다.

*관계 및 촉진 역량

평가자에게는 다양한 평가 이해관계자와 관계를 형성하고 평가를 촉진하기 위하여 의사소통 및 협업 역량, 피드백 및 학습촉진 역량이 필요하다. 먼저, 평가자에게는 '의사소통 및 협업 역량'이 필요하다. 의사소통 및 협업 역량은 평가과정에서 다양한 이해관계자와 원활히 소통하고 협력할 수 있는 능력이다. 평가자는 평가의 목적과 절차를 명확히 설명하고, 동료 평가자와 평가기준이나 결과를 협의하며, 학습자에게 피드백을 이해하기 쉽게 전달하고, 결과를 근거 중심으로 논의할 수 있어야 한다. 성인문해교육에서는 내부평가자인 교사가 서로 평가기준을 공유하고, 평가자 간 의견 차이를 조정하거나, 학습자와 신뢰 관계 속에서 피드백을 나눌 때 이 역량이 결정적으로 작용한다. 또한 평가결과를 기관 관리자나 외부평가자에게 명료하게 보고하는 일 역시 평가자의 의사소통 기술에 달려 있다. 이 역량은 협력적 평가회의나 피드백 워크숍, 적극적 경청 훈련을 통해 개발할 수 있다.

또한, 평가자에게는 '피드백 및 학습촉진 역량'이 필요하다. 피드백 및 학습촉진 역량은 평가결과를 단순히 보고하는 수준을 넘어, 학습자와 조직이 스스로 개선하고 성장할 수 있도록 촉진하는 능력을 말한다. 평가자는 결과를 명확하고 긍정적으로 전달하고, 학습자에게 구체적인 개선 방향을 제시하며, 기관이 평가과정을 성찰할 기회를 제공해야 한다. 또한 평가결과를 기관이나 동료와 공유하여 조직학습으로 확산시킬 수 있어야 한다. 성인문해교육에서는 교사가 학습자와 함께 시화 작품이나 글을 보며 장점을 언급하고, 다음 학습방향을 함께 탐색하는 과정에서 바로 이러한 역량이 발현된다. 이 역량은 피드백 대화법이나 코칭 기법을 학습하고, 성찰적 평가회를 운영하거나, 평가결과를 활용한 학습공동체 활동을 통해 개발할 수 있다.

＊인식 및 가치 역량

평가자의 인식 및 가치와 관련하여 윤리성과 객관성, 문화적 민감성과 포용성 등이 필요하다. 먼저, 평가자에게는 '윤리성과 객관성'이 필요하다. 윤리성과 객관성은 평가자가 공정성과 신뢰성을 유지하면서 평가대상에 대한 편향을 최소화하고, 평가의 가치와 책임을 인식하는 능력이다. 평가는 항상 권력 관계와 가치판단을 내포하므로 평가자는 일관된 기준을 적용하고, 평가대상과의 개인적 감정이나 이해관계를 판단에 개입시키지 않아야 한다. 또한 평가자료의 비밀성과 익명성을 보장하고, 평가과정에서 발생할 수 있는 이해 충돌을 인식하며 이를 피할 수 있어야 한다. 성인문해교육에서는 교사가 학습자의 어려운 상황을 이해하더라도 그로 인해 평가결과가 과도하게 관대해지지 않도록 균형을 유지해야 하며, 기관평가에서는 내부 구성원의 이해관계를 넘어서 객관적 근거에 기반한 판단을 내려야 한다. 이러한 윤리적 판단력은 평가윤리 강령 학습, 사례 토의, 동료 간 상호 검토 활동을 통해 꾸준히 강화할 수 있다.

마지막으로 평가자에게는 '문화적 민감성과 포용성'이 필요하다. 문화적 민감성과 포용성은 평가대상의 문화적 배경, 언어, 세대, 사회적 맥락 등 다양한 특성을 이해하고 존중하는 능력이다. 평가자는 학습자의 문화적·언어적 특성을 존중하며, 다양한 표현 방식과 학습양식을 평가에 반영하고, 평가도구가 특정 집단에 불리하지 않도록 조정하며, 결과 해석 시 사회·문화적 맥락을 함께 고려해야 한다. 성인문해교육은 다양한 연령층, 지역, 교육경험을 가진 학습자가 참여하기 때문에 이러한 다양성을 인식하지 못하면 평가가 배제나 낙인으로 작용할 위험이 있다. 예를 들어, 지역방언이나 비표준어 표현을 오류로 간주하지 않고 학습자의 문화적 정체성을 반영한 언어적 표현으로 해석하는 감수성이 필요하다. 이 역량은 다문화 감수성 교육, 포용적 평가워크숍, 다양한 학습자 사례 분석을 통해 함양할 수 있다.

평가자에게 필요한 역량과 행동 지표 예시

영역	역량	정의	행동 지표 예시
수행 및 기술 영역	체계적 연구 및 분석 역량	평가의 전 과정을 논리적이고 근거 기반으로 수행하여 신뢰성 있는 결과를 도출하는 능력	①평가목적과 질문을 명확히 설정한다. ②타당하고 신뢰 가능한 자료 수집 방법을 선택한다. ③수집된 자료를 구조화·분석한다. ④분석 결과를 근거로 결론을 도출한다.
	관찰 및 해석 역량	평가대상의 행동과 반응을 세밀히 관찰하고 의미를 해석하는 능력	①평가목표에 맞는 관찰 초점을 설정한다. ②사실 중심으로 객관적으로 관찰한다. ③언어·비언어적 행동을 의미 있게 해석한다. ④관찰 내용을 체계적으로 기록한다.
	평가설계 및 관리 역량	평가절차와 자원을 체계적으로 기획·운영하고 관리하는 능력	①평가목적, 대상, 범위를 명확히 정의한다. ②절차, 도구, 일정을 계획한다. ③팀 내 역할을 조정하고 협업 체계를 유지한다. ④진행 상황을 점검하고 조정한다.
관계 및 촉진 영역	의사소통 및 협업 역량	평가과정에서 다양한 이해관계자와 효과적으로 소통하고 협력하는 능력	①평가목적과 절차를 명확히 설명한다. ②평가기준과 결과를 협의·조정한다. ③학습자에게 피드백을 명확하게 전달한다. ④평가결과를 근거 중심으로 논의한다.
	피드백 및 학습촉진 역량	평가결과를 학습자, 조직의 성장과 개선으로 연결시키는 능력	①평가결과를 명확하고 긍정적으로 전달한다. ②개선 방향을 구체적으로 제시한다. ③평가과정을 성찰할 기회를 제공한다. ④결과를 조직학습으로 확산한다.

인식 및 가치 영역	윤리 성과 객관성	평가의 전 과정에서 공정성과 신뢰성을 유지하며 원칙에 따라 판단하는 능력	①일관된 기준을 적용한다. ②개인적 감정을 배제한다. ③평가자료의 비밀성과 익명성을 보장한다. ④이해 충돌을 인식하고 회피한다.
	문화적 민감성과 포용성	평가대상의 문화적·사회적 다양성을 이해하고 공정하게 반영하는 능력	①문화적·언어적 특성을 존중한다. ②다양한 학습양식을 평가에 반영한다. ③평가도구의 편향을 점검한다. ④결과 해석 시 사회·문화적 맥락을 고려한다.

성인문해교원 평가역량 개발

그렇다면 성인문해교원의 평가역량을 개발하기 위해 어떤 노력이 이루어지고 있는지 살펴보자. 성인문해교원은 「평생교육법」 제39조[1] 및 같은 법 시행령 제70조[2]에 근거하여 양성된다. 법에서는 학력인정 문해교육 프로그램을 운영하기 위해 반드시 일정한 자격과 연수를 이수한 교원을 확보하도록 규정하며, 이는 문해교육의 질을 보장하기 위한 제도적 장치로 기능한다. 초등학교 과정의 문해교육 교원은 대학 졸업 이상의 학력을 가지고 문해교육 교원연수 기관에서 운영하는 연수과정을 이수한 사람으로 한정되며, 고등학교 졸업 이상인 경우에는 문해교육심의위원회의 적합 판정을 받아야 한다. 중학교 과정 역시 교사자격증 소지자 또는 대학 졸업 이상의 학력을 지닌 자로서 연수 과정을 이수해야 교원으로 인정받을 수 있다. 이러한 자격 요건은 문해교육 교원을 일반 평생교육사나 강사와 구분되는 전문 영역으로 제도화하고, 교원이 성인문해교육의 목적과 학습자 특성을 이해한 전문적 역량을 갖추도록 한다.

문해교육 교원연수는 「평생교육법 시행령」 제70조의2[3]에 따라 국가평생교육진흥원, 시·도 평생교육진흥원, 국가문해교육센터, 시·도문해교육센터 등에서 체계적으로 운영되고 있다. 교원연수 과정은 초등 및 중학과정으로 구분되며, 집합연수 52시간과 현장실습 15시간, 총 67시간으로 구성된다. 집합연수는 교육소양, 교육리더십, 수업운영, 학급 운영 및 네트워크 등으로 구성되며, 특히 수업운영 영역은 문해교육의 실제 교수활동과 직결된 전문 역량으로 구성된다. 또한 중복 이수를 최소화하기 위해 초등과정과 중학과정 간 공통 과목은 중복될 경우 면제가 가능하도록 설계되어 효율성을 확보하고 있다. 이러한 체계적 교원 양성 과정은 문해교육 현장에서 요구되는 교사의 기본 역량(교육 이해, 리더십, 교수설계 능력 등)과 전문 역량(수업운영, 평가, 피드백 제공 등)을 균형 있게 개발하도록 구성되어 있다.

교원연수 과정 중 평가 관련 내용은 2021년 개정된 연수 과정에서 '문해교육에서의 평가'라는 교과로 명시되어 있으며, 전문 역량의 수업운영 영역에 포함된 공통 과목이다.[5] 해당 교과는 '문해교육평가의 이해', '문해교육 포트폴리오 구성과 실

문해교육 교원연수 교육과정[4]

구분		핵심 역량	교원연수 과정	보수교육 과정
집합 연수	기본 역량	교육소양, 교육리더십	14시간	8시간
	전문 역량	수업운영	28시간 (공통 영역 16시간 교과 영역 12시간, 초등·중학 중 선택)	16시간 (공통 영역 10시간 교과 영역 6시간, 초등·중학 중 선택)
		학급 운영 및 문해교육 네트워크	10시간	6시간
	집합연수 소계		52시간	30시간
현장 실습	현장실습 소계		15시간	–
	합계		67시간	30시간

제'에 각각 1시간이 배정되어 전체 과정 중 2시간으로 편성된다. '문해교육평가의 이해'는 문해교육의 평가방법과 절차를 이해하고 평가문항을 작성하는 것을 목표로 하며, 세부 내용으로는 성인문해교육평가의 이해와 적용(평가의 개념, 유형, 프로세스)과 문항 작성 실습, 피드백 활동이 포함된다. '문해교육 포트폴리오 구성과 실제'는 학력인정 문해교육 과정에 필요한 포트폴리오 구성 및 지도 역량을 함양하도록 설계되어 있다. 포트폴리오 평가를 위한 필수자료의 구성과 서식, 관리 방법을 다루며, 학습자의 성취를 기록·누적하는 포트폴리

교원연수 '문해교육에서의 평가' 세부 교육내용

강의	구분	내용
문해교육 평가의 이해 (1시간)	교육목표	문해교육평가의 방법을 이해하고 평가문항을 작성할 수 있다.
	주요 교수학습 활동	• **성인문해교육평가의 이해와 적용** – 성인문해교육평가의 개념과 필요성 – 성인문해교육평가의 유형 – 성인문해교육평가 담당자의 역할과 프로세스 • **성인문해교육평가 실습** – 단계별 평가내용 – 문항 형식에 따른 평가문항 작성법 – 평가문항 작성 실습 – 공유 및 피드백
	교육방법	강의법(온라인 강의 가능), 실습
	평가방법	강의 평가서, 실습 평가서
문해교육 포트폴리오 구성과 실제 (1시간)	교육목표	문해교육 포트폴리오를 구성하는 필수 자료를 이해하고 체계적으로 포트폴리오를 구성하며 관리할 수 있다.
	주요 교수학습 활동	• **포트폴리오 구성 필수자료 이해** – 필수자료의 구성 이해 – 필수자료의 서식 이해 – 필수자료의 서류 작성 시 유의점 이해 • **포트폴리오 모델 탐색 및 관리 유의점** – 포트폴리오 모델 탐색 – 포트폴리오 관리 및 유의점
	교육방법	강의법(온라인 강의 가능)
	평가방법	강의 평가서

문해교육에서의 평가 워크시트

영역5 　　문해교육에서의 평가

　문해교육에서 학습자 평가 시 유의사항

왼쪽의 초성을 참고하여, 작성해보세요!

1. 문해교육에서 문해학습자 평가 시 유의사항을 5가지를 작성해보세요.

- ▪ㅊㅈㅊ 에 도움 여부
- ▪ 교사의 ㅍㄷㅂ 제공
- ▪ 평가의 ㄱㅈ
- ▪ 평가의 ㅅㅈ
- ▪ 평가 ㄱㅎ 제시

2. 바람직한 학습자 평가를 위한 다짐과 계획을 작성해보세요.

- 학습자 평가를 지필, 구두평가 등 다양한 방식으로 진행한다.
- 평가 전에 평가의 기준을 학습자에게 미리 공지한다.
- 매 수업 시간 마무리에 단원평가를 실시하여, 학습자가 그날의 학습이 잘 이루어졌는지 점검할 수 있도록 돕는다.
- 학습자의 수준을 고려하여, 평가 문항을 출제한다.
- 평가 이후 학습자의 발전을 도모할 수 있도록 피드백 한다.
- 학습목표의 성취여부를 판단할 수 있는 평가계획을 수립하였다.

오 평가의 절차와 유의점을 중심으로 실습이 이루어진다.

이는 평가의 전반적 개념 이해와 포트폴리오 작성 역량을 중심으로 구성된 비교적 기초 수준의 평가교육이라 할 수 있다. 실제로 멘토 책임 과정 워크시트[6]에서도 학습자평가 시 유의사항을 점검하고, 바람직한 평가를 위한 다짐을 작성하게 함으로써 평가에 대한 인식과 태도 형성을 다루고 있다.

앞으로의 성인문해교원 연수는 현재의 평가에 대한 기초 이해와 포트폴리오 중심 교육에서 벗어나, 보다 심화되고 실천적인 평가역량 개발 체계로 발전할 필요가 있다. 이를 위해 세 가지 방향으로의 보완이 요구된다.

첫째, 내용 범위를 확장해야 한다. 현재 연수과정은 학습자 개인의 성취평가를 중심으로 구성되어 있으나, 프로그램, 기관, 지역사회, 나아가 정책 수준까지 평가의 대상을 확장하여 이해할 수 있도록 해야 한다. 예를 들어, 학습자의 문해능력 향상뿐 아니라 문해교육 프로그램의 효과, 기관의 운영 체계, 지역의 문해정책 실행 성과를 평가하는 다층적 관점이 포함되어야 한다. 이를 통해 문해교원이 교육현장을 넘어 문해정책 전반의 질을 개선하는 과정에 참여할 수 있는 평가역량을 갖추게 될 것이다.

둘째, 현장 사례를 포함한 풍성한 학습자료를 제공해야 한다. 문해교육은 지역과 학습자 특성이 다양하기 때문에, 실제 사례를 기반으로 한 자료를 통해 평가의 맥락을 이해하는 것이 중요하다. 연수 기관이나 현장의 문해교원이 직접 우수 사례를 발굴하고, 학습자의 성장 사례나 기관의 평가를 통한 개선 사례를 공유하는 시스템을 구축해야 한다. 이를 통해 연수가 단순한 지식 전달을 넘어, 문해교육 현장의 경험과 노하우가 순환되는 실천 공동체적 학습구조로 발전할 수 있을 것이다.

셋째, 실습 위주의 학습자 참여형 학습으로 전환되어야 한다. 기초적인 개념학습은 온라인 강의나 교재를 통해 개별적으로 수행하고, 집합연수에서는 실습 중심의 참여학습을 강화하는 것이 바람직하다. 예를 들어, 문항을 직접 출제하거나 포트폴리오를 구성하는 실습, 학습자 만족도평가 자료를 분석하거나 기관평가를 위한 보고서를 작성하는 활동, 성인문해 관련 데이터를 해석하는 연습 등을 연수 과정에 포함할 수 있다. 이러한 학습경험을 통해 교원은 평가이론을 실제 현장과 연결 지을 수 있으며, 결과적으로 문해교육 현장의 평가문화를 주도할 수 있는 실천적 전문성을 함양하게 될 것이다.

12장

성인문해교육평가의 미래

AI 시대, 성인문해교육의 변화

성인문해교육에서 평가는 성인문해교육 정책, 기관, 활동, 프로그램, 학습결과 등 성인문해교육과 관련한 대상의 가치를 확인하고 판단하는 총체적인 활동이다. 즉, 성인문해교육 과정을 점검하고 결과를 판단하기 위한 제반의 활동을 의미한다. 이 장에서는 AI 시대의 성인문해교육 변화와 더불어 성인문해교육평가의 변화에 대해서 살펴보고 향후 성인문해교육의 발전을 위한 과제를 점검하고자 한다.

　디지털과 AI 기술이 일상에 깊이 스며들면서 성인문해교육의 모습도 빠르게 달라지고 있다. 과거에는 문자를 읽고 쓰는 능력을 중심으로 학습자가 생활 속 어려움을 극복하고 보다 주체적으로 일상을 살아가도록 돕는 것이 교육의 주된 목표였다. 그러나 오늘날 문해는 단순한 글자 해독을 넘어서 인터넷 검색, 온라인 행정 서비스 이용, 문자 확인과 답장, 영상 정보 이해 등 디지털 환경에서 정보를 처리하고 활용하는 역량까지 요구된다. 즉, '읽고 쓰기'만 잘하면 되는 시대가 아니라, '정보를 찾고 판단하고 활용하는 능력'이 필수인 시대가 되었다.

이와 함께 문해의 개념도 확장되고 있다. 기존 생활문해가 공공기관 안내문 읽기, 지하철 노선도 해석, 금융 서류 이해 등에 머물렀다면, 이제는 온라인 계정 생성, 영상 정보 파악, 모바일 앱 사용, AI 기반 상담·안내 시스템 활용까지 포함한다. 특히 최근에는 병원 예약 시스템, 은행 챗봇, 정부24와 같은 공공 플랫폼에서 AI가 적극적으로 활용되면서, AI 시대의 시민으로서 정보를 이해·활용할 수 있는 '확장된 문해'가 요구된다.

이러한 흐름은 국제 프레임워크에서도 확인된다. 유럽연합의 디지털 역량 프레임워크 Dig Comp^{Digital Competence Framework for Citizens}는 디지털 역량을 정보 탐색, 의사소통, 콘텐츠 창작, 안전, 문제 해결 등 다섯 영역으로 정의하며, 디지털 환경에서의 비판적 판단과 윤리적 활용, 더 나아가 AI 이해 능력까지 다루고 있다.

또한 OECD에서 실시하는 국제성인역량조사 PIAAC^{Programme for the International Assessment of Adult Competencies}도 최근 조사에서 디지털 문제 해결 능력과 기술 활용 역량을 측정 영역에 포함하며, 컴퓨터 기반 문해를 '기존 문해능력의 확장된 형태'로 제시하였다. 이는 디지털 문해가 전통적 문자문해와 단절된 기술적 능력이 아니라, 변화한 사회 환경에 맞춰 확장된 문해라는 점을 분명히 보여 준다. 성인문해교육은 문자 해독 능력 위에 디지털 정보 탐색·해석·활용 능력이 더해지는 구조로 진화하고 있으며, 두 역량을 통합적으로 바라보는 관점이 필요하다.

특히 디지털 문해는 단순히 스마트폰을 사용할 수 있는지 여부를 넘어, 온라인 정보를 평가하고, 개인정보를 보호하며, AI 도구를 비판적으로 이해하고 활용하는 능력까지 포함한다. 예컨대 '검색해서 정보를 찾는 능력'에서 더 나아가 '정확한 정보를 고르고 확인하며, 필요하면 AI의 도움을 활용해 문제를 해결하는 능력'이 중요한 문해 역량이 된다. 이러한 관점에서 성인문해교육은 기술교육을 넘어서 '디지털 시대의 시민 역량'을 기르는 과정으로 자리 잡아 가고 있다.

이러한 변화에 따라 학습방식도 혁신되고 있다. 전통적으로 성인문해교육은 교실에서 교재와 노트를 펼쳐 놓고 선생님과 대면하여 배우는 형태가 대부분이었다. 하지만 최근 스마트폰의 문자 연습 앱, 온라인 학습 콘텐츠, 실시간 화상수업, 짧은 영상 기반 학습 등 다양한 수업방법이 도입되고 있다. 예전에는 칠판 필기와 받아쓰기가 수업의 중심이었다면, 지금은 학습자가 집에서도 영상을 반복하여 시청하며 따라 쓰고, 자동 발음이나 맞춤법 검사 기능을 활용하여 개별로 연습할 수 있다. 학습자가 디지털 환경에 익숙하지 않을 경우 태블릿을 제공하거나 화상 학습도우미가 함께 온라인에 접속해 학습을 돕는 방식도 지원되고 있다.

학습의 목적 역시 보다 제도적이고 사회 참여적인 방향으로 확대되고 있다. 예전에는 '읽고 쓰는 기쁨'이나 '일상생활에서의 필요 해결'이 중심 목표였다면, 지금은 학력인정, 자격 취득, 디지털 역량 인증 등 학습결과를 사회적으로 인정하고 그에 따른 권리를 확장하는 방향으로 나아가고 있다. 학습자의 참여 기록, 온라인 활동 데이터, 과제 결과 등이 축적되며 개인의 성장 경로가 체계적으로 관리되고, 이는 향후 교육, 취업, 사회 참여 활동과도 연계될 수 있다.

이러한 변화는 성인문해교육평가에도 새로운 방향을 요구한다. 이제 평가는 단순히 글자를 읽고 쓸 수 있는지를 확인하는 수준을 넘어, 온라인 환경에서 정보를 탐색하고 과제를 수행하는 능력, 디지털 도구를 활용해 문제를 해결하는 역량까지 포괄해야 한다. 또한 학력인정과 인증 제도가 확산될수록 평가설계에서 평가의 객관성과 공정성 그리고 학습자의 존엄과 자존감을 존중하는 일이 중요해진다. AI 시대의 성인문해교육평가는 기술과 인간의 균형 속에서 학습자의 삶을 실질적으로 변화시키는 방향으로 나아가야 한다.

성인문해교육평가에 AI 활용

성인문해교육평가가 데이터 기반으로 전환되고 있다는 점은 매우 중요한 변화이다. 지금까지 성인문해교육 현장에서는 학습자의 문해능력과 학습경험을 주로 교사의 관찰, 학습자의 과제물, 간단한 수준검사 등을 통해 파악해 왔다. 이러한 방식은 학습자의 개별적 특성을 이해하고 관계 중심의 교육을 강화하는 데 강점이 있으나, 체계적인 자료 축적과 정밀한 진단에는 한계가 있다.

앞으로는 AI와 같은 첨단 기술을 평가과정에 적용함으로써 학습자료를 보다 체계적으로 수집·분석하고, 이를 바탕으로 학습자에게 더 적합한 교육지원을 제공할 수 있을 것이다. 특히 학습자의 문해능력 향상 경로를 장기적으로 추적하고, 개인의 성장 지점을 세밀하게 파악하는 새로운 평가생태계를 기대할 수 있다.

성인문해교육에 적용할 수 있는 AI 기술로 평가도구 개발을 가장 먼저 떠올릴 수 있다. 문해교육에서 읽기, 쓰기, 셈하기뿐 아니라 디지털 문해 역량도 함께 다루는 경우가 늘어나면서 다양한 상황에 기반한 문항이나 실제 생활 맥락을 반영한 문제 구성이 필요해졌다. 대규모 언어 모델과 같은 AI 기술을 활용하여 문항 개발을 보조하거나 초안 문항을 생성하여 교사가 이를 수정·보완하는 방식으로 활용할 수 있다.

예를 들어 공공기관 안내문을 읽고 정보를 찾는 과제나 모바일 문자를 이해하고 답장을 작성하는 과제 등 생활 밀착형 항목을 AI가 제시할 수 있다. 교사는 이러한 문항을 검토하여 문해교육 목표와 학습자 수준에 맞도록 조정하는 역할을 한다. 이를 통해 교육적 타당성을 유지하면서도 문항 개발 부담을 줄이고, 보다 폭넓은 유형의 평가문항을 활용할 수 있다.

또한 AI는 루브릭 기반의 포트폴리오 평가에도 활용될 수 있다. 성인문해교육에서는 학습일지, 글쓰기 과제, 생활 속 기록물, 디지털 활용 결과물 등 다양한 산출물이 존재한다. AI는 학습자의 글쓰기 패턴이나 내용 구성, 표현 방식 등을 분석하여 루브릭 기준을 생성하거나 예시 답안을 제시할 수 있다.

예를 들어 학습자의 '나의 하루 기록하기' 과제물을 분석하여 구성의 일관성, 문장 형식, 어휘의 다양성 등을 평가기준과 연결해 평가할 수 있다. 최종 판단은 교사가 내리되, AI가 기초 채점 또는 코멘트 제공을 통해 교사의 평가전문성을 보조하는 역할을 하는 것이다. 이는 특히 다수 학습자를 지도하는 문해교육 기관에서 평가효율성을 높이고, 학습자에게 보다 풍부한 피드백을 제공할 수 있게 한다.

평가자료 수집 측면에서도 AI는 중요한 역할을 할 수 있다. 출석 확인부터 수업 중 학습자의 활동과 참여도 기록을 보다 체계적으로 할 수 있다. 예컨대 영상수업이나 디지털 학습환경이 구축된 경우, 안면 인식 기술을 활용하여 출석을 자동 기록하거나 시선 추적과 같은 기술로 학습자의 집중도 변화를 탐지할 수 있다.

모든 문해교육 기관에서 이러한 인프라를 당장 갖추기는 어렵지만, 비대면 문해교육 프로그램이나 온라인 학습 플랫폼에서 시범 적용할 수 있을 것이다. 이러한 데이터는 학습자의 참여 양상을 세밀하게 이해하고, 수업설계를 개선하는 근거자료로도 활용될 수 있다.

만족도조사에서도 AI는 유용하게 작동할 수 있다. 전통적으로 문해교육에서는 간단한 설문조사나 구두 피드백을 통해 학습자의 만족도를 파악했다. 앞으로는 모바일 기반 음성 인터뷰나 텍스트 분석을 적용하여 학습자가 표현한 감정, 긍정·부정 신호, 주요 키워드 등을 자동으로 분석할 수 있다. 특히 글쓰기 능력이 제한된 학습자에게 음성 기반 만족도 분석은 효과적이다. 학습자가 '재미있었어요', '어렵지만 도움이 돼요' 와 같은 표현을 했을 때, 감정 분석 기술을 활용하여 학습경험 의 질을 더 정교하게 파악하고 향후 수업설계나 학습자 지원 에 반영할 수 있다.

역량평가에서도 AI는 장기적으로 유용한 도구가 될 것이다. 예컨대 과거에 문해능력평가는 주로 지필형 검사나 짧은 활 동 관찰 중심으로 이루어졌다. 앞으로는 자연어 처리 기술을 활용하여 학습자가 말하기·쓰기 활동에서 사용하는 어휘 수 준, 문장 구조, 의사소통 능력 등을 분석할 수 있다.

더 나아가 가상현실이나 시뮬레이션을 활용해 은행 업무, 병원 접수, 대중교통 이용과 같은 실제 생활에서 디지털 문서 를 읽고 작성하는 역량을 평가하는 방식도 가능할 것이다. 이 는 문해가 단순한 문자 해독 능력을 넘어 주체적 시민성, 일상 속 사회 참여 능력으로 확장되고 있다는 점과 맞닿아 있다.

수집된 학습데이터는 빅데이터 분석을 통해 더 큰 가치를 가진다. 문해교육 학습관리시스템이나 지역 평생교육 플랫폼 에 학습기록이 쌓이면, 학습지속 가능성, 참여 패턴, 중도 탈락 위험 요인을 예측할 수 있다.

예를 들어 학습자가 과제를 여러 번 시도하지만 제출하지 못하는 패턴이 감지될 경우, AI는 학습자에게 '도움이 필요하 신가요?'라는 메시지를 보내거나 교사에게 알림을 전송할 수 있다. 이는 문해교육에서 특히 중요한 '학습지속 지원'에 효과 적이며, 취약학습자를 조기 발굴하고 개입하는 데도 활용될 수 있다.

또한 AI는 분석 결과를 바탕으로 학습자에게 실시간 피드백과 추천을 제공할 수 있다. 예를 들어 '최근 쓰기 과제에서 문장 연결이 조금 어렵게 느껴졌다면, 아래 학습자료를 추천합니다' 또는 '지난주보다 출석률이 좋아졌어요. 응원합니다'와 같이 맞춤형 안내가 가능하다.

특히 디지털문해 학습에서는 챗봇 기반 도움말 시스템이 유용할 수 있다. 예컨대 학습자가 '공공기관 사이트에 어떻게 회원가입을 하나요?'라고 질문하면 단계별 설명을 제공하거나 관련 동영상을 안내할 수 있다. 이러한 시스템은 교사의 역할을 대체하기보다, 교사가 학습자와 더 의미 있는 상호작용에 집중할 수 있도록 돕는 기능을 하게 된다.

이러한 기술 적용은 교사의 전문성과 윤리적 고려를 전제로 해야 한다. AI가 제시하는 분석 결과가 항상 정확하거나 편향에서 자유롭지는 않다. 따라서 문해교육 현장에서 AI는 보조자로서 역할을 수행하고, 최종 판단과 학습자에 대한 인간적 이해, 관계적 지원은 교사가 담당해야 한다.

또한 개인정보 보호, 학습자의 동의 절차, 데이터 저장과 활용 기준 등을 명확히 마련할 필요가 있다. 특히 성인문해교육은 취약계층을 포함하기 때문에 학습자의 권리와 존엄성을 무엇보다 우선해야 한다. AI는 학습자의 성장 가능성을 확장하는 도구로써만 활용되며, 학습자를 감시하거나 판단하는 장치가 되어서는 안 된다.

결국 AI는 문해교육평가를 '더 인간적인 방향'으로 이끌 수 있다. 기술이 데이터수집과 분석을 담당한다면, 교사는 학습자 개개인의 이야기와 삶의 맥락을 더 깊이 이해할 수 있는 여유를 갖게 된다. 문해교육은 단순한 기능교육이 아니라 학습자의 자존감 회복, 사회 참여 확대, 삶의 질 향상을 돕는 과정이다. AI는 이러한 목표를 지원하는 도구로써, 학습자에게 더 촘촘한 관심과 맞춤형 지원을 제공하는 새로운 가능성을 열 것이다. 앞으로 문해교육 현장에서 AI와 교사가 함께 만들 데이터 기반 평가 생태계는 '기술이 사람을 돕는 교육', '학습자의 존엄을 강화하는 평가'라는 방향을 지향해야 한다.

평가의 허들

성인문해교육의 현장에서 평가는 단순히 결과를 측정하는 과정이 아니라 학습자의 성장을 돕고 교육의 질을 개선하기 위한 필수적인 절차이다. 그러나 현실에서는 여전히 평가를 어렵고 부담스러운 일로 여기는 경향이 강하다. 평가가 주는 압박감과 불쾌한 경험 혹은 평가결과가 처벌이나 통제의 수단으로 사용되었던 기억은 학습자가 평가를 기피하게 만든다. 결국 성인문해교육에 제대로 된 평가문화를 정착시키기 위해서는 평가의 여러 장벽, 즉 '허들'을 인식하고 이를 단계적으로 넘어서야 한다. 여기에서는 평가의 세 가지 대표적인 허들인 동기, 지식과 기술, 환경 허들을 중심으로 살펴본다.

첫 번째는 '동기의 허들'이다. 많은 사람들은 '평가'라는 말만 들어도 긴장하거나 거부감을 느낀다. 과거 학교나 직장에서 겪은 평가경험이 부정적 기억으로 남아 있는 경우가 많기 때문이다. 특히 성인문해교육 참여자는 학습경험이 단절되었거나 학습에 대한 자신감이 낮은 경우가 많아, 평가상황에서 더 큰 압박을 느끼는 경향이 있다.

평가자에게도 부담감이 존재한다. 평가를 하면 타인의 성취를 판단해야 하고, 그 결과가 누군가에게 영향 미칠 수 있다는 점이 심리적 압박으로 작용한다. 이러한 감정은 무시되거나 억압된 채로 지속되기 쉽다. 이러한 감정의 저항을 무시하거나 억누르기보다는, 평가에 대한 인식을 부정에서 호기심과 학습의 기회로 바꾸는 접근이 필요하다.

동기의 허들을 넘기 위해서는 평가를 '하고 싶지 않다'에서 '한번 해 볼 만하다'라는 방향으로 인식 전환이 필요하다. 평가를 통해 성인문해교육의 문제를 진단하고 해결책을 찾을 수 있다는 가능성을 깨닫는 순간, 평가에 대한 동기가 자연스럽게 생긴다. 학습자와 평가자에게 '평가를 하면 더 나은 수업이 가능하다'는 경험을 제공하는 것이 무엇보다 중요하다.

이러한 인식 전환을 위해서는 평가가 친근하고 접근하기 쉬운 과정이어야 한다. 평가가 밀실에서 진행되는 비밀스러운 절차가 아니라, 이해관계자 누구나 참여할 수 있는 공개적이고 투명한 과정으로 운영될 때 두려움이 줄어든다. 예를 들어 평가의 목적과 절차, 결과 활용 방식이 명확히 공유되면, 사람들은 평가가 자신에게 어떤 도움이 되는지 이해하게 된다. 결국 평가가 나에게 이익이 되는 활동임을 깨닫게 하는 것이 동기의 허들을 넘는 핵심이다.

두 번째는 '지식과 기술의 허들'이다. 평가를 하겠다는 의지가 생겨도 실제로 평가를 수행하는 데 필요한 지식과 기술이 부족하면 다시 벽에 부딪힌다. 많은 교사나 기관 담당자가 '평가를 하려면 통계부터 배워야 한다'거나 '전문 용어가 너무 어려워 접근하기 어렵다'고 말한다. 하지만 평가의 본질은 복잡한 통계나 공식이 아니라, '무엇을 알아야 하는가'를 묻고 그에 대한 증거를 찾아가는 과정이다. 기본적인 분석 능력과 문제 해결 감각, 균형 잡힌 판단력 그리고 다른 사람과의 소통 능력이 있다면 이미 평가의 기본은 갖춘 셈이다.

기본을 갖추었다면 조금 더 욕심을 낼 수도 있다. 평가를 한다고 해서 누구나 통계를 잘해야 하는 것은 아니지만, 통계에 능숙해지면 데이터의 숨은 의미를 읽을 수 있다. 평가를 하기 위해 누구나 평가도구를 개발할 수 있어야 하는 것은 아니지만, 도구를 개발할 수 있다면 기존의 수많은 도구 중에서 옥석을 가리는 안목을 갖게 된다. 정치력이 뛰어나다고 좋은 평가자가 되는 것은 아니지만, 힘을 잘 활용할 줄 아는 사람은 평가가 순탄하게 진행되고 결과가 적극적으로 활용되게 할 수 있다.

세 번째는 '환경의 허들'이다. 아무리 평가를 하고 싶은 마음이 있고, 필요한 기술을 갖추었다 하더라도 이를 실행할 수 있는 환경이 마련되어 있지 않다면 평가는 지속되기 어렵다. 평가를 수행하기 위해서는 최소한의 자원과 조건이 필요하다. 예를 들어 학습자 정보를 수집하고 관리할 수 있는 시스템, 데이터를 분석할 수 있는 장비와 인력, 평가를 위한 시간과 예산이 그에 해당한다. 이러한 조건이 갖추어지지 않으면 평가가 단발적 시도로 끝나기 쉽다.

그러나 물리적 자원만으로는 충분하지 않다. 더 근본적으로는 평가친화적 분위기가 조성되어야 한다. 주변에서 평가의 가치를 절하하거나 평가를 열심히 하는 사람들을 비아냥대는 것은 평가의욕을 꺾는다. 그럴 경우 잘할 수 있어도 잘하고 싶은 마음이 사라진다.

예를 들어 평가 보고서를 쓰려고 하는데 주변에서 '그냥 대충 써라', '쓸데없는 데 시간과 노력을 들이지 마라', '어차피 별 의미 없다'는 식으로 말하면, 열심히 하려고 했던 사람도 포기하게 마련이다. 마지막 허들을 넘지 못하고 주저 앉게 되는 것이다.

반대로 평가를 존중하고, 평가결과가 실제 프로그램 개선에 반영되는 경험이 축적되면, 구성원은 평가를 업무의 일부로 인식하고 자연스럽게 참여하게 된다. 결국 환경의 허들을 넘는다는 것은 이러한 평가문화와 시스템을 구축하는 일이다.

요약하면, 성인문해교육평가가 정착되기 위해서는 동기, 기술, 환경이라는 세 단계의 허들을 인식하고 이를 체계적으로 넘어서야 한다. 세 가지 허들은 서로 연결되어 있다. 동기가 있어야 기술을 익힐 수 있고, 기술이 있어야 환경의 제약 속에서도 평가를 시도할 수 있으며, 환경이 뒷받침되어야 동기와 기술이 유지된다. 동기는 평가의 출발점이고, 기술은 평가 실행의 기반이며, 환경은 평가를 지속하여 운영하도록 만드는 조건이다. 어느 하나라도 결여되면 평가는 단순한 형식에 그친다. 따라서 성인문해교육 현장에서는 세 가지 허들을 균형 있게 다룰 필요가 있다.

궁극적으로 평가의 허들을 넘는 과정은 단순한 실무 능력 확보가 아니라, 평가적 사고Evaluative Thinking를 조직과 현장에 내재화하는 과정이다. 평가가 특정 시점에만 수행되는 행정 절차가 아니라 일상적 학습과 성찰의 도구가 될 때, 성인문해교육은 지속적으로 진화할 수 있다. 평가가 주는 불안 대신 평가를 통해 배움을 확장하는 즐거움을 경험할 때, 성인문해교육은 진정한 의미의 질적 전환을 맞이할 수 있다.

평가능력 개발

성인문해교육에서 평가능력은 '의미 있는 질문을 던지는 능력'에서 출발한다. 평가는 정답을 알고 시작하는 활동이 아니다. 오히려 '무엇이 더 나아져야 하는가?', '학습자에게 정말 도움이 되고 있는가?', '지금 우리가 보는 변화는 어떤 의미인가?'라는 질문을 던지는 과정에서 시작된다. 이런 질문은 단순한 호기심이 아니라, 성인학습자의 배움과 삶에 대한 진심 어린 관심에서 나온다.

성인문해교육은 다양한 삶의 경로를 가진 사람들의 배움을 지원하는 영역이기 때문에, 질문은 언제나 '이 학습이 이 사람에게 어떤 의미인가?'라는 인간 중심적 관점과 연결되어야 한다. 이를 바탕으로 한 질문을 통해 현장을 다시 보게 되고, 새로운 실천의 단서가 열린다. 결국 질문하는 태도는 평가를 위한 기술이기 이전에 성인학습을 존중하고 이해하려는 마음가

짐이다.

두 번째로 필요한 능력은 세심하게 '들여다보는 능력'이다. 질문이 방향을 정한다면, 들여다보기는 방향 속에서 실제 증거를 찾고 의미를 포착하는 과정이다. 성인문해교육에서는 학습자마다 학습속도와 방식이 다르고, 배움의 목표도 다양하다. 따라서 표준화된 점수나 단편적인 관찰만으로 학습자를 평가하기 어렵다. 글자를 읽는 작은 변화, 자신의 이야기를 글로 적으려는 시도, 수업에 참여하는 태도와 같은 변화는 숫자만으로는 잡히기 어렵지만, 매우 중요한 성장의 신호다. 들여다보기 역량은 이런 섬세한 변화를 발견하고 기록하며, 그 속에 담긴 의미를 존중하는 태도이다. 이 과정은 단순한 관찰이 아니라, 학습자의 여정을 함께 읽어 가는 행위이기도 하다.

세 번째는 해석하고 연결하여 '내다보는 능력'이다. 이는 눈앞에서 관찰된 변화가 어떤 의미인지, 그것이 학습자의 삶 전체와 어떤 방식으로 이어질 수 있는지를 좀 더 거시적인 관점에서 이해하는 과정이다. 예를 들어 문해능력이 향상되었다는 사실은 단순한 교육성과를 넘어, 지역사회 참여 가능성 확대, 일상생활의 자립성 강화, 디지털 환경 접근 강화 등을 포함할 수 있다. 또한 기관의 수업운영 방식, 지역 문해정책, 사회적 지원 체계 등도 학습자의 변화에 영향을 미친다. 따라서 성인문해교육의 평가는 개인의 변화만이 아니라, 그 변화가 사회적 맥락 속에서 가지는 의미와 가능성을 함께 바라봐야 한다. 들여다보기 능력이 미시적 관찰이라면, 내다보기 능력은 이를 보다 넓은 관점 속에 배치하는 일이며, 질문하기는 이 두 능력을 지속적으로 움직이게 하는 원동력이다.

　이러한 능력들은 특정 전문가나 평가담당자만의 것이 아니라, 성인문해교육에 관심을 가지고 참여하는 모든 사람, 즉 교사, 관리자, 정책 담당자, 연구자, 학습자 등이 함께 갖추어야 할 일종의 관점이다. 성인문해교육평가는 누가 더 많은 도구를 알고 있는가의 문제가 아니라, 누가 학습자의 의미 있는 변화를 더 잘 이해하고 지지할 수 있는가의 문제이다. 따라서 우리는 평가를 특정한 절차나 기법으로만 바라볼 것이 아니라, 성인학습자를 더 깊이 이해하고 함께 성장하기 위한 지속적인 배움의 과정으로 인식할 필요가 있다. 이러한 관점이 자리잡을 때, 성인문해교육평가는 교육의 끝이 아니라 학습과 변화가 다시 시작되는 지점이 될 수 있다.

평가력 구축

성인문해교육에서 평가가 의미 있게 작동하기 위해서는 개별 교사나 실무자의 역량뿐 아니라, 이를 뒷받침하는 조직과 제도 차원의 기반이 함께 갖추어져야 한다. 평가력 구축Evaluation Capacity Building은 정책·전략적 인프라, 조직 역량 및 인적 자원, 데이터 및 정보 체계, 학습 및 지속 가능 구조라는 네 가지 요소로 구성된다. 이 요소들이 균형 있게 마련될 때, 평가는 단순한 점검 수단을 넘어 교육의 품질을 높이고 정책과 운영의 개선을 촉진하는 역할을 할 수 있다. 성인문해교육 또한 이러한 관점을 바탕으로 기관 현장의 수준과 정책·지원 체계 전반에서 평가력을 단계적으로 강화해 나갈 필요가 있다.

첫째, 정책·전략적 인프라 구축이 필요하다. 성인문해교육에서 평가가 제대로 작동하기 위해서는 우선 평가가 교육의 목표와 방향 속에 자리 잡는 전략적 기반이 필요하다. 이는 평가를 단순히 프로그램 종료 후 결과를 확인하는 절차가 아니라, 문해교육이 지향하는 가치와 목적을 실천하는 과정으로 이해하는 관점이다. 예를 들어 성인문해교육이 기초 문해능력 향상을 넘어 디지털 활용 역량, 지역사회 참여, 생애 주기별 학습지원 등으로 확장된다면, 평가 역시 이러한 목표를 반영해 설계되고 운영되어야 한다. 이 과정에서 기관 차원의 교육 철학과 운영 방향이 평가계획과 자연스럽게 연결되고, 더 넓게는 지역 및 국가 수준의 문해정책과 호응하는 구조가 만들어져야 한다. 즉, 평가가 기관운영과 교육정책 전반에서 일관된 원칙 위에 자리 잡을 때 문해교육의 지속성과 공공성이 강화된다.

둘째, 조직 역량 및 인적 자원의 강화가 요구된다. 평가가 실질적인 개선으로 이어지기 위해서는 평가를 수행할 수 있는 인적 역량과 학습 중심의 조직 문화가 필요하다. 성인문해교육 교원과 담당자는 학습자의 변화 관찰, 기록, 피드백 제공 등 일상에서 평가역량을 발휘할 수 있어야 한다. 또한 평가가 행정 부담이 아니라 학습자를 이해하고 지원하는 과정이라는 인식이 자리 잡고, 구성원 간 협업과 성찰 문화가 형성될 때 평가가 자연스럽게 실천에 반영될 수 있다. 국가 수준에서는 이러한 인적 역량과 문화를 강화하기 위한 전문성 개발 체계,

지속적 연수, 인증 제도, 지역학습 네트워크 구축 등이 필요하다. 즉, 각 기관이 고립되지 않고 전문적 학습공동체로 연결될 수 있도록 지원하는 정책적 장치가 요구된다.

셋째, 데이터 및 정보 체계의 구축이 필요하다. 성인문해교육의 효과는 수치만으로 판단하기 어려울 때가 많다. 학습자의 변화가 서서히 축적되고, 읽고 쓰는 능력 외에도 자신감, 인간관계, 일상생활 수행 능력 등 다양한 방식으로 나타나기 때문이다. 따라서 학습자 개개인의 출발점과 변화가 기록되고 이해될 수 있는 정보 체계가 필요하다. 이때 종이 기반 기록이나 디지털 기반 시스템 등 기록의 형식보다는 기록이 교육 개선으로 이어지는 흐름이 중요하다. 학습자의 학습경험과 성취가 지속적으로 누적되고 활용될 수 있다면, 개별 기관뿐 아니라 문해정책과 지원 체계의 발전에도 기여할 수 있을 것이다. 국가 수준에서 표준화된 문해교육 데이터 기준 마련, 학습자의 개인 학습기록 관리 체계 도입 등을 통해 개인 학습경로 추천, 평생학습 포트폴리오 운영 등으로 발전시킬 수 있을 것이다.

넷째, 학습 및 지속 가능 구조가 필요하다. 성인문해교육에서 평가는 일회성 진단이 아니라 지속적인 개선과 학습의 순환 구조이어야 한다. 기관 차원에서는 평가결과가 정기적으로 공유되고, 수업 개선, 프로그램 운영 조정, 지원방식 변화 등 실제로 반영되는 과정이 마련되어야 한다. 평가가 학습자와 교사, 기관 모두에게 성찰과 발전의 기회를 제공할 때, 평가문화는 자연스럽게 자리 잡는다. 외부 자문이나 협력 네트워크

평가의 힘

성인문해교육 기관을 위한 평가력 자가 진단

구분		점검 항목	체크
정책· 전략적	1	기관의 교육목표와 평가목표가 명확히 연결되어 있다.	
	2	기관 차원의 평가계획(연간/학기별)이 수립되어 있다.	
	3	평가기준 및 절차가 문서화되어 있고 구성원이 공유한다.	
	4	평가결과를 기관운영 의사결정에 활용한다.	
	5	지역사회 또는 상위 기관과 평가·보고 체계를 연계한다.	
조직 역량 및 인적 자원	6	교원과 담당자가 평가과정과 목적을 이해하고 있다.	
	7	학습자 변화 관찰 및 기록 역량을 갖춘 인력이 있다.	
	8	교육·평가 관련 연수 및 역량 개발 기회를 제공한다.	
	9	평가실무 부담이 특정 개인에게만 집중되지 않는다.	
	10	평가과정에서 협업과 피드백이 이루어진다.	
데이터 및 정보 체계	11	학습자 기초 수준과 학습변화가 체계적으로 기록된다.	
	12	평가자료(포트폴리오, 관찰 기록, 결과 보고 등) 보관 방식이 체계적이다.	
	13	데이터(학습자, 운영 정보)가 프로그램 개선에 활용된다.	
	14	개인정보 보호 및 윤리 기준을 준수한다.	
	15	필요 시 디지털 기록, 학습자 개별 데이터 활용 기반이 마련되어 있다.	
학습 및 지속 가능 구조	16	평가결과가 정기적으로 공유된다(교사회의, 운영회의 등).	
	17	평가결과를 바탕으로 교육방법·과정이 조정된다.	
	18	기관이 평가를 통해 스스로 성장하는 문화를 지향한다.	
	19	학습자 의견 및 경험이 프로그램 개선에 반영된다.	
	20	외부 자문, 네트워크와 연결하여 평가품질을 높인다.	
계			

와의 연결도 지속 가능성을 높일 수 있다. 국가 수준에서는 이러한 순환적 개선 구조를 지원하기 위해 평가결과 환류 체계, 피드백 제공 방식, 우수 사례 확산 시스템, 정책 조정 메커니즘이 마련되어야 한다. 다시 말해, 국가가 평가결과를 정책 개선의 자료로 활용하고, 기관이 이를 학습하는 문화를 촉진해야 한다.

다음에 제시된 기관용··국가용 평가역량 자가 진단 체크리스트는 평가력 구축 요소들을 실제 현장에서 점검하고 평가계획을 수립하는 데 활용할 수 있는 도구이다. 기관은 이를 통해 평가운영의 강점과 보완점을 파악하고, 교사 회의나 기획 워크숍에서 논의자료로 사용할 수 있다. 국가나 지방 차원에서는 정책 설계와 지원 체계 점검에 활용되며, 기관 간 역량 격차를 진단하는 기준으로도 도움이 된다. 국제적 맥락과 비교하고 싶다면 유네스코의 성인학습 및 교육 보고서GRALE: Global Report on Adult Learning and Education 지표를 참고하여, 국내 문해교육평가 체계가 글로벌 평생학습 평가흐름과 어떻게 접점을 갖는지 점검할 수 있을 것이다. [1]

성인문해교육과 관련한 국가의 평가력 자가 진단

구분		점검 항목	체크
정책· 전략적 기반	1	국가 문해교육 비전과 평가체계가 정합성을 갖는다.	
	2	평가기준·지표가 성인학습 특성과 포용성을 반영한다.	
	3	국가 단위 문해교육 성과 모니터링 체계가 있다.	
	4	지방정부·기관과의 평가역할 및 책임이 명확하다.	
	5	국가 보고, 평가결과가 정책 개선 및 예산 배분에 활용된다.	
조직 역량 및 인적 자원	6	문해교육 정책 담당자가 평가전문성을 갖추고 있다.	
	7	평가 및 데이터 관리 전문 인력을 확보하고 있다.	
	8	성인문해교육 교원·행정가를 위한 평가역량 강화 체계를 운영한다.	
	9	지역·기관별 역량 격차를 줄이기 위한 지원 체계가 있다.	
	10	평가 관련하여 새로운 연구 및 시도를 한다.	
데이터 및 정보 체계	11	국가문해 데이터 수집·분석·공개 체계가 있다.	
	12	국제 지표와 연계한 데이터 관리가 이루어진다.	
	13	개인 학습기록 기반의 진단·추천·추적 시스템을 고려한다.	
	14	데이터 윤리·보안·프라이버시 기준이 명확하다.	
	15	현장의 데이터 수집 부담을 줄이는 디지털 기반이 있다.	
학습 및 지속 가능 구조	16	평가결과를 바탕으로 국가 문해정책이 지속적으로 개선된다.	
	17	우수 기관 및 우수 사례가 공유·확산된다.	
	18	성인학습자 경험·목소리를 정책에 반영하는 절차가 있다.	
	19	연구자, 교육기관, 시민사회와 협력하는 생태계가 구축되어 있다.	
	20	평가시스템이 단속·통제보다 지원·학습 중심을 지향한다.	
계			

1장

1 평가적 사고(Evaluative Thinking)란 판단으로 향하는 평가 프로세
스에 내재된 독특한 태도와 관점을 가진 사고로, 평가적으로 사고
한다는 것은 가설, 증거, 질문, 성찰 중심으로 사고하는 것을 의미
한다. 평가를 위해서는 독특한 사고가 필요하기도 하고 평가를 통
해 그러한 사고가 개발되기도 한다. 즉, 평가적 사고는 '평가하기
위한 사고(Thinking for Evaluation)'인 동시에 '평가에 의한 사고
(Thinking by Evaluation)'이기도 하다. 이와 관련하여 다음 논문을
참고할 것을 권장한다.
박소연 (2020). 대학생의 평가적 사고 개발을 위한 교양수업 사례
연구. 교양교육연구, 14(3), 97-110.

2 Tyler, R. W. (1950). *Basic Principles of Curriculum and Instruction*.
University of Chicago Press.

3 평생교육에서 평가의 관심 범위는 프로그램에 제한되었던 것이 사
실이다. 이는 평생교육이 정책적으로 지원되는 교육 프로그램의
형태로 실천되었기 때문이다. 최근에는 평생교육 평가가 일반적인
교육평가와 마찬가지로 학습자 개인을 고려해야 하며 나아가 기관
과 정책 수준까지 그 관심 범위를 확장할 필요가 있다는 논의가 이
루어지고 있다. 이와 관련하여 다음 논문을 참고할 것을 권장한다.
안현아, 양길석 (2020). 국내 평생교육 평가 연구 동향 분석. 평생
학습사회, 16(4), 171-199.

4 Tyler, R. W. (1950). *Basic Principles of Curriculum and Instruction*.

University of Chicago Press.

Stufflebeam, D. L. (1971). The relevance of the CIPP evaluation model for educational accountability. *Journal of Research and Development in Education, 5*, 19-25.

Scriven, M. (1967). The methodology of evaluation. In R. Tyler, R. Gagné & M. Scriven (ed.), *Perspectives of Curriculum Evaluation, AERA Monograph Series on Curriculum Evaluation*, Vol. 1 (pp. 39--83). Rand McNally.

5 House는 평가모형의 배경에 따라 객관적 인식론을 배경으로 한 모형과 주관적 인식론을 배경으로 한 모형으로 구분하였으며, Worthen과 Sanders는 평가모형의 지향에 따라 목표 지향(Objectives-Oriented), 관리 지향(Management-Oriented), 소비자 지향(Consumer-Oriented), 전문가 지향(Expertise-Oriented), 반론 지향(Adversary-Oriented), 참가자 지향(Participant-Oriented)으로 구분하였다.

House, E. R. (1978). Assumptions underlying evaluation models. *Educational Researcher, 7*, 4-12.

Worthen, B. R., & Sanders, J. R. (1987). *Educational Evaluation: Alternative Approaches and Practical Guidelines*.

6 Alkin의 분류 체계는 평가모형의 이론적 기반을 간단하게 시각적으로 유형화하여, 특히 수많은 평가연구자의 계보를 직관적으로 이해하는 데 도움이 된다.

Alkin, M. C. (Ed.). (2004). *Evaluation roots: Tracing Theorists' Views and Influences*. Sage.

7 평가논리나무는 Alkin의 2004년 편저에 처음 제시되었으며, 이후 꾸준히 수정 보완되며 점차 정교해졌다. 여기 제시된 그림은 2012년 발표된 논문에 제시된 것으로, 줄기로 평가모형의 분류를 명확하게 드러내는 동시에 잎으로 대표적인 모형 대부분이 표시되어

있어 Alkin의 분류 체계를 가장 잘 보여 준다. 해당 논문에서는 분석을 통해 이 그림을 보완한 수정 분류 체계를 제시하였으나, 전반적인 흐름을 파악하기에는 오히려 기존의 그림이 적절하다.

Carden, F., & Alkin, M. C. (2012). Evaluation roots: An international perspective. *Journal of MultiDisciplinary Evaluation, 8*(17), 102-118.

8 CIPP 모형에 대한 보다 구체적인 내용은 10장 중 'CIPP 모형'을 참고하기 바란다.

9 특히 활용중심평가(Utilization-focused Evaluation)에서는 평가의 틀을 설계할 때 이해관계자들을 적극적으로 참여시켜야 한다는 점을 강조한다. 예를 들어 활용중심평가를 지향하는 대표적인 프로그램 평가 모형인 논리주도평가(Theory-driven Evaluation)에서는 핵심이해관계자가 가정하고 있는 프로그램 이론(Theory) 혹은 논리(Logic)를 개발하는 것이 핵심적인 평가활동으로 여겨진다. 2006년 박소연은 논리주도적 평가모형에서 평가대상인 프로그램만이 갖는 독특한 고유의 논리를 개발하는 것이 매우 중요함을 강조하였는데, 평가대상인 프로그램에 대한 기본 정보 수집을 통해 프로그램 논리 초안을 개발하고 이를 중심으로 핵심 이해관계자가 가정하고 있는 프로그램 논리를 개발할 것을 제안하였다. 여기서 프로그램 논리는 1990년 Chen의 제안에 따라 실행모형과 변화모형으로 구성된다. 실행모형이 프로그램이 제대로 실행되기 위해서 필요한 프로그램 계획, 운영, 강사, 지원, 학습자등에 대한 규범적 모형이라면, 변화모형은 프로그램이 성취하고자 하는 결과, 그 결과를 얻기 위해 실시되는 개입 활동, 그리고 그 결과를 야기하는 구조를 중심으로 한 인과론적 논리라 할 수 있다.

박소연 (2007). HRD 프로그램의 논리 주도적 평가 체제 개발. 한국교육학연구, 13(1), 243-268.

Chen, H. (1990). *Theory-driven Evaluations*. Sage.

Chen. H. (2005). *Practical program evaluation: Assessing and Improving planning, Implementation, and Effectiveness*. Sage.

10 이러한 구분의 교육평가 분야에서 Black과 Wiliam(1998) 등에 의해 제시된 '학습 결과에 대한 평가(assessment of learning)', '학습을 위한 평가(assessment for learning)', '학습으로서의 평가(assessment as learning)'의 관점을 적용한 것이다.
Black, P., & Wiliam, D. (1998). Assessment and classroom learning. *Assessment in Education: principles, policy & practice, 5*(1), 7-74.

11 교육부 고시 제2018-157호 '초등·중학 문해교육 교육과정'은 국가법령정보센터에 게시되어 있다. 이와 관련하여 보다 구체적인 내용은 교육부 홈페이지(www.moe.go.kr)와 국가문해교육센터 홈페이지(www.le.or.kr)에서 확인할 수 있다. https://www.law.go.kr/LSW/admRulLsInfoP.do?admRulSeq=2100000127849

2장

1 교육부 고시 제2018-157호 '초등·중학 문해교육 교육과정'의 '제1장 교육과정의 편성과 운영', 'IV. 교육과정 편성·운영지침', '3. 교육과정의 평가 및 질 관리' 중 '나. 교육기관에서의 교육과정 평가와 질 관리'에서는 성인문해교육 기관이 조직 수준에서 수행해야 하는 평가지침을 다음과 같이 구체적을 제시하고 있다. 1) 교육과정 질 관리를 위하여 문해교육 기관은 학습자가 각 단계별 진입 시 필요한 진단평가, 학습자의 학습과정을 이해하고 학습지도에 필요한 정보를 얻고 환류해 주기 위한 형성평가, 교육목표 달성도를 종합하기 위한 총괄평가를 실시한다. 2) 문해교육 기관에서는 학습의 결과뿐만 아니라 학습의 과정을 평가하여 모든 학생이 교육 목표에 성공적으로 도달할 수 있도록 한다. 3) 문해교육 기관은 다양

한 평가도구와 방법으로 성취도를 평가하여 목표 도달 정도를 확인하고, 이를 수업의 질 개선을 위한 자료로 활용한다. 4) 성인 학습자의 특성을 고려하여 학습자 자기평가와 자기진단을 통하여 스스로의 성취를 확인하도록 한다. 5) 문해교육 기관은 개별 학습자에 대한 배치 근거자료, 학습자 기록부를 해당 교육청 지침에 의거하여 보관하여야 한다.

2 교육부 고시 제2018-157호 '초등·중학 문해교육 교육과정'의 '제1장 교육과정의 편성과 운영', 'Ⅳ. 교육과정 편성·운영지침', '3. 교육과정의 평가 및 질 관리' 중 '가. 국가 수준에서의 교육과정 평가와 질 관리'에서는 성인문해교육과 관련하여 국가 수준에서 수행해야 하는 평가지침을 다음과 같이 구체적을 제시하고 있다. 1) 국가 수준에서 이루어지고 있는 지원의 정도, 적절성, 타당성, 효과성을 주기적으로 평가하여 교육과정 운영의 내실을 도모한다. 2) 단위 기관에서의 평가활동이 원활하게 이루어질 수 있도록 평가방법 및 절차, 평가도구 등 다양한 방안을 개발하여 단위 기관에게 제공한다. 3) 시·도 교육청에서는 설치·지정한 성인 초등·중학 교육과정 편성·운영에 대한 질 관리를 위해 문해교육 기관에 대한 평가지도 및 학습자평가 등을 실시할 수 있다.

3장

1 진위형은 피험자에게 진술문을 제시하고 진위나 정오를 판단하게 하는 문항 형식, 배합형은 일련의 전제와 답지를 배합시키는 지시문으로 구성된 문항 형식, 선다형은 문두와 그에 따른 두 개 이상의 답지로 구성되어 피험자가 답을 택하는 형식이다. 단답형은 간단한 단어, 구, 문장, 숫자, 그림 등 제한된 형태로 대답하게 하는 문항 형식이며, 완성형은 진술문의 일부분을 비워 놓고 단어, 어구, 숫자, 기호 또는 문장을 써 넣게 하는 문항 형식이다. 논술형은 수

험자가 나름대로의 생각이나 주장을 논리적으로 설득력 있게 조직하여 작성하도록 하는 문항 형식으로, 서술해야 하는 분량이 많지 않고 채점할 때 서술된 내용의 깊이와 넓이에 주된 관심을 둘 때에는 서술형이라는 용어로 구분하여 사용하기도 한다. 박도순 외 (2007). 교육평가: 이해와 적용. 교육과학사.

2 루브릭은 학습자의 다양한 수행을 목록화하고 그 수준을 분류하여 기술한 채점 기준으로, 구체적이고 객관적인 수행 준거(Criteria)와 수행 기준(Standards)으로 구성된다.

Goodrich, H. (1996). Understanding rubrics. *Educational Leader-ship, 54*, 14-17.

3 상대평가는 개인이 얻은 점수를 비교 집단의 규준(Norm)에 근거하여 상대적인 서열을 판단하는 평가로, 규준참조평가(Norm-referenced Evaluation)라고도 한다. 상대평가는 개인의 상대적 위치를 파악하여 우열을 가리고 선발에 유용하게 활용될 수 있다는 장점이 있지만, 교육에서 학습자들간의 불필요한 경쟁을 유발한다는 단점이 있다. 한편, 절대평가는 학습자가 도달해야 하는 준거(Criterion)에 근거하여 판단하는 평가로, 준거참조평가(Criterion-referenced Evauation)라고도 한다. 절대평가는 모든 학습자들의 완전학습을 지향한다는 장점이 있지만, 준거를 제대로 설정하는 것이 쉽지 않으며 자칫 지나치게 관대한 평가가 이루어질 수 있다는 단점이 있다.

성태제 (2009). 교육평가의 기초. 학지사.

4 면접은 면접자와 피면접자의 구성에 따라 일대일, 일대일 개인면접, 일대일 패널면접, 일대다 집단면접, 다대일 개인면접, 다대다 집단면접, 집단토론면접 등의 유형이 있다. 일대일 개인면접은 심층면접 가능하나 신뢰도와 공정성 문제가 제기될 수 있다. 일대일 패널면접은 각 측정 영역별로 면접자가 분담된다. 일대다 집단면접은 면접자의 전문성이 요구되며 객관성이 저해될 우려가 있다.

다대일 개인면접은 평정오차를 감소시킬 수 있으며 현재 가장 많이 활용된다. 다대다 집단면접은 특히 기업체에서 사용 빈도가 높다. 집단토론면접은 사회성 특성을 위한 토론 방식이 대표적으로 활용된다.

5 포트폴리오의 개념과 사례는 7장에서 다룬다. 작업 포트폴리오와 제출 포트폴리오에 대한 보다 구체적인 내용은 7장 중 '포트폴리오의 구성'을 참고하기 바란다.

4장

1 예언타당도는 공인타당도와 혼동될 수 있으나 차이점이 명확하다. 공인타당도는 동일한 구인을 현재 시점에서 다른 도구로 측정했을 때의 상관을 확인하는 것으로, 주로 구인타당도의 범주에 속한다. 반면 예언타당도는 현재의 검사 점수가 미래의 외적 준거(성취나 행동)를 얼마나 잘 설명하는지를 다루므로 준거타당도의 범주에 속한다. 즉, 공인타당도는 현재의 동일 개념 간 일치성, 예언타당도는 시간차를 둔 미래의 성과 예측력을 검증한다는 점에서 구분된다.

2 공인타당도는 동일한 구인을 측정하는 두 도구 간의 상관을 확인하는 데 초점이 있고, 동시타당도는 동일 구인이 아니라도 가능하며 외적 준거와의 일치성을 현재 시점에서 검증한다는 점이 다르다. 즉, 공인타당도는 구인타당도의 맥락이고, 동시타당도는 준거타당도의 맥락이다.

5장

1 평가의 질을 평가하는 것을 메타평가라 한다. 평가의 유용성(Utility)은 대표적인 메타평가 준거로, 평가의 질을 평가할 때 빠지지 않

고 언급된다. 즉, 평가는 유용해야 비로소 좋은 평가가 될 수 있다는 것이다.

2 Alkin, M. C. (Ed.). (2004). *Evaluation roots: Tracing Theorists' Views and Influences.* Sage.

3 Patton, M. Q. (1997). *Utilization-focused Evaluation: The New century Text.* Sage.

4 1986년 Cousins와 Leithwood가 평가활용과 관련한 65개의 경험적 연구를 검토한 결과, 평가활용이 특정한 의사결정을 지원하는 형태뿐만 아니라 의사결정자를 교육시키는 것까지 포함하고 있음을 발견하였다.
Cousins, J. B., & Leithwood, K. A. (1986). Current empirical research on evaluation utilization. *Review of Educational Research,* 56(3), 331-364.

5 평가자는 최대한 이해관계에서 중립을 지키며, 평가과정에서 벌어질 수 있는 눈가림(Eye wash), 실패 은폐(White wash), 폐기 의도 평가(Submarine), 전문적 평가 시늉(Posture), 지연 작전(Postponement), 눈 돌리기(Substitution)등을 피해야 한다.

6 1985년 Alkin은 선행연구를 종합적으로 분석하여 평가활용에 영향을 미치는 변수들을 인간 요인, 상황 요인, 평가요인으로 구분하였다. 인간 요인에 해당하는 변수는 활용자와 평가자의 특성으로 구성되는데, 이는 인간적 속성이라는 공통점보다는 오히려 활용자가 처한 상황적 특성과 평가자의 평가수행에 각각 초점을 맞추고 있다. 따라서 활용자의 특성은 상황 요인으로, 평가자의 특성은 평가 요인으로 분류하는 것이 더 적절하다. 즉, 평가에 영향을 미치는 요인은 크게 평가 자체의 요인과 평가를 둘러싼 상황적 요인으로 구분할 수 있다.
Alkin, M. C. (1985). *A guide for Evaluation Decision Makers.* Sage.

7 Worthen, B. R., Sanders, J. R., & Fitzpatrick, J. L. (1997). *Program*

Evaluation. Longman.

8   Shadish, W.R., Cook, T. D., & Leviton L. C. (1991). *Foundations of Program Evaluation: Theories of practice*. Sage.

9   Phillips, J. J. (1991). *Handbook of Training Evaluation and Measurement Methods*. Gulf.

6장

1   스터플빔은 메타평가를 형성적 기능과 총괄적 기능을 함께 수행하는 품질 관리 체계로 보았다.

2   Joint Committee on Standards for Educational Evaluation.(1994). *The Program Evaluation Standards: How to Assess Evaluations of Educational Programs, Projects, and Materials*. Sage.

3   Joint Committee on Standards for Educational Evaluation. (2010). *The Program Evaluation Standards: A Guide for Evaluators and Evaluation Users(3rd ed.)*. Sage.

4   미국교육평가표준협동위원회(JCSEE)의 「프로그램 평가 기준(The Program Evaluation Standards, 3rd ed., 2010)」에서 해당 내용을 발췌하여 간단히 요약한 것이다.

5   2009년 김병철의 '메타평가론'을 참고하여 작성하였다.
    김병철(2009). 메타평가론. 한국학술정보.

6   2025년 박소연과 이재영이 공공부문 교육훈련 기관의 평가기능을 메타평가하기 위해 개발한 기준을 참고하였다.
    박소연, 이재영(2025). 공공부문 교육훈련 평가에 대한 메타평가 기준 개발. 한국콘텐츠학회논문지, 25(5), 640-650.

7장

1 성인문해교육 교육과정의 편제와 시간은 국가문해교육센터 홈페이지(https://le.or.kr/contentView.do)에서 확인할 수 있다.

2 교육부 고시 제2018-157호 '초등·중학 문해교육 교육과정'에는 초등과정, 중학과정의 각 단계별로 성격, 목표, 내용, 교수·학습 방법, 평가에 대한 자세한 지침이 제시되어 있다.

3 평가활동은 피평가자는 물론 평가자에게 위협을 주는 활동이고, 그로 인해 평가불안, 공포, 적대감, 분노 등 각종 심리적인 문제를 유발할 소지가 있다. 평가활동에서 발생하거나 예상되는 상황에 의하여 야기되는 불안을 평가불안(Evaluation Anxiety)이라 한다. 이러한 불안은 실수에 대한 염려, 수행에 대한 의심, 사회적으로 부과된 완벽주의가 복합된 평가염려 완벽주의에 기인한다.

4 예로 제시된 받아쓰기 문항은 2015년 안양사회교육센터 시민대학에서 개발한 '배움의 나무 5권: 받아쓰기 문항집'에서 발췌하였다.

5 예시로 제시된 배합형 문항과 선다형 문항은 2013년 강릉시평생학습센터에서 개발한 '배움의 나무 워크북(5권~8권)'의 각각 8쪽과 7쪽에서 발췌하였다.

6 예시로 제시된 단답형 문항과 논술형 문항은 2013년 강릉시평생학습센터에서 개발한 '배움의 나무 워크북(5권~8권)'의 각각 9쪽과 137~138쪽에서 발췌하였으며, 통합된 문항은 156쪽에서 발췌하였다.

7 예시로 제시된 포트폴리오는 2025학년도 안양시민대학과 수원제일평생학교에서 학력인정을 위한 평가자료로 제작한 것이다.

8장

1 성인문해교육 프로그램 논리와 관련한 내용은 박소연이 2009년

발표한 논문을 참고하여 작성하였다.

박소연 (2009). 성인문해교육 프로그램 평가 요구분석. 평생교육학연구, 15(3), 1-20.

2 Chen, H. (2005). *Practical Program Evaluation: Assessing and Improving Planning, Implementation, and Effectiveness*. Sage.

3 성인문해교육평가 논리 그림은 2009년 박소연이 발표한 '성인문해교육 프로그램평가 요구분석' 논문의 6쪽에서 발췌하였다.

4 이 내용은 박소연이 2009년 발표한 논문을 참고하여 작성하였다.

박소연 (2009). 성인문해교육 프로그램 평가 요구분석. 평생교육학연구, 15(3), 1-20.

5 커크패트릭의 4수준 모형은 발표 초기부터 최근까지 약 70년간 큰 변화 없이 유지되었다. 이 내용은 1994년 출판된 저서의 1998년 개정판을 참고하여 작성하였다.

Kirkpatrick, D. L. (1998). *Evaluating Training Program: The Four Levels* (2nd ed.). Berrett-Koehler.

6 NWKM(New World Kirkpatrick Model)은 커크패트릭의 자녀들이 4수준 모형을 보완하여 제시한 모형이다. 이들이 운영하고 있는 컨설팅사의 홈페이지(https://www.kirkpatrickpartners.com/)에서 NWKM를 소개하는 자료를 다운받을 수 있다. 이 책에서 제시된 내용은 2022년 10월에 업데이트된 버전으로, 2026년 1월 3일에 다음 링크에서 인출하였다.

https://www.kirkpatrickpartners.com/wp-content/uploads/2021/11/Introduction-to-The-New-World-Kirkpatrick%C2%AE-Model.pdf

7 이 내용은 브링커호프가 2006년 출판한 저서를 참고하여 작성하였다.

Brinkerhoff, R. O., & Brinkerhoff, R. O. (2006). *Telling training's story: Evaluation made simple, credible, and effective*. Berrett-Koehler.

8 이 내용은 이성흠이 2001년 발표한 논문을 참고하여 작성하였으며, 표도 해당 논문에서 발췌하였다.

이성흠. (2001). 교수설계 이론에 근거한 대학 강의평가 도구개발을 위한 기초연구. 교육공학연구, 17(1), 81-108.

9 이 내용은 권영훈이 2010년 발표한 논문을 참고하여 작성하였으며, 표도 해당 논문에서 발췌하였다.

권영훈. (2010). 경영학 교육 강의평가모형 개발. 경영교육연구, 62(1), 225-244.

10 이 내용은 최경호와 이승주가 2005년 발표한 논문을 참고하여 작성하였으며, 표도 해당 논문에서 발췌하였다.

최경호, 이승주. (2005). 강의 서비스품질 측정도구 제안. 응용통계연구, 18(2), 487-497.

9장

1 NIST 홈페이지(www.nist.gov)에 소개된 볼드리지 수월성 프레임워크(Baldrige Excellence Framework) 중 교육부문에 해당하는 내용을 참고하여 작성하였으며, 그림도 해당 홈페이지에서 발췌하였다.

2 볼드리지 성과수월성 평가 프로그램 2023. 2023-2024 볼드리지 수월성 프레임워크® 고성과를 위한 입증된 리더십과 경영 관리 실천 (교육 부문). 미국 메릴랜드주, 게이더스버그: 미국 상무부, 국립표준기술연구소.

3 볼드리지 성과수월성 평가 프로그램 2023. 2023-2024 볼드리지 수월성 프레임워크® 고성과를 위한 입증된 리더십과 경영 관리 실천 (교육 부문). 미국 메릴랜드주, 게이더스버그: 미국 상무부, 국립표준기술연구소.

4 정부업무평가 홈페이지(www.evaluation.go.kr)에 소개된 정부업

무평가 개요를 참고하여 작성하였다.

10장

1 CIPP 모형을 소개한 내용은 Stufflebeam이 발표한 다음 세 자료를
   참고하여 작성하였다.
   Stufflebeam, D. L. (1968). *Evaluation as Enlightenment for Deci-
   sion Making*. Columbus: Ohio State University Evaluation Center.
   Stufflebeam, D. L. (2000). Lessons in contracting for evaluations.
   The American Journal of Evaluation, 21, 293-314.
   Stufflebeam, D. L. (2004). The 21st-century CIPP model. In M. C.
   Alkin (Ed.), *Evaluation Root: Tracing Ttheorists' Views and Influ-
   ences* (pp. 245-266). Sage.
2 CIPP 모형은 실제적(practical), 효과적(effective), 효율적(effi-
   cient), 종합적(comprehensive), 균형적(balanced) 측면에서 높은
   평가를 받아 왔다. 다만 이 모형은 구조가 비교적 복잡하고 평가범
   위가 넓기 때문에, 실무에서는 네 가지 평가요소를 모두 적용하기
   보다 특정 영역의 개념만을 선택적으로 활용하는 경향이 있다.
3 이 그림은 Alkin이 2004년 편집하여 출판한 책 중 Stufflebeam이 집
   필한 부분의 249쪽에서 발췌하였다.
   Stufflebeam, D. L. (2004). The 21st-century CIPP model. In M. C.
   Alkin (Ed.), *Evaluation Root: Tracing Theorists' Views and Influ-
   ences* (pp. 245-266). Sage.
4 이 내용은 박소연과 홍성만이 2016년 발표한 논문을 참고하여 작
   성하였다.
   박소연, 홍성만(2016). 정부지원사업 평가지표 개선 연구: 다문화
   가족 자녀 언어발달 지원사업에 고전 검사이론의 문항분석 적용.
   정책분석평가학회보, 26(4), 51-70.

이 내용은 박소연이 2023년 발표한 기사의 일부분을 발췌하여 정리한 것이다.

박소연(2023). 평생교육 정책 효과성을 평가하는 지표에 대해. 2023 서울평생학습 이슈포커스 Vol. 8. Why edition.

5 제1차부터 제4차에 이르는 성인문해능력조사 도구개발 및 개선, 예비조사 및 본조사 결과분석 관련 보고서를 참고하여 작성하였다. 특히 가장 최근 실시된 제4차 성인문해능력조사와 관련하여 다음의 두 보고서를 주로 참고하였다.

국가평생교육진흥원(2024). 2023년 제4차 성인문해능력조사. 국가평생교육진흥원.

허준, 이지혜, 박소연, 조현주, 고선경(2024). 성인문해능력조사 결과 종합 분석 연구. 국가평생교육진흥원.

6 이 그림은 2024년 국가평생교육진흥원에서 발간한 2023년 성인문해능력조사에 대한 소개자료의 12쪽에서 발췌하였다.

국가평생교육진흥원(2024). 2023년 제4차 성인문해능력조사. 국가평생교육진흥원.

7 e-PASS와 관련한 내용은 UIL(UNESCO Institute for Lifelong Learning) 홈페이지의 해당 페이지(https://www.uil.unesco.org/en/e-pass?hub=270)를 참고하면 된다. UIL에서 제공하는 온라인 교육 플랫폼인 Learning Hub(https://learninghub.uil.unesco.org)에도 e-PASS를 위한 별도의 과정이 개설되어 있으므로 구체적인 내용을 학습할 수 있다.

8 PIAAC 관련 내용은 OECD(Organisation for Economic Co-operation and Development) 홈페이지의 해당 페이지(https://www.oecd.org/en/about/programmes/piaac.html)를 참고하면 된다. 1주기와 2주기 보고서 및 조사 데이터도 제공하고 있다.

1 「평생교육법」 제39조에서는 다음과 같이 문해교육의 실시 등을 규정하고 있다.

① 국가 및 지방자치단체는 성인의 사회생활에 필요한 문해능력 등 기초능력을 높이기 위하여 노력하여야 한다. 〈개정 2023.4.18.〉

② 교육감은 대통령령으로 정하는 바에 따라 관할 구역 안에 있는 초·중학교에 성인을 위한 문해교육 프로그램을 설치·운영하거나 지방자치단체·법인 등이 운영하는 문해교육 프로그램을 지정할 수 있다. 〈개정 2014.1.28.〉

③ 국가 및 지방자치단체는 문해교육 프로그램을 위하여 대통령령으로 정하는 바에 따라 우선하여 재정적 지원을 할 수 있다. 〈개정 2014.1.28.〉

2 「평생교육법 시행령」 제70조에서는 다음과 같이 문해교육 프로그램의 설치 및 지정기준을 규정하고 있다.

① 법39조에 따른 문해교육 프로그램의 설치 및 지정기준은 다음 각 호와 같다. 〈개정 2014.6.30., 2016.8.2.〉

1. 교육과정 구분에 따라 다음 각 목에 해당하는 사람을 교원으로 확보할 것

가. 초등학교과정: 다음의 어느 하나에 해당하는 사람으로서 제70조의2에 따른 문해교육 교원연수기관에서 운영하는 문해교육 교원연수과정을 이수한 사람

1) 대학 졸업 이상 또는 이와 같은 수준의 학력이 있는 사람

2) 고등학교 졸업 이상 또는 이와 같은 수준의 학력이 있고 제76조제1항에 따른 문해교육심의위원회에서 초등학교과정 문해교육 교원으로서 적합하다고 인정받은 사람

나. 중학교과정: 다음의 어느 하나에 해당하는 사람으로서 제70조의2에 따른 문해교육 교원연수기관에서 운영하는 문해교육 교원

연수과정을 이수한 사람

1) 「초·중등교육법」제21조제2항에 따른 교사자격을 가진 사람

2) 대학 졸업 이상 또는 이와 같은 수준의 학력이 있고 제76조제1항에 따른 문해교육심의위원회에서 중학교과정 문해교육 교원으로서 적합하다고 인정받은 사람

2. 교육 활동에 적합한 시설 및 설비를 갖출 것

3. 초등학교 또는 중학교 수준에 상응하는 문해교육과정을 운영할 것

② 제1항에 따른 교원, 시설·설비 및 교육과정 등에 관한 세부기준은 교육부령으로 정한다. 〈개정 2008.2.29., 2013.3.23.〉

[제목개정 2014.6.30.]

3　「평생교육법 시행령」제70조의2(문해교육 교원연수기관)에서는 문해교육 교원이 되려는 경우 이수하여야 하는 문해교육 교원연수과정을 운영할 수 있는 기관을 다음과 같이 규정하고 있다.

1. 진흥원 및 시·도진흥원

2. 법39조의2제1항에 따른 국가문해교육센터(이하 "국가문해교육센터"라 한다) 및 같은 조 제2항에 따른 시·도문해교육센터(이하 "시·도문해교육센터"라 한다)

3. 「공무원인재개발법」제4조 및 「지방공무원교육훈련법」제8조에 따른 교육훈련기관

4. 「교육공무원법」제39조에 따른 연수기관

5. 그 밖에 교육부장관, 시·도교육감 또는 시·도지사가 지정하는 연수·교육 기관

[본조신설 2016.8.2.]

4　해당 교육과정은 2021년 변경된 교육과정으로, 2022년부터 전면 적용되었다. 기존 교육과정에 비해 중학과정 연수 시수가 28시간 확대되어 초등과정과 동일하게 시수를 적용하게 되었고, 플립러닝을 2.5시간 적용하여 원격연수 적용을 확대하였으며, 보수교육과

정 신설, 멘토책임과정 지역 자율성 강화, 교육과정 내용 개정 등이 이루어졌다.

5 국가평생교육진흥원에서 2023년에 발간한 문해교육 교원연수과 정 운영매뉴얼의 내용을 참고하여 작성하였다.

국가평생교육진흥원 (2023). 문해교육 교원연수과정 운영매뉴얼 3.0 (TM2023-6). 국가평생교육진흥원.

6 이 워크시트는 국가평생교육진흥원에서 2023년에 발간한 문해교 육 교원연수과정 운영매뉴얼에 소개된 '문해교육 교원연수과정 효 과적 멘토링 운영을 위한 워크시트(안)' 중에서 '문해교육에서의 평가'에 멘토가 활용하도록 제안된 것이다. 해당 항목에 대한 초등 과정과 중학과정의 워크시트가 동일하므로 여기서는 초등과정 워 크시트만을 대표로 제시하였다.

국가평생교육진흥원 (2023). 문해교육 교원연수과정 운영매뉴얼 3.0(TM2023-6). 국가평생교육진흥원.

12장

1 GRALE과 관련한 내용은 UIL(UNESCO Institute for Lifelong Learning) 홈페이지의 해당 페이지(https://www.uil.unesco.org/en/adult-education/global-report-grale)를 참고하면 된다.